KB271891

리틀 몬스터

대학교수가 된 ADHD 소년

Robert Jergen 저 · 조아라 이순 공역

학지사

역자 서문

이 책을 처음 발견했을 때의 설렘이 지금도 생생하다. 심리학을 공부하는 사람으로서 10여 년 동안 ADHD 아동들과 부모들을 대하면서, 이런 책을 정말 간절히 기다려왔기 때문이다.

책의 제목에서부터, 우리 꼬마 친구들의 개성이 그대로 전해지는 듯했고, 서문을 읽으면서부터는 온몸이 저릿저릿할 정도로 가슴이 벅차왔다. 그리고는 이 책을 번역하는 영광(?)을 놓칠까 봐 안달하면서, 미국에 있는 사촌언니(공역자)를 통해 즉시 저자와 연락하고, 번갯불에 콩 구워 먹듯 번역 허락을 받아냈다. 고맙게도, 저자가 ADHD를 가진 사람인지라 모든 일이 일사천리로 진행될 수 있었다. 아니, 이 과정에서 ADHD를 가진 사람의 특징을 아주 여실히 보았다고나 할까. 메일을 보내기가 무섭게 답이 올 뿐 아니라, 그 내용에서 전해지는 기대와 흥분 역시 대단한 것이어서 역자들까지 경조증적 상태에 이르렀으니 말이다.

수없이 많은 ADHD 아동들의 심리 평가를 해 왔지만, 그들의 진심을 속속들이 짚어내 표현해 줄 수 없어서 참 안타까웠다. 부모 교육과 상담도 나름대로 열심히 했지만, 그 많은 사연들을 풀어내고 다루기에는 시간과 자질에 역부족인 느낌이었다. 부모-자녀 간의 그 신성한 영역에 감히 한마디 던질 수 있는지, 역자 역시 아이를 키우는 엄마로서 고민스러웠고 큰 부담을 느꼈던 것도 사실이다. 그래서 제3자가 아닌, ADHD를 가진 당사자의 목소리로 그들의 진실을, 그들의 아픔뿐만이 아니라 그들만의 자원과 성장 가능성을 들을 수 있기를 바랐는데, 내가 만났던 어린 친구들은 아직 너무 힘이 없었다. 언젠가는 그들 중 누군가가 자라서 이런 책을 하나쯤 꼭 써 주겠거니 기다리고만 있었는데, ADHD에 대한 인식이 앞서 시작된 곳이어서인지 미국에서 먼저 찾게 되었다. 이 책을 읽는 우리 모두가 더 노력하고 긍정적인 마음가짐을 유지한다면, 한국판 『리틀 몬스터』를 만날 날이 더 빨라지지 않을까.

간결하고 생기 넘치는 저자의 문장을 그대로 살리지 못해서 좀 아쉬움이 있다. 통통 튀는 문장 자체를 통해서도 저자의 특징을 잘 느낄 수 있었는데, 그 느낌까지 우리말로 옮기기에는 한계가 있었다. 또, 문화의 차이 때문에 저자의 현재 생활이나 생각이 우리에게는 그리 긍정적인 전망으로 와 닿지 않는 부분도 있을 것이고, 비현실적인 낙관론으로 느껴지는 부분도 있을 것이다(특히 우리나라의 빡빡한 입시 현실을 생각해 보면 별나라 이야기 같기도 하다). 하지만 정말 중요한 것은 큰 틀이고, 저자가 주관적으로 느끼는 행복감이라는 것을 인식한다면 별다른 거부감 없이 책의 내용을 받아들일 수 있으리라 본다. 아니, 그럴수록 한국형 리틀 몬스터를 키워내기 위한 창의적인 노력을 더해야 할 것이다.

책이 나오기까지 도와주신 모든 분들께 진심으로 감사드린다. 이 땅의 리틀 몬스터-우리나라 엄마들은 '웬수덩어리' 라고 부르는 것 같다-들과 그 엄마들을 생각하면서, 내내 애틋한 마음으로 작업했었다. 서로가 희망을 나누는 자리가 되었으면 하는 바람이다.

2005년 5월
어린이날에 즈음하여
조아라

저자 서문

내가 처음 친구들과 가족들에게 자서전을 한번 써 볼 계획이라고 말했더니, 모두들 좀 어처구니없다는 듯한 표정이었다. 겨우 관심 써서 말해 준다는 것이 무엇 때문이냐고 물어보는 정도였다. 말하자면 결국, 몇 사람이 대놓고 말했듯이 '도대체 누가 **너** 같은 사람의 이야기를 읽고 싶어 하겠냐' 는 것이다.

너무나도 당연한 반응이다. 내가 뭐 암을 고치는 획기적인 치료법을 찾아낸 것도 아니고, 남들이 안 하는 외국 첩보원 생활을 해서 흥미진진하게 해 줄 이야기가 있는 것도 아니고, 또 나쁜 쪽으로 해 보자면 무슨 엽기적인 살인이라도 해서 사람들을 깜짝 놀라게 한 것도 아니니까 말이다. 혹은 잘나가는 가수나 영화배우, 고액 연봉의 운동선수거나, 아니면 증권으로 몇 백만 불을 벌어들이기라도 했다면 또 모를까. 도대체 새삼스러울 것이라고는 하나도 없어 보이는 젊은 내가 자서전을 쓴다니 가소로워할 수밖에 없었으리라. 하지만 난 아직도, 나의 이야기를 솔직하게 나누면 꽤 많은 사람들이 흥미를 느끼고 관심을 가질 거라고 생각한다. 미국만 해도 850만이나 되는 주의력결핍 및 과잉행동장애(Attention-

Deficit/Hyperactivity Disorder; ADHD) 아동들과 그들의 부모, 교사들에게 특히 더 와 닿는 이야기가 되지 않을까.

나는 1993년, 스물네 살이 되어서야 주의력결핍 및 과잉행동장애를 가진 것으로 진단받았다. 바로 그 순간, 고통과 거부, 실패로 점철된 내 삶이 한번에 이해가 되었다. 나는 이상한 놈이고 결국은 완전히 미쳐버릴 거라는 생각에서 벗어나, 나는 단지 남과 다를 뿐이고, 그것도 괜찮다는 것을 깨닫기 시작했다. 그리고 나만 혼자가 아니라는 것도 알게 되었다.

이후로 남은 내 이십대는 어떻게 하면 ADHD를 자원으로 활용할 수 있을 것인지 궁리하면서 보냈다. 정말로 ADHD를 '초능력'으로 만들 수 있는 전략들과 환경 여건을 찾아내는 데 매달렸다. 내가 최대한으로 능력을 발휘할 수 있는 환경을 조성하는 법을 알아냈고, 내가 알 필요가 있는 것들을 스스로 깨치는 법을 터득했다. 그리고 무엇보다 중요한 것으로 오랫동안의 좌절과 실패에서 비롯된 감정적 응어리들을 어떻게 다루어야 하는지 배웠다.

그 결과, 이제 나는 감히 내 인생이 참으로 '성공적'이라 말할 수 있다. 나이 34세에, ADHD를 갖지 않는 내 동료들보다 훨씬 단기간에 특수교육학 박사학위를 받았고, 부교수가 되었고, 다른 학자들이 평생토록 쓴 것보다 많은 연구 논문을 몇 년 동안에 발표하고 있으니 말이다. 상을 받고, 국회에 보고서도 내고, 타임지와 인터뷰도 해서 미국 전역에 내 소개가 되고 있다. 내 집을 가지고 있고, 나를 진정으로 사랑하고 존중해 주는 여자 친구까지 있으니, 이만하면 꽤 훌륭한 삶이 아닌가!

이 책에서, 내가 하나의 완벽한 정답을 제시하려는 것은 아니다. 해탈에 이르는 길은 아주 개인적인 것이기 때문에, 어쩌면 내가 나 이외의 다른 어떤 누구에게도 진정한 도움이 될 수 없을지 모른다는 두려움도 피할 수 없다. 하지만 이 책을 통해서 나는 다음 세 가지를 이루어 보려고 한다.

첫째는 '정상인'들에게 ADHD의 특성을 갖고 살아간다는 것이 정말 어떤 것인가를 알려주고 싶다. 부모들, 교사들 그리고 ADHD를 가진 아동들을 대하는 많은 전문인들이 우선 이들의 삶이 진정 어떤 것인지 구체적으로 이해하지 못하는 한, 절대로 이들을 도와줄 수 없다. 내 손에 닿는 대로 관련 분야의 모든 책을 찾아 읽었지만, 불행히도 아직까지는 ADHD를 가진 아이의 관점에서 ADHD를 정확하게 설명한 책은 없는 것 같았다. 오히려, 관련 분야의 책들이 ADHD 증세를 마치 중세의 끔찍한 형벌이라도 되는 듯이 느껴지게 해 놓았다. 책을 읽어나가다 보면 자연히 알게 되겠지만, 그건 절대로 사실이 아니다.

둘째로, 내가 행복과 성공을 찾을 수 있는 데 도움이 된 몇 가지 전략들을 대략적으로 제시해 보았다. 그 전략들을 뒷받침하는 이론적 근거만이 아니라, 내가 어떻게 그런 방식에 접근해 갔는지 그 과정도 설명했다. 아마도, 이런 설명을 통해서, 독자들도 자신이나, 자기 아이에게 잘 맞는 방법을 발견할 수도 있을 것이다.

궁극적으로, 내가 가장 바라는 것은, 내 인생의 긍정적, 부정적인 경험들을 탐색해가면서 내가 사람들에게 희망을 줄 수 있었으면 하는 것이다. ADHD가 그 자체로서 나쁜 것은 아니다. 거듭 강조하겠지만 그것은 아주 막강한 능력이다—잘만 활용한다면.

나는 ADHD를 가지고 있다. 나는 내가 ADHD를 가진 것에 정말 만족한다. 나는 내 모습과 다르게 되고 싶지 않다. 이제는 좀 지나쳐서, 만약 나에게 아이가 있다면, 그 애들도 꼭 ADHD를 갖기를 바란다고 말하고 싶다. 한마디로, ADHD를 가진 것은 썩 괜찮은 일이다! 책장을 덮을 때쯤이면, 여러분도 내 의견에 동의하리라고 확신할 수 있다.

본문에 들어가기 전에, 짚고 넘어가야 할 점이 있다. 나는 내 이야기를 다시 하는 데 있어 되도록 정확히 하려고 노력했다. 나를 둘러싼, 가족, 친구, 동료들이 관찰한 내용들과 이전 선생님들의 많은 기록들에 근거해서, 사람들에 대해서 최대한 정확하게 인용하려고 애썼다. 물론, 나중에 언급되겠지만 ADHD를 가진 사람들은 틀린 기억을 갖고 있기도 하고, 또 아주 어릴 때라든지 술을 마시고 겪어서 희미한 기억들도 있다. 그래도 나는 '진실'에 가까운 것을 썼다고 믿는다. 비록 내 인생에 관여된 다른 사람들이 동의하지 않는 면이 있을지는 몰라도.

우리 가족이 관련된 이야기들을 많이 썼다는 것도 언급해두고 싶다. 나는 그들이 나의 '독특함'에 대해서 어떻게 반응했는지를 특히 강조했다. 그러다 보니, 우리 식구들이 너무 냉정한 사람들처럼 보일지 모르겠는데, 그렇지 않다. 사실 우리 식구들은 좋은 사람들이었고, 지금도 그렇다. 단지 내가 그들을 좌절시켰던 것이고, 그들은 나를 어떻게 다루어야 할지 몰랐을 뿐이다. 독자들이 나의 이러한 이야기들 속에서, 나 같은 사람도 괜찮게 되었다는 것을 알고, 일종의 위안을 얻을 수 있을 거라고 믿는다.

Robert Jergen

차 례

우리 가족들 소개
MEET THE JERGENS

나는 아들만 다섯 있는 집의 막내로 태어났다.

제일 큰형 짐은, 집안의 수재다. 지금은 신경과 의사로, 우리 엄마는 짐이야말로 '진짜' 의사라 할 만 하다고 입에 침이 마르게 칭찬한다. 그는 학교에서도 항상 이름을 날렸고 내 기억에 A 밑으로는 받은 적이 없었다. 그래서 큰형을 가르쳤던 선생님들은 나를 만나면 으레 형같이 똑똑하겠거니 기대했다가, 일단 한번 내 과제물을 채점하고는 단박에 그 환상을 깨곤 했다. 나는 차분하지 못하고 어처구니없는 실수가 빈번하며, 아주 쉬운 일에도 주의 집중을 못해 어려움을 겪었기 때문이다.

둘째는 글렌 형이다. 둘째 형은 집안의 스포츠 스타다. 레슬링, 육상, 미식축구에나 야구까지 만능 운동선수다. 대학시절, 미식축구 시합 때는 한 게임에서 한 번 하기도 쉽지 않은 터치다운을 네 번이나 하는 기록을 세운 적도 있다. 내가 고등학교에 입학할 무렵에 미식축구, 야구, 레슬링 코치들이 나를 데려가려고 줄을 섰다가 내가 하는 꼴을 보고는 시원찮아 돌아선 기억이 있다. 나는 움직임은 많았지만, 생산적으로 활동적인 것이 아니라 몸의 협응이 잘 이루어지지 않아 행동이 어줍은 가운데 그저 산만하고 부잡스러운 쪽에 가까웠던 것이다. 야구 시합 중에 한눈 파는 사이, 별안간 날아온 공이 내 머리를 맞히고 튀어나간 적도 있었다. 그것도 한 경기에 두 번이나 말이다.

존은 세 번째로, 형제들 중간이다. 그는 아주 다정한 사람으로, 집안의 테디베어 같은 존재다. 레슬링 경기를 하는 중이라도, 상대방이 아프다고 소리 지르면 그냥 살며시 놓아줄 정도다. 정말 누구라도 아프게 할 수 없기 때문이라나. 그게 바로 존의 진면목이고, 그래서인지 모두들 존을 좋아한다. 반대로 나는 누구나가 좋아하지 않았다. 나는 사람들이 싫어하는 말들만 골라서 했던 것이다. 무례하고, 잘난척하고, 밥 맛 없는 소리만… 하지만 절대 그럴 의도가 있는 것은 아니었다. 그냥 내가 미처 깨닫기도 전에 그런 말들이 튀어나왔다. 그러니 자라면서 당연히 친구가 많지 않았고, 그건 지금도 마찬가지다.

그 다음 끝에서 두 번째가 리처드, 우리 집의 개그맨이다. 지금도 조그마한 클럽에서 코미디를 하는데, 억울하게시리, 가끔은 내 이야기를 소재로 삼는다고 한다. 그는 사람들을 웃기는 재주가 있다. 리처드를 아는 사람이 나를 만나면, 나도 뭔가 산뜻한 말로 웃겨주려니 기대를 하는 모양이다. 물론 내가 노력이야 하지만,

한마디 한다는 게 항상 사오정 식의 썰렁한 농담이니까 모두들 고개를 갸우뚱거리며 돌아서곤 한다.

그 다음이 이 책의 주인공인 나다. 로버트. 우리 식구들은 모두 로비라고 부른다. 난 우리 집에서 아주 별종 취급을 받는다. 아주 감상적이고 감정 기복도 심하다. 집안에서 뭔가 고장 나고 없어지면 으레 의심을 받는 녀석이며, 모두들 혀를 차거나 머리를 설레설레 흔드는 놈이다. 나는 아주 이상하게 생겨 먹었고, 글러 먹은 놈이며, '지나치게 예민하고' 칠칠치 못하고, 하는 일마다 시원찮고, 거기다 별나기까지 하다. 나는 초콜릿 맛이 나는 핫도그처럼, 우리 식구들에게는 아주 낯선 존재였던, 그리고 지금도 그런 것이다.

우리 엄마는 미국 이민 1세대다. 우리 외할머니는 노르웨이 스타방에르 출신이고, 외할아버지는 스웨덴 스톡홀름에서 오셨다. 이 북구인들은 가족 간의 유대가 깊고 교육열이 대단하며, 교육에서 체벌의 효과를 믿지 않는다. 우리 엄마는 이런 집안 분위기에서 자란 분이다.

하지만 우리 아버지 집안은 이와 정반대다. 아버지의 조상은 보헤미아 지방에 뿌리를 두고 있다고 하는데, 언제 미국 땅에 발을 들여놓았는지는 알 수 없다. 아마 몇 세대 전인 것 같은데, 너무나 오래전이어서, 지금도 자신들을 옛날 지명대로 보헤미아 사람이라고 생각하지 지금 국명을 따라 체코인이라고 하지는 않는다. 어머니와는 달리, 아버지는 체벌의 필요성을 절대적으로 인정하셨다. 따라서 나는 종종 그분 무릎 위에 엎어진 채 볼기짝을 맞곤 했었다.

어쨌든 내 괴상한 성격이 어머니 쪽보다는 아버지 심기를 더 자주 건드렸음에 틀림없다. 아버지는 기질상 참을성이 없는 편이었고 우리들이 늘 당신 통제 하에 있기를 바라셨다. 어머니가 아버지보다는 훨씬 인내심이 있고 이성적인 편이었지만, 내 행동에서는 어떠한 논리적 근거도 찾을 수 없었기 때문에, 다만 끝없는 혼란 속에서 괴로워하셨다. 말하자면 나란 인간은 매일매일 우리 부모님의 인내심을 시험하는 게 주된 일과였다고나 할까.

뉴욕 브루클린 출신의 북구계 여자가 어떻게 시카고 교외 지역의 보헤미아 조상을 가진 남자와 결혼하게 되었는지 그 자세한 것은 가까운 친척들에게만 관심거리일 테니, 그냥 간단히 말하겠다. 6·25 전쟁 당시 아버지는 맨해튼에서 해군으로 근무하고 있었는데, YMCA가 주최하던 사교댄스 파티에 가서 어머니와 파트너가 되었다. 몇 번의 퇴짜 끝에 가까스로 아버지의 청혼이 받아들여져, 둘이 일리노이 주 비치그로브로 이사하여, 건강한 아들들을 줄줄이 낳게 되었고, 그 마지막이 바로 나인 것이다.

2 최초의 활동무대
WELCOME TO MY WORLD

일리노이 주의 비치그로브는 시카고 지역에서 한 25마일 정도 떨어진 중산층 교외 지역이었다. 내가 자라던 1970년대는 주민이 약 4만 명 정도로, 대부분 백인 중산층이었다. 범죄 안전 지역에다, 교육환경도 좋았다. 우리는 마음 놓고 길거리에서 놀았고, 이웃 집인끼리도 잘 알아 기리낌 없이 쾌적하게 살았다. 가장 큰 스캔들이라는 것이 고작 집 근처 사는 사람들이 밤 10시가 넘도록 파티를 열어 동네를 시끄럽게 했다든지, 어떤 사람이 제대로 잔디 손질을 하지 않아서 잔디가 너무 자랐다든지 하는 정도의 일들이었다.

말하자면 1950년대 미국 TV 가족 드라마에 나오는 전형적인 환경이었다. 비록 그런 드라마에 빠지지 않고 나오는 중산층의 상징 같은 하얀 담장이나, 타이어를 매달아 만든 그네 같은 것은 우리 집에 없었지만 말이다. 'Leave it to Beaver'[1]에 나오는 클리버 식구 이야기나, 'Happy days'[2]에 나오는 커닝햄 가족을 보면 꼭 예전 그때 우리를 보는 것 같다.

저녁은 온 식구가 같이 먹었고, 일리노이 주의 무더운 여름에는 컨트리클럽의 멤버로서 수영도 즐기곤 했다. 부활절이나 크리스마스에는 어머니가 우리 형제들에게 말쑥한 옷차림을 하게 하셨고, 때로는 나비넥타이까지 매어 주시기도 했다. 거의 매주 가까운 근처 도시에 사는 할아버지 댁을 방문하는 것도 주요한 행사 중의 하나였다. 우리 집 강아지 프리스키가 새끼를 낳았을 때는 어떤 놈을 우리가 기르고, 어떤 놈을 남에게 줄지를 결정하려고 가족회의를 소집한 일도 있었다. 말하자면 우리 집안이야말로 아메리칸 드림에서 보여 주는 행복한 미국 중산층의 전형이었다 해도 과언이 아니겠다.

우리 동네에 사는 사람들은 우리 집안을 이런 저런 이유로 잘 알고 있었다. 우리 엄마는 한동안 학부형회 회장으로 일했었고 우리 아버지는 두어 개 소년 야구팀 코치를 했으며, 우리 할아버지는 '루이 아저씨'로 알려져 할아버지 이름을 딴 공원까지 있었다. 게다가, 내 형들은 제각기 뛰어난 면이 있어 나름대로 명성을 날렸으니 말이다. 앞서 말한 대로 제일 큰 형 짐은 수재였고, 둘째 글렌 형은 그 지역 고등학교의 레슬링 챔피언이었으며, 존은 좋은

---

1) 1957년에서 1963년 사이에 방영되었던 시트콤.
2) 1974년에서 1984년 사이에 방영되었던 시트콤.

체격에 사람까지 좋았고, 바로 위 리처드는 남을 잘 웃겨주는 등, 정말 나무랄 데 없는 완벽한 가정이었다. 나만 없다면 말이다.

나는 1968년 9월 14일에 힐사이드 병원에서 태어났다. 내가 아는 한, 아이가 나쁘게 될 어떤 조짐도 없었다. 엄마가 진통하는 동안 천둥번개가 번쩍이지도 않았고, 일식이나 월식이 있었던 것도 아니며, 메뚜기가 휘젓고 다녔다는 이야기도 들어본 적이 없다.

'뜻하지 않은' 임신이란 점을 제외한다면, 임신기간 중에 문제될 만한 일은 하나도 없었다. 엄마는 담배를 피우거나 술을 마시지도 않았으며, 임신 중 체중 증가에 문제가 있지도 않았다. 나는 열 달을 다 채우고 나왔으며, 엄마 자신도 당시에 임신 중 필요하다고 알려졌던 주의와 섭생은 빠지지 않고 했었다 한다.

출산 과정 역시 별 특별한 것은 없었다. 내 발이 안으로 약간 휘어서 즉시 교정된 것을 빼고는 어떤 신체적인 문제도 없었다. 나중에 우리 형들이 나를 놀려 먹느라고 해댔던 이야기들, 내가 쌍둥이였는데 하나는 노예 시장에 넘기고 나만 키운다든가, 출산 과정 중에 의사가 바닥에 떨어뜨려 머리를 부딪쳤다든가 하는 이야기도 사실이 아니다. 외관상으로 나는 한 4kg쯤 되는 정상적인 사내아이였다.

내가 대가족의 막내라는 점을 좀 눈여겨 볼 필요가 있겠다. 특수교육에서는 '부모의 준거틀(parental frame of reference)' 이라는 용어가 있다. 외동이를 키우는 집에는 서로 비교할 대상이 없어서, 아주 정상인 애도 혹시 뭐가 잘못된 게 아닌가 하고 부모가 전전긍긍하거나 아니면 좀 특별한 주의를 갖고 보아야 할 아이를 정상으로 보기도 하는 현상을 일컫는다. 그런데 내 경우에는 우리 엄마가 이미 내 위로 아들 넷을 키워 봐서, 아이 키우기에 대해서는 거의 전문가 급이었다고 할 수 있었다. 그런 우리 부모인지라, 내가 갓난애였을 때부터, 보통 아이들과 다르다는 걸 알아봤던 것이다.

엄마 말씀에 의하면, 낮잠 자고 나서 내가 이 큰 갈색 눈을 땡그랗게 떴다 하면, 바로 그 순간부터 팔다리를 하도 정신없이 휘둘러대서 애기용 침대가 덜덜 흔들리곤 했다고 한다. 처음부터 나는 움직이지 못해 안달이었다고 한다. 5개월쯤 되어 기기 시작하자(빨리 기기도 했다) 온 집안을 헤집고 다니며 말썽을 부리기 시작했다. 얌전히 앉아 있지도, 길게 잠을 자지도 않았다. 손발에 닿는 건 모두 부러뜨렸고, 아버지 말씀에 따르면, '단지 시끄럽게 하기 위해서' 쉴 새 없이 시끄럽게 굴었다고 한다. 내가 너무 설쳐대자, 우리 엄마는 나를 '리틀 몬스터'라고 불렀는데, 그게 아예 애칭이 되어 아직까지 내 꼬리에 따라붙고 있다.

어딜 뜯어보아도 좋은 아이는 아니었다는 것을 독자들은 곧 알아차렸을 것이다. 우리 엄마는 상당히 참을성이 있는 분이었는데도, 내가 말썽을 부릴 때마다 주먹을 움켜쥐고 입을 앙다문 채 하늘을 쳐다보며 '하느님 아버지, 저 좀 살려주세요! 이런 망할 녀석 같으니라구'라고 하셨다. 아버지는 고개를 절레절레 흔들며 나한테 눈을 부릅뜨곤 하셨는데, 눈썹이 얼마나 오르락내리락 하는가를 보면 얼마나 화가 났는가를 알아낼 수 있었다.

짚고 넘어가야 할 것은, 우리 어머니는 한 번도 '하느님 아버지, 저 좀 살려주세요! 이런 망할 녀석 같으니라구'라고 말한 적이 없다고 그 사실을 부인하신다는 거다. 내가 엄마의 인내심을 테스트할 때면 그저 속으로 가만히 '주님, 시험에 견디게 힘을 주소서'라고 기도하셨을 뿐이었단다. 하지만 오랫동안 우리와 이웃하던 슐츠 씨네 식구가 어머니가 나를 '망할 녀석'이라고 부른 적이 있다는 걸 증언해 주었다. 얼마나 자주 이 말을 들었는지에 대해서는 아직도 논란이 있지만 말이다.

여기 또 한 가지, 부모들이 간과하지 말아야 할 점이 있다. 우리 부모님이 내 일거수일투족마다 야단을 치고 잔소리를 하셨는지 어쩌다 한 번 그랬는지는 큰 문제가 아닌 것이다. 중요한 점은 ADHD를 가진 사람들의 현실 지각 능력이 그리 좋지 못하다는 점이다. 물론 이 말은 우리가 미쳤다는 것이—한때 나도 내 자신이 미쳐가고 있다고 여기긴 했지만서도—아니다. 단지 우리는 무엇인가에 강박적으로 매달리는 경향이 있다는 뜻이다. 예를 들자면, 여러분도 한번 어떤 노래가 떠오른 후, 그만두려고 해도 여러 시간 동안 끊임없이 머릿속에서 반복되는 경험이 있을 것이다. 나에게는 우리 엄마의 '하느님 아버지, 저 좀 살려주세요! 이런 망할 녀석 같으니라구'란 말이 30년 이상 귓속을 맴돌고 있는 것이다. 어머니를 생각하면 비로소, 당신의 참을성이 한계에 달해 거의 폭발 지경이 되어 하늘을 올려보며 내뱉으시던 그 말이 떠오른다. 어머니가 돌아가신 후에도 이 말은 계속 내 귀에 맴돌지 않을까 싶다. 어머니가 '이런 망할 녀석'이라고 끊임없이 이야기하셨는지, 아니면 어쩌다 한 번 한 것 가지고 내가 레코드를 틀듯이 반복 회상하고 있는 것인지는 확실하지 않다. 어느 쪽이건 간에 나의 현실에서 나는 못된 아이였고, 어떤 때는 될 대로 되라는 식으로 일부러 못되게 굴기도 했다.

특수교육에서는 이를 '자기 충족적 예언(self-fulfilling prophecy)'이라고 부른다. 아이들은, 자기들이 어떻다고 들은 바대로 실제로 그렇게 된다는 것이다. 만일 우리 가족이나 선생님들이 나보고 늘 참하기도 하고 똑똑하기도 하고 멋지다고 했다면, 아마 나의 괴상한 행동들이 나타나지 않았거나 혹은 그 정도가 덜해졌을지도 모르겠다. 우리 부모나 선생님은 내가 잘했던 것은 제쳐두고 내가 잘못한 것에만 초점을 맞추었다. 결국 말이 씨가 되어, 내가 잘못했을 뿐인 것들이 나라는 존재 자체가 되어버렸다. 나는 형편없는 녀석이었고, 아직도 내 마음에는 그렇게 느껴지는 구석이 남아 있다.

그렇다고 해서 내가 우리 부모님을 탓하는 것은 절대 아니다. 우리 부모님은 더할 나위 없이 좋은 분들이다. 먹이고 입히는 데 부족함이 없었고, 내게 필요한 모든 것을 주기 위해 최선을 다하셨다. 나는 학대를 받은 적도 없었고, 소홀하게 취급받은 적도 없었다. 부모님들은 나를 사랑해 주셨고, 내가 좋은 삶을 살아가는 데 필요한 것들을 주시기 위해 할 수 있는 모든 것을 다하셨다. 그들은 나를 ADHD 증상이 없는 다른 네 명의 아들들하고 똑같이 차별 없이 키우셨다. 그런데 역설적으로 바로 그 점이 문제였던 것 같다.

나는 우리 형들하고는, 우리 어머니는 지금도 말씀하고 계시지만 전혀 다르기 때문이다. 나는 너무 지나치게 활동적이었고, 늘 뭔가 말하거나 행동하지 않으면 견디지 못하는 아이였다. 무언가 만들지 않으면, 부수고 있었다. 온 집안을 헤집으며 뛰어다녔고, 집에 있는 가구란 가구에는 다 올라갔으며, 층계에서 펄쩍 뛰어내리고, 나뭇가지를 잡고 그네를 탔다. 하지만 사실은 나도 얌전하려고 무진 애를 쓰고 있었다. 진짜 그랬다. 나는 정말 좋은 아이가 되고 싶었는데 문제는 자주 생각 없이, 아니 내가 뭐하는지 나도 모르게 말썽을 부려놓고 마는 것이었다.

나는 또 모든 것을 마음에 담아두는 편이었다. 나는 아주 민감했고, 쉽게 분해하고는 했다. 엄마가 욕을 하는 것이나 아버지가 눈 부라리는 것이 우리 형들에게는 아무렇지도 않았지만 유독 나는 크게 상처를 받았다. 엄마, 아빠가 나쁜 녀석이라고 하거나, 형들이 놀리면 정말 죽고 싶었다. 세상이 무너질 만큼 서러워했고 비참해서 견딜 수가 없었다. 다른 사람들이 다루기 어려운 아이였다. 아주 처음부터, 나는 극도로 약하고 예민했으며, 우리 부모님이나 형들은 내 심기를 긴드리지 않기 위해 살얼음 위를 걷듯 해야 했다. 내가 골짓거리 '리틀 몬스터'여서 부모님이나 형들이 얼마나 견디기 어려워했는지 몇 가지 에피소드를 읽어보면 짐작할 수 있을 것이다.

형들이 겪은 것 중의 하나가 공갈젖꼭지 이야기다. 공갈젖꼭지를 쓸 때니까 무척 어렸을 때인 것 같다. 어느 날 밤 엄마가 아빠에게 우리 오형제를 맡기고 외출을 하셨는데, 내가 아마 쪽쪽 빨던 공갈젖꼭지를 놓쳤던가 보다. 내가 악을 쓰며 울어대니까 결국 아버지는 형들을 모두 깨워 온 집안을 구석구석 샅샅이 뒤지게 했다. 내 공갈젖꼭지를 찾을 때까지 아무도 잘 수가 없었다고 한다.

여기까지 읽다 보면 '뭐 그 정도쯤이야, 나도 어렸을 때 그랬는걸. 애기들이 제 물건을 가지고 놀다 잃어버리고, 찾아내라고 졸라대서 부모 성가시게 하는 일이야 보통 아닌가' 하고 여길지 모르겠다. 그 말은 맞다. 하지만 그게 원 가끔 있는 일이었어야지. 내 어릴 때는 이런 일이 아주 자주 일어났으니 문제가 됐던 것이다. 나는 끊임없이 뭔가를 잃어버렸고 뭔가 바뀌거나 마음에 안 드는 걸 참아내질 못했다.

대부분 ADHD 아이와 마찬가지로, 나는 **극도**로 민감했다. 아주 사소한 일도 엄청난 재앙이 되어 버렸다. 뭔가 잘못되면, 견디기가 힘들었을 뿐 아니라 무언가에 집착을 하면 한시도 머리에서 떨쳐내기가 어려웠다. 단지 어떤 문제들을 상상한 것에 불과해도, 일단 머리에 떠오르면, 이게 눈덩이처럼 부풀어 심각한 불안을 야기하고 급기야는 다른 정상적인 일들을 할 수 없을 정도가 된다. 나는, 이게 실제 상황이건 내 생각에서 비롯된 것이건 간에 한 번 점화되면 대 폭발을 일으키는 극도로 예민한 신경 세포를 가지고 있는 것이다.

이런 극단적인 반응은 바로 내 정신이 어떻게 작용하는지와 관련되어 있다. 앞에서도 말했지만, 독자들도 어떤 생각이 머리에 떠올라서는, 한동안 머릿속에 뱅뱅거리다가 겨우 사라지는 경험을 할 것이다. 때로는 며칠 내내 똑같은 노래나, 소리가 맴도는 일도 있었을 텐데, 아마 이것만으로도 참 짜증스러워했을 것이다.

이제 여기에 서너 아니 더 많은 생각들을 더해서 상상해 보라. 이 생각들이 머릿속에서 섞여서 증폭이 되는 것이다. 생각들이 계속 뱅뱅 돌다가 점점 가속이 붙어서 모든 생각을 빨아들이는 강박사고가 되는 지경에까지 말이다. 온통 그 생각뿐이라 그 외에는 아무것에도 신경을 쓸 수 없고 도저히 헤어날 수 없다. 정말 미칠 노릇인데, 이게 바로 ADHD를 가진 것이 어떤 것인지 단적으로 말해 주는 것이다.

내가 어릴 때 한번 성질을 부리면, 멀쩡하던 애가 완전히 돌아 몇 시간이고 울부짖곤 했다. 아무리 얻어맞고 벌을 서도 나 자신도 어쩔 수 없는 문제였다. 내 감정을 조절한다는 것이 내겐 불가능했다. 그때도 그랬고 아직도 여전히, 어떤 마음에 걸리는 것을 '느끼지 않거나' 대범하게 넘긴다는 것이 불가능하다. 그래서 공갈 젖꼭지나 봉제 토끼 인형을 잃어버렸다든지, 무시당한다고 느꼈다든지, 형들한테 놀림을 당했다든지, 부당한 대우를 받았다든지 했다 하면, 감정의 대폭발이 일어나는 것이었다.

그런데 물건을 **잘 잃어버린다**는 것이 바로 ADHD의 주요 특징 중의 하나라는 것을 기억해 둘 필요가 있다. 나는 물건을 끊임없이 잃어버렸고, 그러니 결국 분노발작이 어쩌다가가 아닌 다반사, 매일 매일의 일과였던 것이다.

게다가 자기가 쓰던 것에 대한 집착은 다른 정상적인 형제들이 내 나이 때에 보여 준 것과는 판이했다. 우리 형들도 제 공갈젖꼭지가 없으면 울어댔을지 모르지만 엄마가 다른 것을 주고 어르면 달랠 수가 있었다. 그런데 나는 새파랗게 질려 기절을 했다. 우리 부모는 도대체 왜 그런지 이해할 수 없었고, 이런 극도의 정서 반응에 겁을 먹었다. 사내들 넷을 키우고도 겪어 보지 않은 일이라 속수무책이었다.

이 역시 ADHD 아동에게 아주 흔한 일이다. 어떤 때는 주변의 모든 것에 무심하다가 한순간 어느 하나에 목숨을 걸고, 사소한 것이라도 좀 어긋난다 싶으면 세상이 무너져라 발악을 한다. 우리는 쉽사리 떨쳐버릴 수 없는, 중독이 잘 되는 성향이 있다. 마치 우리 엄마의 '하느님 아버지, 저 좀 살려주세요! 이런 망할 녀석 같으니라구'라는 멘트를 끊임없이 재생하고 있듯이, 내 마음은 다른 것도 그렇게 꼭꼭 담아두고는 떨쳐내지 못하는 것이다.

또 하나 예를 들면, 바로 어젯밤의 일이다. 나는 우리 집 정원 스프링클러를 사러 나갔다 온 후에야 잠을 이룰 수 있었다. 어처구니없게 들리겠지만 때는 밤 2시였다. 스프링클러를 사러, 잠자리를 박차고 일어나, 야간에도 문을 여는 월마트까지 달려가지 않으면 안 되었다. 내 머릿속은 망할 놈의 '스프링클러'로 꽉 차 있었다. '스프링클러! 스프링클러…' 이걸 손에 넣지 않으면 잠들 수가 없었기 때문이었다.

바로 이런 점을 우리 부모님이나 선생님들은 도저히 이해할 수 없었다. 솔직히 말하자면, 오랫동안 나도 내 자신을 이해할 수 없었다. 나는 내 자신이 정신이상자임에 틀림없다고 믿었다. 문자 그대로, 정신 이상 말이다. 그런데 이렇게 광적으로 목숨 거는 것만이 내가 우리 형제들과 다른 유일한 점은 아니었다.

나는 차분히 가만히 있지를 못했다. 항상 뛰고, 기어오르고, 소리 지르고, 무언가를 하니, 사람들이 한시도 나에게서 눈을 떼지 못했다. 그러나 엄마가 장난꾸러기 다섯을 한꺼번에 늘 보고 있을 수는 없는 일이라, 잠깐 한눈을 판다 싶으면 나는 어김없이 일을 저지르고 말았던 것이다.

내가 두 살 때쯤이라던가, 나는 집 뒷문 자물쇠를 풀고 여는 법을 알아챘다. 내가 나가지 못하도록 엄마가 이것저것으로 뒷문을 막아두었지만, 나는 어떻게든 빠져나갔다. 그리고 뒷마당 바깥으로 나가는 문의 열쇠 따는 법까지 터득했다.

하루는 기저귀만 찬 내가 저겐(Jergen) 집안이라는 감옥을 부수고 뒤뜰을 가로질러, 골목길을 돌아, 대로까지 진격했다. 때마침 퇴근하던 아버지가 제일 복잡했던 거리 한복판에서 나를 집어 들고 들어왔으니, 우리 엄마는 기절초풍할 수밖에. 하지만 그 후론 그런 일이 하도 자주 일어나니까, 더 이상 놀랄 일도 아니게 되었고, 그저 차에 안 치이고 유괴되지 않은 것만 감지덕지할 뿐이었다.

참으로 우리 엄마가 걱정할 만도 했다. 나는 뭐가 위험한지 무시운지에 대한 감각이 없었다. 칼을 막 던지고, 불장난을 하고, 뜨거운 오븐에 겁도 없이 손을 대 보고, 화학 약품들을 함부로 섞고, 전기 소켓에 뭘 집어넣고. 한번은, 내가 차도로 무작정 뛰어들어가니까 우리 할머니가 나를 급히 끌어 잡은 적이 있었는데, 하도 꽉 잡다 보니 그만 내 어깨가 빠져 버렸다. 또 다른 때는 면도날을 갖고 놀다가 손가락 하나를 뼈가 보일 정도로 베었다. 그 상처기 이직도 있다.

내가 한 서너 살 때쯤, 형들이 야구 선수들이 인쇄된 카드하고 선수들 사인에 대해 이야기하는 것을 옆에서 들었다. 형들은 시카고 화이트삭스나 컵스 야구 구경을 갔다가 유명한 선수들 사인을 받아오곤 했다. 이런 소식을 어떻게 스쳐 듣고는 '아하, 이름 써진 종이 쪽지가 엄청난 값이 나가는구나'라는 생각이 쪼그만 머릿속에 떠올랐던 모양이다. 그게 곧 내 머릿속에 자리잡고 뱅뱅 돌아 떨쳐버릴 수 없었던 게 아직도 기억이 난다.

하여 다음날 아침 일찍 종이쪽지에다 아무렇게나 끼적거려 가지고(아직 이름도 쓰지 못할 때였다) 집집마다 문을 두드리며 내 사인이 든 쪽지를 팔러 다녔다. 이른 아침 다섯 시경이었다. 잠에 취한 사람들이 문을 열었을 때 이 말썽쟁이가 서 있었으니, 기가 찰 노릇이었을 것이다. 아직도 흐릿하게 생각나는데, 어떤 나이든 할머니가 내가 내민 찍찍 그려진 종이를 보고 웃으면서 돈 대신 과자를 내밀었던 것 같다. 그리고 내가 심술이 나서, 과자 말고 1달러를 내라고 떼를 쓰다가 결국 아무것도 얻지 못하고 집으로 끌려왔던 기억도 난다.

내 생각에는 이런 저런 일들로 해서 나이 지긋한 근처 이웃들이 우리 엄마를 보고 혀를 찼던 것 같다. 때는 바로 1960년대 말과 1970년대 초쯤으로, 사람들은 여자가 할 일이란 모름지기 가정을 지키고 애들 잘 기르는 것이라고 생각하고 있었다. 이웃들은 엄마에게 애들 좀 잘 키우라고 뼈 있는 말들을 했던 것 같은데, 그 '애'란 정확히 말하자면 '나'로서, 즉, '나'를 좀 잘 기르라는 것이었다.

지금 생각해도 우리 엄마를 그렇게 말한 사람들이 괘씸하다. 그들이 어떻게 생각했건 간에, 우리 엄마만한 사람은 없다. 10년 동안 사내녀석 다섯을 두고 보니, 한꺼번에 다섯 놈에 다 눈을 둘 수 없는 노릇이고, TV 드라마에서 나오는 것처럼(Brady Buch) 도우미를 둘 형편도 아니었으니까.

우리 엄마의 예가 전형적으로 ADHD를 가진 부모의 고달픈 실상이다. 일상의 자잘한 일들을 하는 데에도 굉장한 인내심과 자제를 요하게 된다. 예를 들어, 슈퍼에 가는 것도 엄청난 일이 되어버리기 십상이다. 선반에 쌓아놓은 가지가지 물건들이 얼마나 흥미진진한 놀 거리들인가. 나는 들어가면 가는 데마다 소리소리 지르고 온 진열장에 물건을 뒤집어엎고 엉망진창으로 만들었다.

지금도 슐츠 부인은 우리가 슈퍼에 있다는 것을 단번에 알아챌 수 있었다고 말하곤 한다. 왜냐하면, 문 열고 들어서기가 무섭게 벌써 내가 소리 지르는 것이 들리고, 뒤따라 확성기로 '3번 열을 다시 정렬하세요' 라는 방송이 줄곧 울려 퍼지고, '로비, 하지마' '그거 내려놔' '가만 놔두지 못해' 를 연발하는 엄마 목소리도 물론 이어지고. 이런 식이었는데, 내 이런 망나니짓이 가게에서만이 아니니 문제는 더욱 심각했던 것이다.

매년 우리들은 뉴욕에 있는 외가에 갔는데, 한번은 기차를 타고 갔다고 한다. 우리 부모님 말씀에 의하면, 내가 가는 내내 '반짝반짝 작은 별'을 끝도 없이 불러대며 뛰어다녔다는 것이다. 나중에는 견딜 수 없던 승객들이 엄마에게 "아이고, 그 꼬마 입 좀 다물게 해요."라고 했다지만, 속수무책. 짧은 시간—몇 초나 될까?—나를 좀 다른 데 관심을 돌리게 할 수 있었을까. 잠을 재우려 해도 스스로 기진맥진해서 나가떨어지지 않는 이상 다른 방법이 없었다. 나는 차분히 앉아 있을 수 없고, 조용히 논다는 것 자체가 불가능했다. 온 구석구석을 쑤시고 다니며, 사람들의 신경까지도 쑤시니, 기차 여행도 그때가 마지막이었다.

할 수 없이 그 다음부터는 승용차로 가야 했다. 어른 둘과 애들 다섯 명, 개 한 마리가 가족용 밴 한대에 구겨 타고 16시간을 가야 했으니, 아버지는 본인 성질을 달래느라 줄담배를 피우는 상황이 되었다. 나는 몇 초마다 '얼마나 더 가야 되요?' '아직도 다 안 왔어요?'를 물어댔다. 나도 내가 아버지를 너무 귀찮게 한다는 것을 알고 있었다. 나도 조용히 하려고 노력했었다. 하지만 그냥 끊임없이 그렇게 자동적으로 똑같은 말이 튀어나왔고, 나는 그걸 멈출 수가 없었다. 내가 아버지 손이 닿지 않는 맨 뒷자리에 앉은 게 천만 다행이었지.

여기 또 중요한 점이 있는데, ADHD는 이 특질을 지닌 본인에게만 영향을 주는 것이 아니라는 것이다. 우리는 주위 사람들 모두에게 엄청난 스트레스와 좌절을 안겨주며, 특히 부모들은 종종 자신들 때문에 애들이 이런 게 아닌가, 이런 문제가 지속되도록 너무 방치하고 있는 것은 아닌가 조바심 내게 된다. 또한 스스로를 '나쁜 부모'라고 느끼기 쉽고, 이에 따라 마음 깊이 죄책감과 수치심을 갖기 마련이다. 아이들이 사람 많은 곳에서 말썽을 피우면 남들로부터 수도 없이 화나고 싫은 눈치를 받게 되고, 이 와중에 자격지심은 점점 심해진다.

나는 ADHD 아동들의 부모들에게 이런 이야기를 정말 많이 들었다. 그들의 가슴은 거의 피멍이 들어 있었다. 어떤 부모는 자기 친부모가 ADHD를 가진 손자에게 이제 두손 두발 다 들었다는 식으로 이야기를 해서 더 이상 서로 말도 하지 않고 지낸다고 한다. 할아버지 할머니는 애들 부모 탓을 하며 그런 게 다 애들을 오냐오냐 하고 버릇을 안 가르친 탓이라 했다 한다.

그래서 그런지 ADHD를 가진 애들은 할아버지 할머니가 봐 주기도 싫어한다. 일단 육체적으로 애들이 너무 힘들게 하니까 봐줄 수 없는 경우도 있지만, 버르장머리 없는 애들을 참아내지 못해서 그런 경우도 있다.

교사도 마찬가지다. 나는 교사가 ADHD 아동들 부모에게 왜 아이에게 약을 안 먹이냐고 소리 지르는 것도 목격했다. 한번은 내가 개별화 교육과정(IEP) 회의에 참석했는데 한 교사가 어떤 부모 면전에서 '부모가 자기 자식을 학대하고 있다'고 비난하고 있는 것이 아닌가. 단지 그 부모가 아이에게 리탈린[3]이라는 ADHD 약을 안 먹인다고 말이다! 학대라니! 믿어지는가? 그 교사는 아이에게 약을 계속 복용시키지 않으면 당장 아이를 부모 아닌 다른 사회시설로 보낼 기세였나.

정도의 차이는 있겠지만, 모든 부모들은 아이들이 생긴 이후로 얼마간 자신들의 관계를 희생시킨다. 아이를 낳으면, 아이를 돌보는 것에 대부분의 시간을 할애하게 되고, 결과적으로 부부관계가 소홀해지게 마련이다. 이건 매우 자연스러운 것이다.

---

3) 메틸페니데이트의 상품명, 정신운동 자극제의 일종.

하지만 ADHD를 가진 아이가 생기면 얘기가 또 달라진다. 아이에게서 한시도 눈을 떼지 않아야 한다. 애가 미친 듯이 헤집고 다녀 제 아빠 엄마한테는 단 1분의 숨 돌릴 시간을 주지 않고, 버릇 좀 고쳐 보려 해도 도대체 들어 먹는 게 없는 상황을 상상해 보라. 당연히 스트레스가 쌓이고, 적당한 때 이를 풀지 않으면 결국 부부 사이에도 싸움이 나거나 서로 등을 돌려 버리게 된다. 그래서 ADHD처럼 특별한 관심이 필요한 아이들 부모는 이혼율도 높다.

이처럼 ADHD는 부모를 견디기 어렵게 할 뿐만 아니라, 교사도 견딜 수 없게 만든다. 하지만 교사는 하루에 몇 시간, 일주일에 5일만 견디면 되고, 또 아이들 부모 탓으로 모든 책임을 돌릴 수 있으니, 그래도 부모 쪽보다는 양반이다. 부모는 하루 대부분을 이 아이와 있어야 하고, 방학도 없다. 게다가 내가 나쁜 부모라서 이런가, 임신 때 와인 한잔 마신 게 잘못된 건가 하는 식의 죄책감에 끊임없이 시달리며 일생을 보내게 된다.

하지만 나는 장애나 행동수정에 대해 별도로 교육을 받지 않은 일반 교사들도 참 안되었다는 생각이 든다. 최근의 연구에 따르면, 일반 교사직을 일찍 그만두는 이유가 바로 이 '문제' 학생들 때문이라고 한다.

내 입장에서 보면, 충분히 이해하고도 남는 일이다. 나는 ADHD 아동을 어떻게 가르쳐야 할지에 대한 워크숍을 수없이 많이 개최해 왔는데, 거기 참석한 일반 교사들은 거의 녹초가 되어 정서적으로도 메마를 지경이었다. 다섯 아이를 한꺼번에 기르는 것이 우리 엄마에게 참 힘든 일이었듯이, 스물다섯 명 애들을 데리고 5교시 수업을 한다는 것도 그만큼 힘든 일이다. 거기다 두세 명은 ADHD, 또 다른 두세 명은 학습장애, 또 다른 애들은 문제 가정 출신… 그런 식이라면.

또 ADHD를 가진 아이의 형제자매들의 입장도 생각해 주어야 한다. 많은 아이들이, 부모나 교사만큼의 큰 스트레스를 느끼고 있다. 나랑 같이 일하던 여학생은 남동생이 ADHD인데, 끝도 없이 이를 불평해댔다. 분명히 그녀 남동생은 그녀를 한시도 가만두지 않고 끊임없이 괴롭혔을 것이다. 게다가 그 동생은 수없이 그녀의 물건을 망가뜨렸다고 한다. 그녀는 인형을 모으는데, 새 인형을 갖다 놓기만 하면 인형 모가지를 떼어 버리지를 않나, 머리카락을 잘라 버리질 않나, 개 먹이로 줘 버리질 않나, 하여튼 다 부숴놓았다고 한다. 그런데도 부모님은 꼭 동생과 놀아 주라고 하고, 동생이 잘못하기만 하면 그 여학생이 야단을 맞았다고 했다.

요즘은 애들 노릇만 하기도 고달픈 세상이다. 거기에다 막무가내인 형제들까지 도와야 한다니 너무나 힘든 인생인 거다. 이게 딱 우리 형들이 느낀 대로일 것이다. 그래서 형들이 어떻게 해서라도 나와 멀찌감치 떨어져 있으려 했었던 것 같다.

이런 사례로 보듯이, ADHD를 가진 아동들과 함께 지내야 하는 사람들에게도 더 많은 도움이 필요하다. 일반 교사들에게 이들의 문제를 조금이라도 이해하고 행동수정 전략을 익히기 위한 연수가 필요할 뿐만 아니라, 이들 부모들에게도 고통을 덜 수 있는 도움이 필요하고, 형제들도 스트레스 없이 그저 어린아이답게 지낼 수 있도록 허락될 필요가 있다.

돌이켜 보건대, 내가 우리 부모님에게 어떤 영향을 주었는지 나로서는 단지 짐작만 가능할 뿐이지만, 틀림없이 나 때문에 부모님이 나이보다 훨씬 빨리 늙게 되셨을 것이다. 좌우간 이 분들이 되도록 나와 좀 떨어져 지내기를 바랐다는 것을 나는 알고 있다. 특히 엄마는 정말 좀 쉬고 싶으셔서 그랬겠지만, 언제나 나보고 일찍 자라고 하셨다. 일부러 하품까지 하시면서 '음, 고실고실한 침대에 누워 있으면 기분 좋지 않겠냐'고 하시곤 또 나보고 보란 듯이 하품을 더욱 늘어지게 하시는 거다. 그게 항상 그랬다. 나는 힘이 남아서 헤집다가, 에너지가 다 떨어지면 장소를 가리지 않고 즉시 그 자리에서 고꾸라져 잠들어 버렸다. 그러니 불행히도, 대개 남보다 일찍 일어나게 되고, 또 꼭두새벽부터 설치는 셈이 된다. 나 혼자 거실로 내려가 TV 테스트 방송을 보고 있던 것이 아직도 기억이 나는데, 깨어 있는 사람이 나 혼자이다 보니 당연한 결과로, 그 시간대에 최악의 말썽들이 빈번히 일어났다.

하지만 정말 잊지 말아야 할 것은, 내가 비록 말썽꾸러기였다고는 하지만 나는 늘 좋은 아이가 되고자 했다는 것이다. 그런데 내가 무얼 좀 해볼까 하면, 내 의도와는 거꾸로 엉망이 되어버렸다. 이것 역시 전형적 ADHD의 특징 중 하나다. ADHD가 아닌 세계에서 보는 것과는 달리, ADHD를 가진 사람들이 저지르는 말썽들은 대부분 고의가 아니다. 그렇기 때문에, 이들을 배타적으로 대하거나 못된 사람으로 여기고 비난하기보다, 바람직한 일을 하게 하고, 여러 사람들과 잘 어울리게 하는 것이 무엇보다 필요한 것이다. 우리도 다른 사람과 마찬가지로 사랑받고 싶고 인정받고 싶은데, 그렇게 되지 않고 자꾸만 일이 꼬이는 것이 문제일 뿐이다.

나는 가끔 우리 부모님이 잠들어 있을 때 그 곁에 그냥 서 있곤 했던 걸 기억한다. 부모님을 깨우지 않으려고 내 딴에는 아무것도 안 하고 가만히 내려다보기만 하면서 유령같이 서 있었다. 종종 엄마는 막내 녀석이 얼굴 가까이에 대고 내쉬는 숨결에 소스라치게 놀라며 깊은 잠에서 깨어나곤 했다.

그중 하루, 내가 주무시는 엄마한테 램프 좀 뜯어봐도 되겠냐고 물었다. 너무나 피곤하고 잠결인지라 엄마도 건성으로, '그래' 하고 대답하고 돌아 누우셨는데, 몇 시간 후 완전히 깨어나서 발견한 참상이란. 멀쩡한 램프가 산산이 분해되어 뒷마당 정원용 식탁에 놓여 있었다. 말할 필요도 없이, 엄마는 기가 막혔다. 하지만 단언하건데, 도끼로 때려 부수지만 않았다면 난 진짜 그걸 다시 조립할 수 있었을 것이다.

앞에서 언급했듯이, 나 때문에 괴로웠던 건 우리 부모뿐만이 아니었다. ADHD의 형제자매들도 그 고통을 겪기 마련인지라, 우리 형들도 예외는 아니었고, 그중에서 내 바로 위 리처드와 그 위의 형 존의 경우가 특히 더했다. 큰형 짐이나 둘째 형 글렌은 나보다 열 살, 여덟 살 위라, 벌써 나이 차가 나서 내 상대는 안 되고 자신들의 세계를 갖고 제 친구들과 어울렸다. 하지만 리처드와 존은 나보다 겨우 네 살, 여섯 살 위일 뿐인데다, 누가 나랑 놀

아주질 않으니 엄마가 늘 형들을 나와 놀게 했던 것이다.

그런데 이건 결과적으로 좋은 아이디어는 아니었던 것 같다. 내가 그 형들하고 놀려고 하면 할수록, 형들은 더 나와 같이 놀지 않으려 했으니 말이다. 우리가 한동안 같이 붙어 있었다 싶으면, 예외 없이 꼭 이런저런 말썽이 생기곤 했다.

특히 내 바로 위 리처드하고는 주기적으로 싸웠다. 내가 리처드의 등을 물어뜯은 적도 한 번 있긴 하지만, 꼭 치고 받고 한 건 아니었다. 우리는 고양이 새끼들이 흙탕에서 서로 뒹구는 거에 가까웠다. 서로 머리칼을 쥐고, '야, 안 놔?' '네가 먼저 놔!' 하고 몇 번 왔다갔다하면서 점점 더 세게 잡아당기곤 했다.

확실히 내가 기억하는 것은 우리가 부엌에서 서로 붙잡고 이걸 반복하는 사이 아버지가 거실 소파에서 누워 계시다 이 소리를 듣고는 뛰어오셨던 것이다. 발자국 소리가 얼마나 빨랐냐 하는 걸로, 아빠가 얼마나 화가 났는지를 짐작할 수 있었다. 그래도 우리는 여전히 손을 놓지 못하고 서로 '놔, 안 놔'를 주고받으며 아버지가 올 때까지 버티고 있었다. 아버지는 화가 머리끝까지 올라 두 녀석의 귀때기, 혹은 머리채를 잡으셨던가, 2층 아버지가 주무시는 방까지 끌고 가셨고, 거기 아버지 허리 벨트가 잔뜩 걸려 있는 걸이에서 하나를 뽑아 들고는 우리를 후려치셨다. 다시 말하지만, 1970년대는 아직 자식을 때리는 것이 그렇게 야만적인 행동이 아니었다.

한번은 존, 리처드, 내가 나란히 서서 매 맞을 차례를 기다리고 있었다. 내 기억에 서로 싸워서든가, 아니면 저녁 식사 중에 시시

덕거리다가 부모님 부아를 건드렸든가 했을 것이다. 아무튼 우리 셋에게 노상 흔한 일이었는데 아버지가 우릴 후려칠 허리 벨트를 찾고 있는 동안 우리는 문 밖에서 대기하고 있었다.

이때 리처드하고 존이 미소까지 머금고는, 화장지를 바지 엉덩이 쪽에 두둑이 깔면 맞아도 그다지 아프지 않다고 살짝 일러주었다. 순진한 나는 얼른 화장실로 달려가서 휴지 한 통을 다 풀어 바지 뒤에 꾸겨 넣었다. 내 차례가 되어 '맞을 자세'를 딱 취했을 때, 내 엉덩이는 맞기 전보다 세 배나 부풀게 되었다. 이건 마치 온 엉덩이를 벌에 쏘이기라도 한 것처럼 되었는데, 도대체 아버지가 무엇 때문에 그렇게 노발대발했는지, 내가 아버지를 속여 먹으려고 했기 때문인지, 아니면 화장지를 쓸데없이 낭비해서 그랬는지는 아직도 모르겠다.

또 한번은 마찬가지로 매 맞을 차례를 기다리는데, 형들이 말하기를 아버지는 우리가 울기 시작하면 매를 그친다는 것이었다. 그래서 아버지가 벨트를 쥐기도 전에 소리소리 지르며 울기로 작정을 했다. 결과는 또 정반대. 지금도 그때 아버지 얼굴이 얼마나 시뻘겋게 되었는지, 안경 뒤에서 번쩍이던 눈과 찡그린 인상을 그릴 수 있을 정도다. '요놈, 진짜로 우는 맛이 어떤 건지 보여 주지' 하며 아버지 무릎 앞으로 나를 잡아끌던 그 기억이 생생하다.

또 다른 에피소드는, 호스를 갖고 뒤뜰에서 놀던 때 일어났던 일이다. 아주 더운 날이라 지붕 위로 물을 쏘아대니, 달아오른 지붕에서 그 열로 인해 김이 났던 모양이다. 내 눈에는 그게 마치 연기처럼 보였고, 형들은 그걸 이용해서 쉽게 나를 속여 먹었다.

계속 어디에선가 불이 나고 있는 게 분명하니까 자기들은 우리 집에서 한 블록 정도 떨어진 소방서에 전화하러 간다고 하고 들어가면서 나보고는 계속 호스로 물을 뿜어대며 불을 끄라고 하는 거였다.

한 30분 정도 지났을까, 나는 계속 차고 곁을 돌면서 내 눈에는 보이지 않는 그 불이 더 퍼지지 않도록 호스로 물을 뿜어대고 있었다. 그런데 아버지가 들이닥친 것이다. 차고에는 물이 뚝뚝 떨어지지, 나는 호스를 들고 있지, 아버지는 멈춰 서더니 고개를 절레절레 흔드셨다. 당장 나는 뭐가 잘못 돌아가고 있다는 것을 느꼈다.

이런 모든 이야기의 요점은 내가 그리 똑똑한 애는 아니라는 거다. 그리고 내가 직접 일을 저지르기도 했지만, 다른 사람들의 장난에도 자주 이용되었기 때문에 결과적으로 늘 내가 말썽을 부리는 꼴이 되었다는 것이다. 문제는 이렇게 하면 어떤 결과가 일어날까를 생각하지 않고 즉흥적으로 일을 처리했다는 데 있다.

이 또한 ADHD를 가진 이들에게서 자주 보이는 특징이다. 우리는 모든 것을 액면 그대로 받아들인다―우리가 어쩌다 어디에 주의를 기울인다면 말이다. 나는 형들이 한 말에 의문을 가져보지도 않았다. 벌써 행동이 앞서고 있었으니까. 나도 내 자신을 멈출 수 없었다. 이것은 무릎을 치면 발이 올라가는 일종의 무조건반사와 같다. 나의 이 충동성으로 괴로움을 겪는 것은 우리 식구뿐 아니라 나 자신도 마찬가지다.

우리 아버지는 지금처럼 옛날에도 토마토를 기르셨다. 이 분은 자신이 기르고 가꾸는 것에 굉장히 자부심을 갖고 계셔서, 당신이 기르신 것이 무르익어 흐물흐물해질 때까지 부엌 유리창 가에 놓아두신다. 그리고 이웃들에게 이것들이 얼마나 크고 맛있는지 늘 자랑하셨다.

그런데 어느 날, 내가 부엌 식탁 옆을 지나면서 언뜻 칼을 보았던 것 같다. 그리곤 동시에 그 칼이 벌써 토마토를 향해 날아가고 있는 것을 발견했다. '어, 그러면 안 되지' 생각은 늘 한 박자 늦었다. 칼은 이미 토마토를 맞추어 붉은 물이 온 유리창에 사방팔방으로 튀고 있었고, 내가 저지른 이 모든 일을 보시고 아버지는 격노하셨다.

환장할 노릇인건, 이런 일이 한두 번 일어나는 것이 아니라 거의 습관적으로 일어났다는 것이다. 수많은 과일들이 스테이크 나이프 끝에 잘려 나갔다. 그리고 '어, 그러면 안 되지' 하는 생각이 '하느님 아버지, 저 좀 살려주세요! 이런 망할 녀석 같으니라구' 만큼이나 자주 머릿속에 울리는 것이다.

나의 이런 충동성에 관한 이야기는 한두 가지가 아니다. 예를 들어, 나는 뭔가 갖고 싶은 걸 봤다 하면 그냥 가져버렸다. 어떤 때는 내 자신이 무엇을 집었는지 기억에도 없었다. 한번은 엄마랑 슈퍼에 샀는데 정말 참을성 있게 계산대에서 기다리면서 엄마한테 초콜릿을 하나 사달라고 했었다. 엄마는 일언지하에 거절했는데, 초콜릿은 내 호주머니 속에 들어 있었다. 훔칠 생각도 없었고, 무슨 작정을 한 것도 아닌데, 마술처럼 그냥 거기에 있었다. 부모님이 알고 있는 것보다도 훨씬 더 많이 이런 일이 있었다.

언젠가는 가게에서 엄마한테 전자레인지에 튀기는 팝콘을 사달라고 졸랐다. 내가 조르고 조르고 또 조르니까 결국 엄마가 내 입을 막으려고 사 주셨다. 당시 지피라는 상표의 팝콘은 위에 은박지가 덮인 일회용 팬 안에 들어 있어서 오븐 위에 올려놓으면, 팝콘이 튀겨지면서 은박지가 팽창하게 되는 것이었다. 그런데 나는 집에 가서 오븐에 넣을 때까지 기다릴 수가 없었다. 차에 올라타자마자 안에 있는 팝콘을 보려고 은박지를 찢었으니, 자연히 팝콘은 못 먹게 되어 버렸다. 그때 엄마가 또 위를 보면서 한숨 쉬던 것이 아직도 귀에 쟁쟁하다. 그렇게 보채던 것을 손에 얻자마자 망가뜨려 버린 것이다.

당연히 '망가뜨리기'가 내 별명이었다. 형들은 그게 '진짜 탐구심이 있다'는 뜻이라고 놀렸다. 크리스마스 이브에 아래층에서 살랑거리다가 아버지가 내 장난감 선물을 트리 아래에 쌓아 놓으면서 푸념을 하는 소리를 엿들었던 것도 기억난다. '만지자마자 부수어버릴 텐데 내가 왜 이렇게 신경을 쓰고 있는지 모르겠다, 괜한 고생이지.' 맞는 말이다. 장난감들이 내게 오래 붙어 있지 못했다. 크리스마스 선물은 며칠 후 새해 아침까지 있기가 어려웠다.

한번은 우리 집 식구들이 디즈니랜드 여행을 갔었다. 정말 사정사정, 애걸복걸해서 도널드 덕 모양의 모자를 얻어 썼다. 그 모자의 앞창이 주둥이 모양으로 되어 있어서, 그걸 누르면 꽥꽥 소리가 나는 것이었는데, 역시나 이번에도 가게 문을 나서기 전에 망가졌지만 그땐 이미 그리 놀랍지도 않은 일이었다. 그보다 압권은 가문에 길이 남을 '위니 더 푸(Winnie The Pooh) 사건'으로, 전말은 이렇다.

우리 식구들이 디즈니랜드 이곳저곳을 구경하는데 알다시피 그곳에는 미키마우스, 구피 등 많은 동물 캐릭터들의 옷을 입고 있는 사람들이 있었다. 어떤 사람이 재수 없게도(?) 마침 '푸' 차림을 하고 있었고, 나는 반색을 하고 그쪽으로 달려갔다. 물론 처음에는 그 사람도 내가 '푸'의 팬이려니 생각하고 큰 몸집을 구부려 나를 안아주려고 했다. 그런데 웬걸, 나는 쏜살같이 가서 그 사람을 때렸다. 그저 한 방 얼굴을 때리는 정도가 아니라 그 유명한 위니 더 푸의 빵빵한 배에 연거푸 주먹을 먹이고, 정강이를 막 걷어찼던 것이다. 지금까지도 엄청난 그 큰 몸집의 황갈색 곰이 나를 밀쳐 내려고 안간힘을 쓰던 기억이 생생하다.

산타클로스 할아버지도 나 때문에 비슷한 운명에 처한 적이 있다. 크리스마스 시즌에 백화점 앞에 앉아 아이들에게 소원을 물어보는 산타 무릎 위에서 소리 지르는 내 사진이 여러 장 남아 있다. 이건 보통 애들에게도 흔히 볼 수 있는 반응일 것이다. 생판 못 보던 낯선 사람, 더구나 보통 사람이 아니고 빨간 털옷을 입고 이상한 '호호호' 소리를 내는 사람 무릎에 앉혀 놓으니, 흥분해서 소리 지르거나 울기가 쉽다. 혹 산타 할아버지를 보고 짓궂게 구는 아이들도 있겠지만, 보통 수염을 잡아당기는 정도일 것이다. 그런데 난 할아버지 눈을 뽑으려 했다는 것이다.

다른 사람들한테 위험한 행동을 한다지만, 이러한 충동적인 행동은 결국 나한테 더 손해를 끼치고 위험에 빠뜨리기 쉽다. 이런 충동적인 내 성향 때문에 큰일 날 뻔한 적이 한두 번이 아니다.

이 중 정말 위험했던 일이, 리졸[4])과 성냥을 갖고 놀았던 때였다.

나는 종종 무얼 조립하며 놀았다. 누가 나와 놀아줄지 아쉬워하며 찾아다니지 않아도 혼자서 재미있게 놀 수가 있었기 때문에, 나는 무슨 모델을 설명서에 지시된 대로 만드는 걸 좋아했다. 어느 날 미 전함 미주리 호를 조립하여 만들었는데, 접착제가 다 마른 후에 욕조에 물을 채우고 내 작품을 띄워 보기로 했다.

이때 번뜩, 이 배에다 불을 붙이면 진주만 습격 시 상황이 재현될 수 있으리라는 생각이 떠올랐다. 물론 그때는 정말 기발한 착상이라는 생각이 들어 곧 욕조 가장자리에 앉아 성냥을 켜서 불 붙은 성냥을 떠 있는 미주리 호에 던지고는 이 장난감 배가 불타는 장관을 보고 있었다. 그런데 갑자기 누군가 집에 들어오는 소리가 들렸다. 아무래도 이 장난을 들키면 혼날 것 같아 얼른 불길을 끄고 리졸을 온 욕실 바닥에 뿌렸다. 아마 리졸 한 통을 다 뿌려댄 것 같다. 플라스틱이 타면서 나는 냄새를 감추려 그런 것이다.

그리고 다시 누군가가 나가는 소리가 들리자마자, 아까 하던 장난을 계속하려고 욕조에 담근 타다만 배를 다시 꺼내 성냥을 퍽 켰다. 그 순간 나는 화염 속에 둘러싸였다. 내가 리졸을 뿌려댄 곳을 따라 불길이 넘실댔다. 불길이 벽이며, 천장이며, 심지어는 리졸이 뿌려진 욕조 위에서도 춤을 추었다. 아마 리졸이 내 몸에도 묻었는지 양손하고 어깨 위에도 불꽃이 환하게 일어났다. 그리고 나서 모든 것이 잠잠해졌다. 리졸이 다 타버리자 불꽃도

---

4) 보통 클로락스 같은 청소용 소독제

사라져버린 것이다.

아무 일도 없었다는 듯이 조립물을 들고 내 방으로 들어와서 침대에 앉자, 그때서야 몸이 벌벌 떨리기 시작했다. 다행히 상처도 안 나고 타버린 것도 없었지만 하마터면 집 한 채와 내 목숨까지 거덜 낼 뻔 했던 것이다.

불꽃놀이가 있는 독립기념일 근처 몇 주는 특히 조심해야 했다. 우리 형들이나 동네 친구들은 정말 이 불꽃놀이를 즐겼다. 그때는 엄청난 폭발력을 가진 화약을 사는 게 아무것도 아니었고, 땅바닥에 커다란 구멍을 내는, 잘못하면 손가락도 잘려 나갈 정도의 폭발력을 가진 M-80이나 그 비슷한 세기의 폭죽도 구할 수 있었다.

한번은 우리 동네에 사는, 나보다 나이가 많은 녀석들하고 놀고 있었다. 아이들은 자루에 갖가지 희한한 폭죽을 잔뜩 갖고 있었는데, 나한테도 자기네 뒷마당에서 던지라고 M-80을 주는 거였다. 그런데 그 아이들이 불을 당기는 순간, 내가 멍청히 딴 생각을 해버렸다. 내 시선을 끌 아주 흥미진진한 어떤 것이 있었던 것 같다. 화약에 점화를 했던 녀석이 '던져!' '던져!'라고 소리 졌는데도 나는 딴생각을 하고 있있다. 나는 내 손에 조그미한 다이너마이트를 들고, 그것이 타들어 가는데도 멍청히 서 있기만 한 섯이었나. 깜짝 놀란 그 아이는 내게서 M 80을 빼앗고 나를 저쪽으로 밀어뜨렸다. 그 다음 순간 몇 피트 밖에서 폭죽이 엄청난 소음을 내면서 폭발했는데, 그 소리가 일생동안 내 귀에서 지워지지 않을 것 같았다.

또 한번은 우리가 병으로 된 로켓을 쏘아올리고 있었는데, 때를 놓치지 않고 나의 충동성이 또 사고를 치고 말았다. 재미있을 것 같아서 병 로켓을 집어 어떤 애의 뒤통수를 겨냥했는데, 그게 내 손을 벗어나는 순간 그 아이가 뒤돌아서면서 내가 무얼 하려는 지 알아차렸다. 물론 바로 겨냥을 피하려고 했지만, 때는 늦었다. 그 병 로켓은 그 아이의 왼쪽 광대뼈를 맞고 지나가 몇 초 후에 터져버렸는데, 만약 그게 그 아이 얼굴에서 바로 터졌더라면, 아마 그 아이는 실명을 하였을 것이다.

이런저런 일을 겪었기 때문인지, 상당히 어릴 때부터 내 안에서는 일종의 내적 음성이 형성되고 있었다. 후에 얘기하겠지만, 어떤 때는 여러 음성이 동시에 말하는 느낌이 들기도 한다. 그건 때때로 미칠 지경이 되게 한다.

한 목소리가 '너 지금 또 무슨 사고를 치고 있니?'라고 묻는다. 이 소리는 우리 아버지가 집 앞 차고로 들어올 때 아주 크게 들린다. 엄마나 아버지가 집에 오는 기척만 있으면 무슨 일이든 하다 멈추고 '뭐 잘못하고 있는 건 아닌가' 살피는 것이다. 나는 늘 부모님이 싫어하는 일, 그러니까 침대 위에서 뛰는 것 같은 일을 하고 있거나, 혹은 해야 할 일을 안 하고 있었기 때문이다.

내가 자주 까먹는 것은 집안에 있는 쓰레기통을 요일에 맞춰 차도에 내놓는 일이었다. 이건 내가 맡은 집안일이었다. 아마 쓰레기 수거일이 수요일인가 그랬기 때문에 화요일 저녁에는 두 개나 되는 금속제 쓰레기통을 집 뒷마당에서 끌어다 차도 가까이에 내놓고 그 다음날 방과 후 집에 올 때는 빈 쓰레기통을 다시 들여놔야 했다.

그런데 이 단순한 일을, 아무리 애를 써도 꼭 잊어버리고 마는 것이었다. 내 능력으로는 화요일 저녁과 수요일 오후에 중요한 일을 해야 한다는 사실을 기억하는 것이 불가능한 것 같았다. 거의 매주마다 아버지는 화가 머리끝까지 치밀어 오르셨다.

한번은 내가 거실에 누워서 TV를 보고 있었다. 그때 아버지가 들어오셔서 쓰레기를 치우라고 하셨다. 아버지가 더 화내기 전에 치워야지 생각하면서 한쪽 무릎을 세우고 일어났던 것까지는 기억난다. 하지만 그때 TV에서 뭔가 내 시선을 끌 만한 것이 나왔던지, 거기에 정신이 쏠려 그만 다시 바닥에 누워버렸나 보다.

그냥 잠깐 사이인 것 같았다. 나로서는 아버지가 금방 오셔서 쓰레기통을 치우라고 하셨고 내가 막 그렇게 하려는 참이었던 것이다. 그런데, 하도 자주 맞아서 이제 놀랍지도 않은 아버지의 매운 손이 내 뒤통수를 쳤다. "내가 뭐 하라고 했어. 쓰레기통 내 놓으라고 그랬지." 하면서 아버지가 고함을 치셨다. 밖을 쳐다보니 벌써 어둑어둑한 저녁 무렵이 되어 있어서 깜짝 놀랐던 기억이 지금도 생생하다. 놀랄 만도 하지. 나는 그저, 몇 초는 아니더라도, 몇 분 전이었던 것 같은데, 몇 시간이 지나 날이 벌써 어두워진 것이다.

또 한번은 학교에서 돌아와 배가 고파 부엌에서 뭘 좀 먹고 있는데 아버지가 퇴근하시다가 나를 보더니 쓰레기통은 들여놓았냐고 물으시는 거였다. 생각도 없이, 말하자면 무의식적으로 불쑥, 그랬다고 대답했다. 이렇게 순간적으로, 생각보디 말이 먼저 나오는 예가 전형적인 내 모습이다. 아버지는 내 귀를 잡아끌어 쓰레기통이 있는 곳까지 끌고 가서, 아버지 안경을 내 얼굴에 뒤집어 씌우고, 내 머리통을 쓰레기통 속으로 처박았다. 이 쓰레기통은 집안에 들여놓아지기를 얌전히 기다리고 있었던 것이다.

이런저런 사건들이 내가 겪은 일들이다. 대부분의 경우, 나는 정말 잘해 보려고 필사적으로 애를 썼다. 정말이다! 내가 마치 일부러 짓궂게 굴고 못된 짓을 골라 한 것처럼 보일지도 모르지만, 그것은 천부당만부당한 소리다. 나도 남들에게 인정받고 사랑받고 싶었다. 우리 형들처럼 똑똑하다는 소리도 듣고 싶고, 운동도 잘하고 인기도 있고 유머스럽다는 소리도 듣고 싶었다. 좋은 사람이 되려고 내 나름대로 무진 애를 썼다. 하라는 대로 말도 잘 듣고 좀 의젓하게 행동하려고 했는데, 애를 쓰면 쓸수록 내 의도와는 반대로 일이 꼬이고 사람들을 점점 울화가 치밀게 만들고 마는 것이었다.

거기다, 내 행동은 종종 내 통제를 벗어났다. 어떤 때는 내가 했는지 전혀 깨닫지도 못한 일을 하기도 했다. 마치 필름이 끊겼다가, 그동안 나의 충동들이 만들어 놓은 폐허 가운데에서 깨어나는 느낌이었다. 아니, 나는 지킬박사인데 하이드가 해 놓은 일 때문에 무수한 비난을 받는 기분이었다.

또 하나 예는, 한때, 어울리지 않게 습관적으로 한숨을 쉬곤 하던 적이 있었다. 내 생각에는 우리 아버지한테 배운 버릇 같다. 내가 뭘 잘못할 때마다 아버지는 안경을 벗고 고개를 절레절레 흔들면서 나를 쳐다보며 정말 지겹다는 듯이 큰 한숨을 내쉬곤 하셨던 것이다.

그래서 한때 나도 그 한숨 쉬는 법을 흉내 내게 되었다. 어느 날, 소파에 앉아 무엇인가를 읽고 있는데, 아버지가 나한테 무엇을 시켰던 것 같다. 내가 반응이 없자 서너 번쯤 똑같은 말을 반복하셨던 모양이다. 이때 내가 크게 한숨을 쉬어 버렸던 것이다. 이를 보자 아버지는 내게 손가락질까지 하면서 "한 번만 더 그렇게 한숨 쉬면 네 주둥이에 불이 날 줄 알아."라고 소리 치셨다. 그런데, 이 말이 끝나자마자 아버지가 말씀대로 돌아서시더니 손등으로 내 뺨을 때리신 걸 보면, 아마 내가 또 영락없이 한숨을 내쉬었던 모양이다. 정신이 멍해서 나는 그 자리에 얼빠진 채로 앉아 있었다. 도대체 내가 뭘 잘못해서 얻어맞았나 하고 생각하면서, 또 그 한숨을 내쉬고 말았다!

이게 바로 내가 자라면서 겪은 것이다. 나는 이렇게 끊임없이 말썽을 피웠다. 뭔가 말썽을 부리고 있지 않으면, 하라는 일을 안 하고 있었고, 아니면 얻어맞을 법한 소리를 하고 있었다. 당연히 나는 점점 주눅이 들어 내가 또 무슨 잘못을 하지나 않을까 하는 끝없는 두려움 속에서 살기 시작했다. 아니, 독자들도 차차 알게 되겠지만, 그 기분은 지금 이 순간까지도 계속되고 있다.

3
선생님들에게 보내지다
SEND IN THE TEACHERS

공교육은 그 시작부터 정말 쉽지 않았다. 이건 ADHD를 가진 사람들이라면 충분히 예상가능한 일이다. 학교에 들어가기 전 아이들은 오랫동안 가만히 앉아 있으라고 그다지 심하게 강요받지 않는다. 바깥에서 맘대로 뛰어놀며 축적된 에너지를 다 발산할 수 있다. 또 정해신 시간 내에 과제를 끝내야 하는 것도 아니며, 세세한 일에 정신을 몰두해야 할 것도 없다.

하지만 일단 학교에 들어가면 얘기는 달라진다. 갑자기 꼼짝 못하고 앉아 있어야 되고, 무언가 말할 것이 있으면 손을 들어야 힌다든지, 움직이지 않고 자기 자리에 앉아 있어야 된다든지 하는, 아주 임의적인 수많은 자질구레한 규칙들에 따라야 한다. 게다가 선생님의 주의와 관심은 다른 20여 명의 학생들에게로 나누어져 돌아간다. 그래서 ADHD 학생들이 과잉행동, 충동성, 부주의 등의 문제를 보여도, 이제 학교에 가기 시작했기 때문이라고 이해하고 넘기게 되는 경우가 종종 있다. 사실, 아이들이 학교에 들어가기 전에는 ADHD 증상이 크게 신경을 써야 할 만큼 두드러지거나 심하지 않은 경우가 많다.

여기서 생각해 보아야 할 것은, 만약에 애들이 학교 다닐 때에는 괜찮았는데 나중에서야 이런 증상을 보였다면, 그 사람은 ADHD가 아닐 가능성이 크다는 것이다. 이 책의 부록에 있는 ADHD에 대한 개요 부분을 읽어 보신 분들은 알겠지만, ADHD는 '걸리거나' 후천적으로 생기는 것이 아니다. 그 증상이 상황이나 주위 환경에 따라 좋아졌다가 나빠졌다가 할 수는 있겠지만, 하루 이틀 사이에 갑자기 과잉행동이 됐다든지, 부주의해진다든지, 충동적이 된다든지 할 수는 없다. 만약 그런 일이 있다면 또 다른 원인, 간질이라든지 약물 중독 같은 것들을 의심해 보아야 한다.

어쨌든, ADHD를 가진 아이들을 확인하는 데에는 공교육의 첫 몇 년이 아주 결정적이라 할 수 있다. 물론 ADHD 진단이 나중에서야 내려질 수는 없다는 말은 아니다. 성인기에도 진단될 수 있다. 내가 그 경우로, 20대가 되어서야 ADHD라는 진단을 받았다. 하지만 ADHD의 정의에 따르면, 7세가 되었을 무렵쯤이면 몇몇 증상들은 아주 분명하게 나타나야 한다. 그러므로 이 또래 아이들을 다루는 저학년 선생님들은 아이들이 이런 증상이 있는지 아닌지 알아볼 수 있는 상당한 통찰력이 있어야 하겠다. 다시 말하면, 선생님들은 교육자로서 아이들의 개별성을 알아볼 수 있는 충분한 경험과 다양한 비교 집단을 가지고 있어야 한다.

우리 형들은 안 다녔지만, 나는 유아원을 다녔다. 내 생각에 아마도 우리 엄마가 나로부터 한숨 돌리기 위해서 취해진 조치인 것 같다. 당시 엄마는 전업주부였는데, 하루 종일 집에서 혼자 나를 상대한다는 것이 엄청나게 고달픈 일이었음에 틀림없다. 집에 형들이라도 있으면 내가 귀찮게 하거나, 또 나를 감시할 사람이 있을 텐데 다들 학교로 가니, 엄마가 나를 좀 떠맡길 사람을 찾은 것은 당연했다. 누군지 참 그 사람에게는 안됐지만.

처음 유아원에 갔을 때는 신이 났다. 처음 며칠 중 어떤 날은 아주 들떠서 "엄마, 내가 반에서 제일 똑똑한 것 같아."라고 자랑을 해대기도 했다. 하지만 금방 상황이 변했다. 점점 학교가 시들해지는데, 그 기울기가 이후 18년 동안 계속되어 내리막길을 내달았던 것이다.

이상하게 내가 의도하지도 않았는데, 끊임없이 말썽만 부린 격이 되었다. 한마디로 말하면, 아무리 애를 써도 규칙과 규율을 따를 수 없었다. 예를 들면, 유아원 교실 구석 쪽에 우리 옷이나 소지품을 넣어두는 조그마한 칸막이 사물함이 있었는데, 나는 항상 내 물건들을 거기에 넣어두는 걸 잊어버렸고 그 지시도 들은 척만 척 했다. 어떤 여자가 조그마한 나를 내려보면서 삿대질까지 해대며 내 '태도가 나쁘다'고 지적했던 것을 아직도 어렴풋이 기억할 수 있다.

또 그 교실에는 이야기 영역이 있어, 정해진 시간에 그 영역에 앉아 선생님이 해 주는 이야기를 듣곤 했다. 나는 늘 그 영역 맨 귀퉁이에 앉았는데, 정말 가만히 앉아 있기가 너무나도 힘들어서 꼼지락거리고, 주위를 돌아보고, 일어났다 앉았다 하다가 결국 나중에는 다른 곳을 어슬렁거렸다.

처음에는 선생님들이 계속 야단을 쳤지만, 소용이 없었다. 그러자 내가 딴 데로 주의를 돌리면 그 즉시 제지할 수 있도록 나를 잡아다 맨 앞줄에 앉혔다. 그런데 이번에는 뒤에 앉은 애들에게 신경 쓰느라 산만해지는 거였다. 그래서 이번엔 다시 내 사물함 옆에 앉게 했는데, 이야기 영역에 가만히 있지 못하는 아이가 어디에선들 가만히 있을 수 있을까. 결국 해 볼 도리를 다 해 본 선생님들은 손을 들고 말았다.

아직도 우리 어머니께서 즐겨 얘기하시는 레퍼토리가, 우리 유아원의 그 좋은 선생님들이 어느 날 아침 우리 집에 전화를 건 사연이다. 선생님들은 더 이상 견딜 수 없었던 나머지, 드디어 우리 어머니에게, 내가 너무나 말을 듣지 않아 어떻게 할 수 없다면서, 매 좀 들어도 되겠냐고 묻더라는 것이다. 앞에 언급했듯이, 우리 어머니는 노르웨이-스웨덴계 미국인이라, 원칙적으로 체벌에는 절대 반대 입장이다. 하지만 내가 어떤 인물인지, 나를 다룬다는 것이 얼마나 힘든지를 익히 아는지라, 마지못해 그러라고 하셨다고 한다.

그날 내가 유치원에서 왔을 때, 엄마가 나를 내려다보며, "그래, 이제 선생님 말씀 잘 들을 거지?"라고 물으셨다는데, 우리 엄마 표현을 빌리자면, 내가 엄마를 올려다보며 아주 처량한 네 살배기의 목소리로 "잘 들을 거야"라고 했다고 한다. 하지만 선생님들이 내 엉덩이는 좀 따끔하게 만들었어도, 저 위쪽 내 머릿속 불굴의 투지까지 어쩌지는 못했다. 선생님들을 골치 아프게 할 무궁무진한 사고들의 재고가 남아 있었던 것이다.

유아원은 교회 뒤쪽에 있었다. 유아원이 교회 부설이었는지, 아니면 단순히 교회 터에 세 들어 있었던 건지는 확실하지 않다. 어쨌든 선생님들이 수녀가 아니었던 건 틀림없는데, 어쩌면 나를 다루느라 있던 신심마저 다 내동댕이치게 된 거였는지도 모르겠다.

'맴매' 사건이 있고 얼마 안 되어서, 이제 나는 땡땡이까지 치게 되었다. 아무도 안 볼 때 유아원에서 나와 교회 건물에 숨어 있곤 했다. 교회 제탁 밑에 숨어서 선생님들이 방마다 나를 찾으러 뒤지며 '응, 착하지, 나오면 사탕 주-지'라고 하면서 내 이름을 부르는 것을 들었던 기억이 아직도 난다.

우스운 것은 내가 내 발로 금방 유치원으로 되돌아갔다는 것이다. 사탕 준다는 말에 넘어간 건 아니다. 내가 그렇게 만만한 놈은 아니었다. 단지 그 탁자 밑에 꼬부리고 앉아 있는 데에도 금방 싫증이 났기 때문이다. 그것도 한 3~4초간이나 재미있지, 금방 또 주의를 끌 만한 새로운 것이 내게는 필요했다.

집에서도 비슷한 경우가 있었다. 사실 집에서 멀리 도망친 것은 아니고, 베란다 밑으로 기어 들어가서 숨어 있는데, 몇 분이 지나도록 아무도 나를 찾는 기색이 없으면 다시 어기적거리며 기어 나와 말썽을 부리기 시작했던 것이다. 이 리틀 몬스터는 사람들이 그냥 무시하고 내버려둬도 견디지 못했고, 참을성 있게 기다리지도 못했다.

나는 주의력결핍 때문에 술래잡기도 잘할 수가 없었다. 숨기에 아주 좋은 장소를 골라도 거기에 오래 꼭꼭 숨어 있을 정도의 참을성이 없었다. 거기다가, 우리 형들이 나를 찾을 생각을 하는지도 점차 궁금해졌다. 한번은 지하실로 숨어들었다가 지겨워져서 층계를 올라갔는데, 문이 막혀 있었다. 내가 못 나오도록 형들이 부엌 의자를 문 앞에 쌓아 둔 것이다.

유치원이라고 유아원보다 나을 게 없었다. 우리 선생님 로시 여사는 정말 우리 집안 역사의 산증인 같은 분이다. 우리 형들 거의가 그 선생님을 한 번씩 거쳤기 때문이다. 내 기억에 그 선생님은 나한테 아주 상냥하게 잘해 주었던 것 같다. 실제로, 내가 말썽을 부려도 겉으로 크게 성가셔하지 않은 몇 분 안 되는 선생님들 중의 한 분이다. 학부형들에게 보내는 알림장에도 ‘로비는 형들보다 에너지를 더 많이 갖고 있는 모양입니다’ 정도로만 쓴 걸 보면 확실하다.

유치원에서 공부래야 크게 문제될 것은 없었다. 내가 지금도 보관하고 있지만, 그때 내가 했던 글쓰기 같은 것들을 보고, 로시 선생님은 내가 아주 머리 좋은 학생이라는 것을 알았다. 그러나 선생님 말을 빌리면, ‘사회성이 뒤떨어진다’는 것이었다. 나는 다른 애들과 잘 어울려 놀질 못했다. 특히, 뭐든지 제 맘대로 안 되면 심술을 부리고 울어댔다. 자기 물건을 제대로 치우지도 않고, 사용했던 물건도 제자리에 가져다 두지 않았다. 그래서 끊임없이 규칙을 지키라는 잔소리를 들어야 했다. 어쨌든, 해를 지나 초등학교에 진학하게 되었다.

　상황은 여전했다. 아니, 더욱 견디기 어려워 고통스러울 지경이었다. 이번 역시, 문제는 공부 쪽이 아니었다. 비록 점수가 뛰어나진 않았어도, 과제를 주어진 시간에 다 끝내지 못했다거나 실수했기 때문이지, 내용을 이해하지 못해서 못 따라간 것은 아니었다. 가장 스트레스를 주는 문제는 내 사회기술의 부족에서 오는 것이었다.

　비치그로브에서 나는 레인 플레이스라는 동네에 살았다. 여기는 아이들 크는 데에는 최적의 장소였다. 레인 플레이스는 한 블록 정도 되는 주택지였는데, 거기까지 운전을 하고 오는 사람은 주민이거나 어쩌다 잘못 운전해서 길을 헤매는 사람 정도였기 때문에 번잡하지 않았다.

　거기다 레인 플레이스는 한가운데 자리 잡고 있어서 한 블록만 가면 비치그로브 시내였다. 그곳에는 극장, 애완동물 가게, 옛날식 조그마한 사탕가게, 또 스페이스 인베이더나 아스테로이드 같은 최신 비디오 게임이 있는 볼링장이 있었다. 레인 플레이스는 또 내가 사전거를 타고 자주 가는 녹지 보호구역과도 가까웠다.

　그리고 무엇보다도 좋은 점은, 비슷한 또래 아이들이 비글거렸다는 것이다. 25년이 지난 지금도 같은 블록에 살았던 우리 반 아이들 이름을 아주 많이 댈 수 있을 징도다. 여름날 저녁 때면 거리에는 공놀이, 땅따먹기 등 여러 가지 놀이를 하는 아이들로 북적댔다.

　친구가 될 만한 아이들이 이렇게 많고, 집안도 대가족에 가까웠지만, 아동기 때 나는 정말 외로웠다. 내 방 창 밖으로, 아이들이 뛰노는 즐거운 거리 풍경을 내려다본 기억이 난다. 모두들 깔깔거리며 즐거운 시간을 보내고 있는데, 나만 우울하고, 허전했으며, 무언가 분노까지 느끼고 있었다.

그토록 어려서부터 나는 말할 수 없도록 깊은 좌절을 경험하고 있었다. 정말 다른 아이들과 사이좋게 잘 지내고 싶었는데, 안 되는 것이었다. 걔네들이 만들어 놓은 우스꽝스러운 규칙을 따라갈 재간이 없었다. 순서대로, 남들이 다 할 때까지 기다린다는 것은 정말 고역이었다. 다른 아이들은 내가 원하는 대로 빨리빨리 움직이지 않았고, 나는 성질 급하게 재촉해대서 아이들의 성질을 돋우었으며, 아이들이 화를 내면 나는 다시 소리 지르고 싶어졌다.

이렇게 놀이 친구가 없는 것이 나의 또 하나의 문제점이었다. 다른 아이들은 내가 왜 그런지 이해할 수 없었고, 나는 그 아이들을 이해할 수 없었다. 나는 무엇이든 머리에 떠오른 말을 내뱉어 버렸고, 이런 태도는 친구들의 비위를 건드렸다. 그렇지 않으면, 두서없이 이 말 저 말 해대곤 해서, 도대체 내가 무슨 말을 하는 건지 아이들은 감도 못 잡고 어리둥절해지기가 일쑤였다. 결국 그들은 나를 바보천치로 생각했고, 그렇게 대했다. 어쩌다 좀 어울려 논다 싶어도 곧 울면서, 아니면 화가 나서 씩씩거리며 집에 오는 것이 다반사였다.

내가 다른 애들과 어울려 놀지 못한 또 하나의 이유는 내가 천식이 있었다는 사실이다. 한때는 굉장히 증세가 심해 몇 번인가 병원에 실려 갈 정도였다. 내가 심한 기침을 하기 시작하면 어머니는 나를 집으로 불러들여 난방이 된 내 방에 가만히 앉아 있게 했다. 거기에 앉아 다른 애들이 재미있게 노는 것을 멀찌감치 지켜보아야 했다.

한 가지 흥미로운 사실은 내 소아과 선생님이, 내가 보이는 주의력결핍 과잉행동 증상이 이 천식약 때문이라고 생각했다는 것이다. 나중에 그 약이 시중에서 더 이상 판매되지 못했던 걸로 봐서, 이 천식약이 아이들의 건강에 모종의 영향을 준 것만은 틀림없다.

천식이나 주의력 부족 혹은 생뚱맞은 언행이나 둔한 운동 신경, 그 어떤 이유였든지 간에 나는 아이들이 하는 놀이에 서툴렀다. 리처드 형하고 나는 종종 휘플볼 놀이를 했는데, 한 번도 내가 이긴 적이 없었다. 형이 자기가 이겼다고 승리의 손을 하며 집 주위를 돌아다닐 때마다 나는 화딱지가 나서 심통을 부리곤 했다. 그러니, 우리 바로 옆집 크리스티하고 낸시 말고는, 아무도 나랑 놀려고 하지 않았다. 당연하다. 나보다 훨씬 재미있고 웃기는 리처드하고 존이 있는데, 뭐 때문에 나랑 놀려고 하겠는가.

이처럼 외톨이가 되다 보니 나는 주로 혼자 놀게 되었다. 레고 쌓기나 조립식 놀이처럼 손으로 뭘 만지면서 하는 놀이를 하고 놀았고, 상상의 나래를 펴며 글쓰기도 잘했다. '멋진 저겐'이나 '제임스 리지' 등 각종 범죄 문제를 뒤쫓아 해결하는 사설탐정에 관한 이야기를 잔뜩 써놓은 노트를 가지고 있었다.

또 나는 살면서 이런저런 종류의 동물들을 많이 가까이 하고 있다. 그때는 우리 집 강아지 위스커스, 이웃집의 버피와 히피가 있었고, 나중에는 엄마가 사도 좋다고 해서 게르빌루스 쥐까지 한

때가 있었다. 우리 집 근처 숲에 가서 새들과 다람쥐, 그리고 가끔 나타나는 사슴들을 바라보면서 시간을 보내기도 했다. 동물들의 좋은 점은 우리가 멍청한 짓을 해도 놀리지 않는다는 것이다. 나를 판단하거나 바보라 부르지 않고, 그저 가만히 앉아 내가 갖고 있는 온갖 고민거리를 마치 자기들의 것인 양 귀 기울여 주었다.

점점 커가면서, 동물들이 내게는 큰 역할을 했다. 나는 그들에게 모든 걸 하소연했고, 동물들은 내 말에 귀 기울여 주고 절대 놀리지 않았다. 엄마처럼 주먹을 움켜쥐고 하늘을 쳐다보며 '하느님 아버지, 저 좀 살려주세요! 이런 망할 녀석 같으니라구' 하지도 않았고, 나를 보면서 아버지처럼 고개를 가로 젓거나 한숨을 쉬지도 않았다. 나를 벽장이나 지하실에 가둬 벌을 주지도 않았고, 얌전히 앉아 있지 않는다고 벌로 엉덩이를 때리지도 않았다. 그저 있는 그대로의 나를 받아주었다.

우리 동네 레인 플레이스 애들하고 잘 안 놀았던 것처럼, 나는 힐사이드 초등학교 친구들하고도 잘 안 놀았다. 그건 내가 인기가 없어서나 왕따를 당해서가 아니었다. 사실, ADHD가 있는 아이들은 다른 아이들의 관심의 초점이 되는 경향이 있다. 우리 같은 사람들은 모든 사람들에게 재미있는 일거리를 제공하니까 말이다─ 말하자면, 선생님들을 제외한 모든 사람들 말이다.

그 당시 우리 반 아이들은 종종 나에게 혼날 게 뻔한 일들을 하도록 부추겼다. 예를 들면, 베키가 막 의자에 앉으려는 순간, 포레스트가 나에게 그 의자를 살짝 잡아당기도록 한 것 같은 일이다. 나는 그렇게 했고, 당연히 베키는 마룻바닥에 구를 수밖에 없었다.

물론 이건 이 나이 때 애들이 흔히 하는 장난질이다. 하지만 나는 도가 지나쳐 언제 이 짓을 그만둬야 하는지를 몰랐다는 게 문제였다. 나중에는 모두가 지겨워하고 있는데도 또 하고, 또 하고, 해서 아마 열두 번도 더했을 거다. 결국 베키가 테이블에 머리를 부딪쳐 양호실에 가서야 끝이 났다. 아직까지 내가 참 미안하게 생각하는 일이다.

우리 형들 덕분에 잘 알려진데다가 내 행동이 기괴한지라, 나라는 존재는 소문이 나 있었고, 때문에 정말 중요한 행사가 있으면 사람들은 나를 팀에 잘 끼워주지 않았다. 축구 경기에 선발되는 일은 아주 드물었다. 어쩌다 끼워주어도, 점수를 계산하거나 심판 보는 것이 고작이었다.

가끔 나는 애들이 무리지어 노는 데를 기웃거리며 누가 나한테 말 좀 안 걸어주나 혹은 좀 놀아주지 않을까 어슬렁대기도 했다. 내가 다른 애들과 놀기를 싫어한 것이 아니라 어떻게 애들과 사귀어야 하고, 얘기를 끌고 나가야 하는지 몰랐던 거다. 언제 어떻게 말해야 될지, 무엇을 말해야 될지 알 수 없었다. 애들 그룹에 낀다는 것이 나에게는 마치 장님이 줄넘기를 시도하는 것처럼 느껴졌다. 언제 달려들어 뛰어넘어야 할지 모르는 것과 같았다. 가끔은 새 영화를 봤다든지 어쨌다든지 하는 화제를 만들어도 보았는데, 애들은 성가신 표정을 지으면서 자기네들이 하던 말을 계속하곤 했다. 결국 또 나는 그곳을 떠나 이리저리 배회할 수밖에 없었다.

지금 생각해 보면, 그때 이미 내 우울증의 싹이 튼 것인지도 모른다. 하지만, 아직 완전히 음울한 것은 아니었다. 그때까지는 대부분 부적절한 것이기는 했지만 농담도 하고 웃기기도 하고 했었다.

쉬는 시간에 눈에 띄게 괴상하게 보이는 것이 싫어, 나는 화장실에 숨기 시작했다. 만화책을 화장실 선반에 놓고 문을 잠그고는, 수업 종이 울리고 우리 반 친구들이 교실로 들어오면서 즐겁게 떠드는 소리가 들릴 때까지 읽었다. 점점 어두운 분위기의 싹이 내 안에 자라기 시작했지만, 그래도 아직 최악은 아니었다.

초등학교 시절의 일을 많이 기억하지는 못해도, 한 가지 사건은 아직도 또렷이 기억난다. 내가 교실 앞에 어항을 바라보며 멍하니 서 있었는데, 그때 바버라 배노우가 나한테 와서는 어떤 조롱 섞인 말로 나를 놀리고 도망갔다. 문자 그대로 교실 밖으로 뛰어 복도 저쪽으로 날아가 버렸는데, 나는 그 말에 상처를 받고 어쩔 줄 몰라 하며 서 있었다.

내가 20대가 되어서 우연히 바버라를 다시 만나 서로 옛 이야기를 한 적이 있는데, 그녀가 그때 이야기를 꺼내 무척 놀랐다. "너, 그때 생각나? 네가 큰 어항 옆에 있고, 내가 도망갔던 일?" 물론이다. 그 일은 내가 당황하고 어쩔 줄 몰랐던 일종의 아픈 기억 중의 하나니까. "다른 애들이 내게 내기를 걸었어. 너랑 얘기를 하면 마지막에 네가 하는 말은 못 알아들을 거라는 거야. 그래서 나는 너에게 말을 붙이고, 너한테서 무슨 말이 나오기 전에 도망가 버리기로 작정했지."

그때 이후로 거의 20년 후에 서로 공원에 앉아 나눈 이 이야기가 얼마나 내 마음을 가볍게 했는지 모른다. 그 당시 나는, 누가 나한테 악을 쓰거나 하지 않는 한, 늘 다른 사람들의 무관심 속에, 투명인간처럼, 존재하지 않는 대상이라고 느꼈었다. 그런데 바버라는 우리 반 아이들이 나를 어떻게 보았는지 알려준 것이다.

"너는 늘 좀 괴상했지." 그러면서도 그녀는 "그렇다고 나빴다는 것은 아니야." 하고 덧붙였다. "단지 다른 애하고는 달랐다는 거지, 너는 갑자기 뚱딴지같은 소리를 해서 우리를 어리둥절하게 만들었어. 도대체 무슨 소리를 하는지, 우리를 기죽이려고 하는 건지, 아니면 우스꽝스럽게 보이려고 그랬는지 도무지 감을 잡을 수가 없었던 거야."

지금까지, 내가 다른 사람들하고 어떻게 관계를 맺고 있는지를 보여 주는 데 이 이상의 말이 없는 것 같다. 독자들이 이 책을 읽어가면서 확실하게 알게 되겠지만, 내 인생은 실수의 연속이었다. 지금까지도, 사람들하고 잘 지내는 것이 서툴고 내가 뱉어낸 말이나 엉뚱한 행동 때문에 시끄러운 일이 비일비재하다.

초등학교 담임선생님들은 내가 외톨이가 되어 가고 있는 것을 눈치 채지 못한 모양이다. 점점 나빠지고 있는 수업 태도에 더 신경을 썼기 때문인 것 같다. 거의 주 1회 간격으로 복도에서 벌을 섰는데, 급기야 어느 날은 아침에 학교 버스에서 내려보니, 책걸상이 벌써 복도에 있는 내 사물함 옆에 놓여 있기도 했었다.

한번은 이런 일도 있었다. 6학년 때 재슨이라는 선생님이 수업 시간 전에 나를 자기 책상으로 불러서는 자를 하나 주면서 학교 주위를 빙 돌며 야드로 치수를 재서 자기에게 알려 달라는 것이었다. 단지 학교 건물만이 아니라, 학교 부지 전체를 말이다.

나는 교실 안에 앉아 있기가 죽기보다 싫었으므로 내심 환성을 지르며 시키는 대로 했다. 한두 시간 정도 걸렸을까? 나는 벌써, 학교 전체 둘레가 얼마쯤 되는지 가늠이 갔고, 선생님한테 말씀을 드렸다. 그런데 선생님은 웃으면서 또 다른 자를 주는 것이 아닌가. 이번에는 미터법을 이용해서 다시 반복하라는 것이다.

나로서는, 불감청이언정 고소원이라, 또 좋아라 하면서 달려나가 학교 구석구석을 기다시피 하면서 그 일을 해냈다. 그날 수업이 끝날 무렵에야 나는 교실에 돌아와 내 측정 결과를 보고할 수 있었다. 이 일은 나를 교실 밖으로 내보내는 효과만이 아니라 학습 효과까지 있었으니, 나는 지금도 1yd와 1m와의 길고 짧음의 차이를 정확히 알고 있다.

그동안 우리 엄마는 담임선생님과의 상담에서 어떤 이야기를 들었는지 적어 놓은 메모와 선생님의 의견사항이 적혀진 통지표를 보관해왔다. 이러한 것들을 지금 읽어보면 상당히 흥미로운 정보들을 많이 얻을 수 있는데, 한편으론 마음이 아파지기도 한다. 여기 몇 가지를 적어본다.

◈ 유치원 시절, 로시 선생님

어머니에게 보낸 메모에는 '로비는 수업을 집중해서 들을 수도 있지만, 곁에 누가 있느냐에 따라 달려 있다'고 적혀 있다. 그때 벌써 굉장히 산만했던가 보다. 또, 선생님은 '물건들을 잘 치웠으면 한다'고 했고, '시간을 좀더 효과적으로 보냈으면 한다'고 했다. 통지표 맨 밑에 적혀 있는 말이 제일 재미있는데, 내가 다른 사람들을 '잘 견뎌낸다'는 것이다. 이건 무슨 말일까? 다른 사람들하고 '잘 지낸다'거나, '잘 논다'는 표현이 아니고, '잘 견뎌낸다'고? 거기다 선생님은 덧붙이기를 내가 '품성이 좋다'나.

◈ 1학년 때, 딜 선생님

초등학교 들어가 처음 받은 통지표에는, '정리 정돈' '명확히 말하기' '글씨 쓰기' '철자법' '바른 글씨체' 등의 항목에서 '좀더 노력을 요함'이 체크되어 있다. 또, 딜 선생님은 '로버트는 좀더 자기가 하고 있는 일에 주의 집중이 요망됩니다. 너무 서둘러서 실수로 틀리는 적이 많고 주위를 어지럽힙니다. 조금만 노력하면 다음 학기에는 아주 잘할 것으로 보여집니다'라고 적었다.

다음 통지표에는, '로비가 여러 면에서 점점 향상을 보여주고 있지만, 읽기와 산수에는 좀더 연습이 필요합니다. 조금만 더 노력을 기울이면, 학년 수준에 맞는 학업 성취가 가능하리라 봅니다'라고 적혀 있고, 끝에 시려 깊게 힌마디가 덧붙여져 있다. '로버트, 나는 너를 늘 열심히 노력하는 학생으로 기억할게'

맞는 말이다. 정말 나는 굉장히 애를 썼다. 특히 어릴 때는 그랬다. 하지만 '애를 썼다'라는 것은 '노력함에도 안 됐다'라는 의미가 아닌가. 그 후에도 나를 가르친 선생님들이 같은 생각을 한 것 같다.

◈ 2학년 때, 스위니 선생님

2학년 1학기 때, 스위니 선생님 노트에는 '로버트는 파닉스(Phonics)[1]에 어려움이 있습니다. 특히 모음에 신경을 쓰기 바랍니다. 너무 빨리 건성으로 단어를 읽어서 다른 비슷한 단어로 잘못 읽는 경우가 많아요. 글씨를 잘 쓰려고 노력하고 있습니다. 나누기에 조금 더 노력이 필요한 것을 제외하면 다른 산수성적은 좋습니다. 학업에 대한 열의가 양호합니다'

내가 노력한다는 것을 이 선생님도 인정했고, 또 태도도 양호하다고 했다는 것을 주목하기 바란다. 그냥 빈둥거리거나 두드러지게 선생님을 화나게 하지는 않았다. 정말 착한 애, 좋은 애 소리를 듣고 싶었다. 숙제나 선생님이 하라는 것을 너무나 건성으로 빨리 해서 그렇지, 적어도 내가 하려고 한다는 것은 모두가 인정하고 있지 않은가? 주의력 부족으로 실수를 많이 하는데 그게 바로 ADHD 아동의 특징인 것이다. 파닉스의 문제도 또한 눈여겨봐야 한다. 이건 나중에 설명이 될 것이다.

2학기 성적표에는 단지 '불규칙 모음 철자 발음을 잘 못한다'라고만 언급이 되어 있다. '로버트는 할 수 있는 만큼 노력을 기울이지 않고, 시간을 충분히 잘 활용하지 못 한다'고 적혀 있는 학부모 면담 자료도 남아 있다.

이때쯤을 고비로 드디어 만사가 서서히 나쁜 쪽으로 변화하기 시작한 것으로 보인다. 여전히 부주의해서 문제를 많이 틀리고,

---

1) 발음을 중심으로 철자 · 읽기를 가르치는 어학 교수법.

철자 쓰기에도 점점 서툴어지는데, 모든 것에서 손을 놓기 시작한 조짐이 엿보이는 것이다. 이러한 내 태도는 꽤 여러 해 동안 계속되었다.

◈ 3학년, 밀러 선생님

밀러 선생님은 '쓰기에 틀린 글자가 없도록 주의를 바랍니다' 하지만 '계산 문제는 잘하고 있습니다'라고 성적표에 적어놓았다. 1학기 말 통지표에, '로버트는 열심히 노력하고 있습니다. 비록 축약 표현에는 신경을 안 쓰고, 이해하지 못하는 점도 있지만 독해 실력이 많이 늘었습니다. 중요하지 않은 단어를 다른 것하고 바꿔 읽거나, 비슷한 발음으로 시작하는 아무 단어로나 내키는 대로 읽는 경우가 있는데, 이것은 부주의에서 비롯되는 실수 같습니다. 마찬가지로, 산수 문제를 풀 때에도 부주의해서 공식을 알고 있으면서도 틀린 답을 쓰는 경우가 있습니다. 나이에 비해 다소 미성숙하고 이로 인해 부주의한 면이 두드러지는 것 같습니다'라고 언급했다.

이때는 내가 다시 잘 해 보려고 노력을 한 것 같기도 하다. 하지만 여전히 저학년 때와 마찬가지로 부주의로 자꾸 틀린 답을 쓰곤 했나 보다. 정확하고 치밀하게 무슨 일을 처리 못하는 게 내 문제점이었고, 그 후로도 그 점이 골칫거리였다. 그것은 이해력의 문제가 아니었다. 앞서 여러 선생님들이 지적한 것처럼 바로 나의 그 부주의성, 서두르는 것이 문제점이었던 것이다.

3학년 말 통지표에서 밀러 선생님은 '로버트는 읽기에 진전이 있으며, 흥미도 더 느끼게 된 것 같습니다. 구구단에서 8단과 9단을 좀더 연습해야 하겠습니다. 필기체를 점점 잘 쓰고 있는데, t자나 i자를 쓸 때 마지막에 획이나 점을 자주 잊습니다. 구두점 찍는 데에도 좀더 신경을 쓰기 바랍니다. 로버트를 가르친 일을 기쁘게 생각합니다'라고 썼다.

어머니에게 보낸 메모에는 '로버트는 굉장히 활동적이며 과제를 끝마치려는 열의가 대단합니다. 가끔 소리를 잘 못 듣는 것 같은데, 그래서 읽기나 철자에 어려움이 있는 게 아닌지요. 대체로 '떠듬거리며' 큰 소리로 읽는 편이고, 정서가 좀 불안정해 보입니다'라고 되어 있다.

3학년 말까지도 여전히 세세한 것에 신경을 쓰지 못 하는 게 문제가 되고 있었나 보다. '로버트가 굉장히 활동적이다'라는 표현은 학부모와 교사 사이에서는 '귀하의 자녀 때문에 정말 못 살겠다'는 뜻으로 통하는 암호가 아니었을까. 이처럼 나의 과잉행동이 단지 학습태도만이 아니고 학업 성적, 특히 산수와 읽기에서 어떻게 영향을 주었는지를 확인하는 것이 흥미로울 것이다.

◈ **4학년, 핀 선생님**

4학년부터 아주 우수함, 우수함, 만족함, 노력 바람 등으로 학생들을 평가하지 않고, A, B, C, D, F로 성적을 받게 된다. 나는 1학기에 읽기 C-, 언어 C, 수학 B, 사회 C, 과학 B를 받았다. 선생님 말씀 란에는 '로버트는 학업 성적을 좀더 향상시킬 수 있으리라 사료됩니다. 병치레가 많아 학업에 어려움이 있는 듯 합니다'라고 되어 있고, 내가 깔끔하지 못하고 주위 정리정돈이 요망된다는 점이 덧붙여져 있다.

2학기에는 읽기 B-, 언어 C, 수학 B, 사회 B, 과학 C를 받았다. 핀 선생님은 '로버트는 이전보다는 학교생활을 즐겁게 하고 있으나, 좀더 노력을 요합니다'라고 썼고, 부모님께 드리는 글에는 나의 글씨체가 너무 지저분하다는 점을 지적하면서 '열심히 노력하지만, 학업상 좀 곤란을 겪는 듯 합니다. 하지만 노력하고 있는 것으로 보입니다'라고 적었다.

글쎄, 내가 정말 열심히 하려고 했는지는 확실하지 않다. 나는 4학년 때를 기억하는데, 그리 열심히 노력했던 것 같지는 않다. 사실, 자주 수업을 빼먹은 데에서 드러나다시피, 다시 자포자기하기 시작했던 것이다.

◈ 5학년, 키르즈노브스키 선생님

5학년 성적표는 보면, 읽기에 C 하나만 빼고 다 B-를 맞았고, 선생님은 여전히 '산수에서, 부주의로 틀리는 문제가 많습니다. 기본 개념은 더 이해하는데, 계산에서 자주 실수를 합니다'라고 했다.

이렇게 5년 내내, 다섯 번째 선생님 역시 내게 부주의한 문제가 있다는 것을 지적했고, 읽기는 계속 내게 큰 문제점으로 남아 있었다.

◈ 6학년 잭슨 선생님

이때는 거의 다 C를 받았다. 잭슨 선생님은 내가 매사에 좀더 '자신감을 보일 것' '정리 정돈을 잘할 것' '시간 활용을 잘할 것'이 요망된다고 언급했다. 또한 '수업 시간에 적극적으로 참여하면 로버트가 교과 개념을 이해하는 데도 도움이 될 뿐만 아니라, 학급 친구들에게도 바람직할 것으로 생각된다'는 가정통신문을 적어 엄마에게 보내기도 했다. 철자법이나 글씨체에 대한 불만이 적힌 숙제 노트도 몇 개 남아 있다.

바로 이 잭슨 선생님이 나한테 학교 주위를 자로 재게 한 선생님이다. 이 선생님은 또 애들 모두 교실 안에 있을 때 나만 운동장 큰 나무 밑에서 책을 읽으라고 내보내기도 했다. 다른 선생님들 누구보다도 이 선생님은 내게 무언가 문제가 있다고 느꼈던 것 같은데, 나를 교실 밖으로 내쫓음으로써 그 문제를 해결했던 것이다.

내가 1학년을 채 마치기도 전의 기록에서부터 이미 나타나고 있는 것처럼, 이러한 자료들은 나의 전형적인 행동 패턴을 잘 말해 주고 있다. 나는 분명히 주의를 기울이는 데 문제가 있었다. 선생님들마다 내가 과제를 성급하게 해치우려 하고, 세세한 부분을 놓치며, 부주의로 인해 실수를 하는데, 특히 산수나 읽기에서 더욱 그 경향이 나타나고, 항상 정리정돈이 안 돼 주위가 엉망진창이라는 것을 지적했다. 몇몇 선생님들은 내가 사회적으로 미성숙하다고도 말했다.

성적이 기본적으로 B 정도였다가 대부분 C로 떨어져 가는 것도 눈여겨 볼 점이다. 이게 중학교를 지나 고등학교까지 지속되는 내리막길의 시작이었던 것이다. 게다가, 핀 선생님이 말했던 것처럼, 학년이 올라가면서 점점 더 많이 수업을 빼먹기 시작했다. 선생님은 내가 '아픈 것' 같다고 하셨지만, 천만에, 나는 거의 꾀병을 부려 수업을 빠졌었다. 3학년쯤 되자 학교 가기가 죽도록 싫었고, 종종 엄마한테 아파서 학교에 못 가겠다고 했다. 겨우 학교에 가서도 머리가 아픈 척 하고 양호실에 갔고, 그러면 양호선생님은 한 30분 정도 누워 있게 한 다음에 다시 교실로 돌려보냈지만, 그렇게 조금이라도 교실을 벗어나면 살 것 같았다.

가장 중요한 사실은 바로 4학년 담임선생님이 둘째 학기 말에 언급한 내용이다. 핀 선생님은 내가 '이전보다는 학교생활을 즐겁게 하고 있는 것 같다'고 했는데, 그건 결국 첫 학기에는 굉장히 눈에 띄게 우울했었다는 것을 보여 주는 것이다. 6학년 담임인 잭슨 선생님도, 내가 너무 소극적이고 참여를 하지 않는다고 걱정하고 있어, 당시 내가 상당히 위축되어 있었음을 알 수 있다.

이 두 선생님의 관찰은 상당히 중요한 것인데, 내 행동과 외관에 어떤 변화가 나타난 것을 알려주기 때문이다. 로시나 밀러, 딜 선생님 같은 그 이전 선생님들은 그래도 내가 사교적이고 붙임성이 있다고 했었다. 또, 빈말이라도 나를 가르치게 되어서 기뻤고, 내가 '즐거움'을 주었다고 했다. 그런데 내가 눈에 띄게 달라진 것이다. 6학년 말이 되자 성적은 바닥을 향했고, 수업에도 참여하지 않으며, 더 이상 그 옛날의 행복한 아이로 보이지 않았다. 내 상태는 최악을 향해 치닫고 있었다.

중학교 시절: 영웅시대는 지나가고
JUNIOR HIGH: HEROES AND HOPE GONE

5학년 때쯤이던가, 몇 안 되지만 그래도 친구가 생겼다. 마이크 스톤, 스티브 폴락 그리고 마크 체스턴이 그들이다. 마크는 귀여운 녀석이었고, 스티브는 조용한 소년이었으며, 마이크는 붙임성이 있었고, 나는 음울하고 감정적인 아이였다. 우리는 스스로를 비틀즈라고 불렀다—마크가 폴 메카드니, 마이크는 링고 스타, 스티브는 조지 해리슨, 그리고 나는? 존 레논—.

나는 우리 형들, 특히 리처드하고 존 때문에 일찌감치 비틀즈를 일고 좋아하게 되었다. 형들은 비틀즈 레코드를 전부 나 갖고 있었고, 자주 그들의 음악을 들었다. 형들을 닮고 싶어 비틀즈를 가까이 했지만, 그게 전부는 아니었다. 비틀즈의 그 무엇인가가 나를 끌었고, 그중에서 내가 정말 좋아했던 깃은 존 레논이다. 그 이후로 계속 나는 존 레논의 팬이다. 레논에게서는 정말 사색적이고 깊이가 있으면서 뭔가 지적이고, 그런가 하면, 기지에 넘친 면이 느껴지기 때문이다. 그에게서, 내가 되고 싶은 모습을 많이 찾았고, 조금은 나와 닮은 점이 있다고도 생각되었다.

나는 1980년 8월에 오닐 중학교에 들어갔다. 바로 그해 12월 7일, 레논이 뉴욕 그의 집 앞에서 피살되었다. 나에게 그 충격은 어마어마했다. 아직도 나는 그때가 기억이 난다. 학교 가려고 방에서 나왔는데, 엄마가 방문 앞에 서 있다가 전날 밤 레논이 피살되었다고 말해 주었다. 너무 충격이 커서 얼이 빠진 기분으로 한참 멍해 있었다. 그리고 내 방으로 가서, 문을 닫고, 침대에 가만히 앉아 있었다. 한동안 벽을 노려보다가, 목이 터져라 울부짖었다. 지금도 생각하면 너무너무 화가 난다. 중학교 시작은 이처럼 조짐이 좋지 않았고, 형편은 점점 더 나빠질 것이 확실했다.

마이크, 마크, 스티브와 5학년 때는 잘 어울렸지만, 6학년 말쯤 되자 거의 만나지 않게 되어버렸다. 중학교에 가서는, 이제 친구란 전혀 없었고, 때때로 같이 어울리거나 얘기할 수 있는 상대조차 전무했다. 초등학교에서의 쉬는 시간이 아주 불편한 정도였다면, 중학교 점심시간이나 교실을 바꿔야 하는 수업 이동 시간은 끔찍한 지옥이었다.

보통, 이때에는 애들이 친구들과 둘러서서 이야기를 했다. 복도 여기저기에 모여, 서로 쪽지를 주고받으며, 자기들이 열을 내고 있는 상대에 대해서 이야기하거나 자기네들하고는 좀 다르다 싶은 사람들 흉을 보곤 했다.

나는 물론 그 다른 사람 쪽에 속했다. 이제는 누구도 눈여겨보지 않던 때의 내가 아니었다. 머리에 큰 네온사인을 붙인 것처럼, 이마에 X자를 혹은 등에 화살 과녁을 단 것처럼 나만 눈에 띄는 것 같았다. 복도에 가까이 갈 때 내 가슴은 두근거렸다. 입은 바짝 마르고, 겨드랑이는 땀에 젖었다. 사람들이 나를 흉보고 손가락질할 것 같아 두려웠는데, 때로는 실제로 그렇기도 했고 때로는 그렇지 않기도 했다.

교실에 일찍 들어간다는 것도 우습지만, 나는 달리 갈 데가 없었다. 화장실에 숨으려 했지만, 그곳은 또 '불량학생'들의 장소 아닌가. 담배를 피운다든가, 마약을 한다든가. 나는 이 아이들에게도 환영받지 못했다. 한번은 화장실을 사용해야 했는데도 그 애들이 나를 문 밖으로 쫓아내기도 했다. 어디도 내가 마음 편히 갈 곳이 없었다. 결국 다른 애들이 모두 복도에서 웃고 떠들고 하는데, 나는 우두커니 교실에 혼자 앉아 있어야 했다.

점심시간? 이는 악몽이었다. 수업 이동 시간이라야 10~15분이지만 점심시간은 거의 한 시간 정도나 된다. 이건 고통의 극을 달리는 45분이었다.

늘 구석에 혼자 앉거니, '개구락지'란 별명을 가진 다운증후군 애랑 같이 앉았다. 이것을 보고 사람들은 나를 놀려댔지만 선택의 여지가 없었다. 어쨌거나 나는 점심을 먹어야 했고, 선생님들은 애들이 점심시간 끝나기 전에 식당 밖으로 나가지 못하게 했다. 내겐 언제나 이 시간이 정말 지겨워 죽을 지경이었다.

주말 역시 마찬가지였다. 1980년 초에는 큰 형들, 짐과 글렌은 대학생이 되어서 나와는 거리가 멀어졌고, 리처드와 존은 고등학교에 다니고 있었는데 데이트다 뭐다 해서 자기네 일이 바빠 나에게는 별로 관심이 없었다. 주말마다 리처드와 존의 친구들이 우리 집에 놀러오거나, 아니면 아주 근사한 여자애들하고 놀러 나가버리곤 했다. 부모님은 이웃집에 가서 브리지 게임을 하셨고, 나는 혼자 TV를 보며 집에 남아 있었다. 밤이 늦어 재미있는 프로들이 끝나면 울면서 잠이 들었다.

이때, 내 안에 또 다른 야수적 속성, 지금까지도 나를 두렵게 하는 괴물이 자라기 시작했다. 여자들에게 관심이 생기기 시작한 것이다. 하지만 아들만 다섯인 집의 막내로서, 나는 여자란 존재에 대한 경험이 전혀 없었다. 설상가상으로 나는 사람 사귀는 법에 서툴었고, 주위 사람들한테는 어린애처럼 미숙하게만 보였다. 저겐 집 아들이라는 것만으로 남들이 어떤 기대를 갖고 있었던 것 같지만, 나는 비쩍 마르고 볼품없었다. 엉덩이가 좀 두둑하게 보이려고 청바지 속에 트레이닝복을 껴입곤 했을 정도였으니까.

나에게 있어서 여성 문제는 아주 전설적이다. 고등학교 2학년 때 데이트라는 것을 처음 한 번 하고, 고등학교 졸업 때 한 번 하고 나선, 대학 2년 때까지 한 번도 해 보지 못했다. 나중에 자세히 말하겠지만, 나는 여자한테 딱지를 맞은 경력이 엄청나게 많다.

하지만 중학교 1, 2학년 때까지는 아직 여자들 때문에 그리 큰 타격을 받지는 않았다. 관심이 있어도, 너무 수줍어서 데이트를 신청할 수 없었을 뿐 아니라, 아무도 내게 관심을 보이지 않았다. 게다가 학교 성적도 초등학교 이래로 이젠 통제불가능할 정도로 곤두박질치고 있었다.

중학교 1학년이 되자 체육하고 수학을 빼고는 전부 C였다. 선생님 의견란은 지난 6년 동안 받은 것하고 어쩜 그렇게 똑같은지. 독해 선생님 고스키는 '로버트, 네 성적이 좀 실망스럽다. 약간만 노력하면 훨씬 향상될 수 있으리라 본다'고 했고, 과학 선생님 윌슨은 '과제를 제때에 하지 않고 제출 기한을 넘기고 있습니다'라고 했고, 영어 선생님은 '좀더 노력하고, 매일매일 과제물을 제때 제출할 것을 요한다'라고 쓰고 있다.

모두 여섯 과목을 듣고 있었는데, 네 과목이나 선생님들이 내가 숙제를 제때에 제출하지 않는다고 지적했고, 세 과목 선생님은 내가 교과 시간을 잘 활용하지 않는다고 했으며, 또 두 과목 선생님은 시험 성적이 좋지 않다고 말하고 있다. 게다가, 내가 한 학년 동안 열여덟 번이나 결석하고 있다고 했는데, 글쎄 진짜 아픈 것은 몇 번이나 됐는지 모르겠다.

우리 부모님이나 고스키 선생님이 중 1때 내 성적을 보고 조금 실망했다면 다음 학년 성적을 보고는 기절을 했으리라. 나는 그 해 영어하고 체육에는 B를, 독해와 수학에는 C를 받았는데, 유감스럽게도 과학과 사회에서는 D를 맞았던 것이다. 내가 알기에 우리 집안 역사상 D는 아마 처음이었을 것이다. 선생님 의견란에서의 글들이 내가 어떤 문제점이 있었는가를 어신히 보어준다.

가정 선생님은 내가 수업시간에 <u>대체로</u> 협조적'이기는 하나 말이 너무 많고 때로는 부적절한 행동을 한다고 썼다(여기서 '대체로'라는 말에 밑줄이 그어진 것을 주목하기 바란다). 수학선생님은 내가 C도 겨우 받았고 '매일매일 과제를 좀더 성의를 갖고 해야 한다. 숙제를 너무 많이 빼먹는다'고 했으며, 독해 선생님은 'C-, 로버트가 너무 많이 결석해 다른 아이들보다 진도가 훨씬 뒤처지고 있습니다. 조금만 더 노력하면 B도 맞을 수 있습니다'라고 했다. 사회 선생님은 '로버트가 중간고사까지는 잘 해나가서 B를 받았는데, 이후로는 노력을 안 하고, 숙제도 몇 번이나 제출하지 않은데다가 결국 기말고사는 낙제를 했다'고 했다. 마지막으로 영어 선생님 의견은 '날짜에 맞춰 제출하지 않았던 과제물들을 나중에라도 냈더라면 B라도 맞았을 텐데, 그런 성의조차도 보이지 않았다'고 되어 있다. 거기다가 모든 선생님들이 공통적으로, 능력만큼 해내지 못한다, 꾸준한 노력을 기울이지 않는다, 지시를 따르지 않는다, 과제를 내지 않는다, 교과 시간을 활용하지 못한다는 항목들에 체크를 했다.

체육 과목 성적표 뒷면에는 두 가지 중요한 사항이 손으로 쓰여 있다. 첫 번째 것은 내가 쓴 것으로, 세 단어에 하나씩은 철자가 틀려서 간신히 알아볼 수 있다. '모든 운동경기에 있어 나는 괜찮은 편이다. 농구만 좀 그렇지. 내 태도는 늘 좋은 편인데, 왜 내가 B를 맞았는지 모르겠다. 수업태도도 좋고 협조적인데 말이다. 내 생각에 항상 체육복을 안 가지고 와서 A를 못 맞은 것 같다' 마지막 말은 사실이었다. 늘 체육복을 잊었으니까.

두 번째 적힌 것은 엄마가 쓴 것인데, 아주 간단히 '내가 바라는 것은, 네가 좀 하려고 했으면 하는 것뿐이다'라는 거다. 엄마가 실망에 차서 말씀하시는 소리가 아직도 귀에 쟁쟁하다. 엄마의 좌절감도 느낄 수 있다. 그땐 몰랐지만, 주위의 모든 사람들이 진심으로 내 걱정을 했다는 것을 이제는 알 수 있다.

성적은 점점 떨어지고, 내 성격도 변하기 시작했다. 사춘기여서 감정이 극단적으로 오가기도 했겠지만, 나는 보통 청소년들이 불안정한 정도 이상이었다. 내 우울증 증세는 5학년 때쯤 시작했는데, 이제 점점 무게를 더해 심각해지고 있었다.

나는 자주 혼자서 방황하는 자신을 발견했다. 거의 무아경 상태에서, 몇 마일이나 떨어진 초등학교나 유아원이 있었던 교외까지 걸어가곤 했다. 설명하기 어렵지만, 마치 내가 무엇인가 찾으러 돌아다니는 것 같은 느낌이었다. 놀이터에 앉아, 이제는 더 이상 그곳에 존재하지 않는 것들을 찾곤 했다. 한동안은 억제할 수 없을 정도로 우는 시기도 있었다. 아무 이유도 없이 눈물이 쏟아졌다. 그러고 나면 아무것도 느끼지 못한 채 그저 멍하니 있게 되었다.

나의 기억이 시작되는 시기부터, 나는 항상 내 미래에 대한 어떤 심상을 가지고 있었다. 그건 일종의 예감, 어쩌면 조짐 같은 것이었다. 나는 하얀 벽에 밝은 불빛이 있는 정신병원 입원실에 갇혀 있는 내 모습을 그리곤 했다. 반항을 못 하도록 묶여서 입원실 구석에 있는 것이다. 처음에는 우리 식구들이 매일 면회하러 오지만, 곧 주말에나 오고, 나중에는 가끔 공휴일이나 특별한 날에 오다가, 결국 아무도 나를 보러 오지 않게 될 것이었다.

이상하게도, 내가 결국은 미쳐버릴 것이 확실하다는 사실이 그다지 나쁜 감정을 불러일으키지 않았다. 반대로, 그렇게 생각하면 기분이 훨씬 나았다. 미쳐버린다는 생각이 오히려 따뜻하고 익숙한 스웨터를 껴입는 것 같은, 추운 날 따뜻한 욕조 속에 잠겨 있는 것 같은 아늑함을 주었다. 차라리 나는 그것을 바라고 있었다. 정신병동에 갇힌다는 것은 오히려 매일매일 겪어야 하는 일상의 고통을 더 이상 겪지 않아도 된다는 것을 의미하는 것이 아닌가. 내가 말실수하지 않도록 신경과민이 될 필요도 없고, 주의 산만해지지 않기 위해 극도로 긴장하지 않아도 되고, 오랫동안 꼼짝 않고 앉아 있어야 할 일도 없고. 또, 화재 경보를 눌러 보고 싶다거나, 여학생들 엉덩이 좀 토닥거리고 싶다거나, 사람들 코를 좀 찔러보고 싶다거나 하는 내 괴상한 충동들을 억제하려 기를 쓰지 않아도 되는 것이다.

이처럼 정처 없이 방황하면서, 나는 자살을 생각하기 시작했다. 아니 솔직히 말하면, 자살은 내가 초등학교 다닐 때부터 주기적으로 떠오르던 생각이었다. 내 생각에, 어떤 사람들에게는 내가 예전이나 지금이나 병적으로 음침하게 보일지도 모르겠다. 추수감사절에 가족들이 모두 식사하는데, "내가 죽으면 화장시켜 주세요."라고 뜬금없이 내뱉은 적도 있다. 우리 식구들은 단지 나를 힐끗 보고는, 먹기를 계속할 뿐이었지만.

중학교 시절 내내 내 우울증은 점점 증세가 심해졌다. 친구도 거의 없고, 마음을 터놓고 말할 사람도 없었다. 성적은 바닥으로 곤두박질쳤고, 계속 남들에게 따돌림 받을 일만 했다. 나는 추하고, 바보같이 느껴졌고, 그리고 굉장히 외로웠다. 그중에서도 제일 감내하기 어려웠던 것은 교회와 관련된 일련의 사건들이었다.

우리 식구는 모두 루터파 교인이지만, 나는 아니다. 교회 가기가 죽기보다 싫었고, 주일 학교나 견신례 공부 시간은 더했다. 교회에서 가르치는 좋은 말씀들을 안 믿어서 싫은 것이 아니었다. 아니 정반대로, 내 모습 그대로 나를 사랑하는 신을 찾는 것, 좀 더 높은 가치를 추구하는 것이야말로 정말 내가 갈구한 것이다. 하지만 다른 애들이 나를 놀려댔다. 그들은 잔인하고 치사했다. 나는 늘 제일 마지막 줄 구석에 앉았는데, 아무도 나한테 말을 안 거는 날은 억세게 재수가 좋았다고 하겠다.

　물론 애들이 놀려대는 데에는 이유가 있었다. 나는 바보 같은 소리를 하고 이상한 질문을 해댔고, 역시 이곳에서도 주의집중에 큰 문제가 있었던 것이다. 성경을 읽을 때 어디를 읽고 있는지 따라갈 수 없었고, 수업시간에 뭐가 어떻게 돌아가는지 도통 알 수 없었다. 이름이 불리면 쩔쩔 맸고, 내 몸과 마음이 엉망진창인 느낌이었다. 너무나 기분이 언짢아서, 초등학교 때 한 것처럼 화장실에 숨어 있기 시작했다. 만화책을 갖고 와 어딘가 숨어 있다가, 나중에는 아예 교회 앞에 서서 부모님들이 데려갈 때를 기다렸다. 그리고는 주일학교가 일찍 끝나서 다른 애들은 이미 모두 집에 돌아갔다고 말했다.

　이떤 때는 미적미적 오랫동안 아침 샤워를 하면서 시간을 끌다가 교회에 빠지기도 했다. 아버지가 욕실 문을 부서져라 두드렸고, 나는 모르는 척 했다. 아버지가 많이 언짢아하셨겠지만 그래도 교회 가는 것보다는 훨씬 나았다. 나는 목사님이나 친구들로부터 좋은 대접을 받지 못했고, 결국에는 신을 믿지 않게 되었다. 그렇게 무자비한 존재가 있다는 것을 믿을 수 없었던 것이다.

　나는 부모님과 정면으로 맞서기로 결정하고, 더 이상 교회에

나가지 않겠다고 버텼다. 부모님은 이제 속상한 정도에서 벗어나, 노기충천하게 되었다. 나를 협박하고, 경멸하고, 내 선언을 철회시키려고 별별 수단을 다 동원하셨지만 끝내 나를 이기지 못하셨다. 마지막으로, 내가 목사님과 면담을 한다면 이를 허락하겠다는 선까지 왔다.

나는 그날을 잘 기억하고 있다. 우리 아버지가 나를 회유시키려고, 내 죄가 얼마나 무서운가를 주입시키려는 목사님께 데려다 준 날을. 그러나 나는 요지부동이었고, 신의 존재를 더 이상 안 믿는다고 말했다. 목사님은 일방적인 설교 후에, 나보고 옆방에서 기다리라고 했다.

옆방에서 나는 문틈으로 아버지와 목사님의 대화를 들을 수 있었다. 목사님이 우리 아버지에게 무언가 이야기했고, 아버지는 '도대체 저 애를 어떻게 다루어야 할지 모르겠어요, 도대체…'라고 두 번이나 되뇌셨던 것이 지금도 기억난다. 나는 울고 싶었지만, 눈물도 다 말라버리고 없었다.

돌아오는 길에 아버지는 가라앉은 음성으로, "네가 지금 엄마를 얼마나 속상하게 하고 있는지 알기나 하니?" 하셨고, 이후 나흘 동안 나에게 말도 걸지 않으셨다. 지금까지도 우리 형들은 나를 '불신자'라서 지옥에 떨어질 거라고 한다.

사회생활이나 학업에서 부실할 뿐만 아니라, 교회까지 다니지 않음으로 인해 집에서조차 외톨이가 되었으니, 그 타격이 컸다. 나는 하얀 벽의 정신병원으로 끌려갈 날만 기다리고 있을 뿐이었다. 그런데 계속 기다렸지만 그 날은 생각보다 일찍 오지 않았고,

결국 나는 스스로 결정을 내렸다.

우리 이웃 슐츠 씨네 가족은 막내딸 낸시가 애기 때 우리 동네 레인 플레이스로 이사 왔다. 낸시와 나는 같이 자랐고, 우리가 어렸을 때는 늘 붙어 다녔다. 우리는 무엇이든 같이 했고, 지금도 친남매 같이 지낸다. 낸시네 집 식구와의 관계는 여전히 내 생활의 큰 부분을 차지하고 있고, 이집 식구들은 우리 집안처럼 느껴진다. 그런데 우리가 8학년 때부터인가, 낸시와 나는 점점 멀어져, 같이 하는 일도 거의 없게 되었다.

1982년 4월 어느 일요일 오후, 나는 낸시네 집에 갔다. 어릴 때 늘 그랬던 것처럼 앞 계단에 앉아서 이런저런 이야기를 나누다가, 마침내 그 당시 내 머릿속을 온통 차지하고 있는 고민거리에 대해 물어봤다. "만약 자살한다면, 넌 어떤 방법이 좋을 거 같니?"

낸시는 누구보다 나를 잘 알아 뜬금없고 괴상한 질문에도 익숙했으니, 자기라면 철도에 뛰어들 거라고 즉각 답해 주었다. 나는 찡그리며 그건 너무 흉하고 고통스럽지 않겠냐고 말했다. 의형제 낸시와 헤어지고 나서, 나는 우리 동네 주위를 어슬렁어슬렁 배회하기 시작했다.

정신을 차려 보니, 나도 모르게 메인 스트리트로 걸어가고 있었다. 당시 그 골목에 큰 월그린(약국)이 있었는데, 어떤 보이지 않는 힘에 이끌리듯 그곳으로 걸어 들어가 약장 앞에 서 있는 나 자신을 발견했다. 나는 수면제를 바라보았다. 복용 설명서와 주의사항을 주의 깊게 읽어가면서, 그중 '천식이 있으면 복용하지 마시오'라고 되어 있는 약병을 집어 들었다. 그리고는 아무렇지도 않은 듯 자연스레 약병을 내 셔츠 속에 집어넣고 약국을 빠져나왔다.

그날 저녁, 아버지가 눈치 채지 못하도록 냉장고 맨 뒤 칸에서 맥주 한 캔을 꺼냈다. 그리고 자기 바로 전, 수면제 병을 꺼낸 뒤 솜 마개를 버리고 알약을 내 베개에 다 털어낸 뒤 한 줌씩 집어 삼키기 시작했다.

맥주 맛은 형편없었다. 아버지는 이 끔찍한, 상표 없는 맥주를 샀었다. 사람들이 이런 습관을 놀려댔지만, 아버지는 개의치 않았다. 값이 마음에 들었던 것이다.

맥주를 들이마시며 수면제를 몇 주먹 목이 막힐 정도로 밀어 넣었지만, 그 지독한 맥주 맛 때문에 삼킬 수가 없었다. 결국 반 병 정도만 물과 함께 먹고는 자러갔다.

그 다음날 눈을 뜨고 얼마나 실망했는지. 학교 버스 타는 곳까지 터벅터벅 가서 마찬가지의 하루 일과를 시작했다. 교실 뒤쪽에 앉아, 멍청한 짓을 해서 남의 시선을 끌지 않도록 주의하면서. 며칠 후에 나는 다시 시도를 했는데, 이번에는 질식하는 쪽을 택하기로 했다.

날씨가 아주 좋아 어머니는 걸어서 일터로 가셨다(어머니는 내가 초등학교에 들어가자 직장을 가지셨다). 그래서 차는 차고에 있었고, 나는 이 기회를 노려, 어머니가 떠나신 후 우리 집 차 키를 가지고 차고로 들어갔던 것이다. 차고 문이 오래되고 무거워 여는데 상당히 힘이 들었다. 스프링도 도르래도 하도 녹이 슬어서 문을 당길 때마다 삐꺽거리는 소리가 크게 났고, 안으로 들어와서 문을 되닫는 것도 쉽지 않았다. 나는 무릎을 꿇고 앉아 할 수 있는 한 최대로 힘을 주어 잡아끌었다.

문 닫힌 차고 안에서, 나는 차에 올라타고 시동을 켰다. 차고는 차가 두 대나 들어 있을 정도로 컸고, 꽤 넓은 차고 다락까지 있었다. 내가 죽을 정도의 일산화탄소를 차고에 가득 채우려면 끝도 없을 것 같았다. 그래서 다시 차에서 내려 차 밑에 꿇어앉아 배기통 옆에 머리를 갖다대고 쏟아져 나오는 매연을 될 수 있는 대로 깊이 들어 마시려 했다.

기침을 참을 수 없었다. 배기가스가 입과 눈에 들어가자 온 얼굴에 검댕이 물이 얼룩지게 되었다. 지금도 가끔, 특히 꿈속에서 그 맛이 어땠는지 기억해낼 수 있다. 그 맛은 좀 씁쓸했는데, 마치 캠프파이어 옆에서 맡은 연기 냄새나 그때 날아다니는 재 맛이라고나 할까. 몇 번 깊은 호흡을 한 후에, 나는 포기했다. 이 역시 믿을 만한 방법이 아니었다.

그 다음부터 어땠는가를 생각하면 지금도 웃지 않을 수 없다. 배기통을 포기하고 다시 차 속으로 들어가 엔진을 끄고 차 키를 빼려고 하는데 웬걸, 이게 말을 듣지 않는 것이다. 이렇게 해 보고 지렇게 해 보아도 차 키가 빠지지 않았다. 나는 패닉 상태가 되었다.

후다닥 차에서 내려 차고 쪽으로 갔는데, 이번에는 또 꽉 닫힌 문이 아무리 밀어도 열리지를 않았다. 아예 빠져나갈 수가 없게 된 것이다. 다시 차로 가 키를 빼려고 했는데, 여전히 키는 끄떡하지 않았다. 나는 두려워서 얼어붙은 느낌이었다.

우습게도, 우리 부모님이 이 꼴을 볼 것이 걱정되었다. 내가 차고 속에 갇혀 있고, 차 키는 시동 거는 곳에서 달랑거리는 것을 보면, 틀림없이 우리 부모님은 내가 차를 가지고 장난을 치려 했다고 생각할 것이기 때문이다. 사실 내 의도는 그분들이 내 시체를 발견하게 하는 것이었지, 시동 칸에서 달랑거리는 차 키를 보게 하는 것이 아니지 않은가.

한참 머리를 싸맨 다음, 차 키를 빼내는 데는 무엇인가 원리가 있으리라는 생각이 들었다. 그리고 그것은 틀림없이 자동차 핸들과 관련이 있겠다 싶었다. 들여다보니 조그만 버튼이 있었고, 그곳을 누르니 정말 키가 빠져나왔다.

다시 차고 문으로 가 바닥에 주저앉았다. 차 범퍼에 등을 기대고 발로 문을 밀어댔더니, 엄청나게 삐걱거리면서 문이 열렸다. 차고에서 기어 나오고 있는데, 마침 우리 옆집 사람이 자기 집으로 들어가다가, 원 저런 모자란 놈이 있나 싶은 표정으로 나를 바라보았다. 하지만 전혀 신경 쓰지 않고 나는 버스를 타러 달려갔다. 이 역시 우습게 들릴 것이다. 자살할 생각은 있었지만, 학교에 늦을 생각은 없었던 것이다. 더 어처구니없는 일은 학교에 가서 한참 후 화장실에 가서야 내 얼굴이 검댕이가 묻어서 엉망진창인 것을 알았다는 것이다.

호빗, 고등학교 그리고 새 집
HOBBITS, HIGH SCHOOL, AND NEW HOMES

두 번의 자살 기도가 있은 후에, 어쨌거나 사는 게 좀 편해졌다. 부모님은 더 이상 내 형편없는 성적에 대해 화내시지 않았고, 교회를 안 다니게 된 것에 대해서도 결국 그럭저럭 체념하고 용서하신 것 같았다. 놀랍게도, 가장 새로운 전환은 바로 책을 통해 위안을 얻게 된 거였다.

1982년 여름, 나는 비치 그로브의 공공 도서관에서 톨킨(J. R. R. Tolkien)이 쓴 『호빗』이라는 책을 대출해서 읽었다. 이전에 그의 작품들을 읽었을 때와 마잔가지로, 볼킨이 그려놓은 '숭간 대륙'이라는 세계에 푹 빠져 버리고 말았다. 『호빗』과 『반지의 제왕』을 읽고 또 읽어, 아마 그 해에는 적어도 열두 번쯤 되풀이해서 읽은 것 같다.

비틀즈와 존 레논처럼, 이번에는 톨킨이 내 마음의 공허를 꽉 채워주는 듯한 느낌이 들었다. 소파에 누워 호빗과 마술사와 반지들의 위력을 읽고 있으면 만사를 잊었다. 마치 그런 세계가 진실로 존재하는 것처럼 느껴졌고, 그곳에 가면 현실의 모든 고통에서 벗어날 수 있을 것 같았다. 톨킨에 대한 이런 몰입은 내가 고등학교 3학년이 되면서 그 진가를 발휘하게 되었다.

고등학교가 어떤 곳일지에 대한 예비지식은 중학교 2학년이 채 끝나기도 전에 시작되었다.[1] 과학시간 중에, 졸업 예정인 학생들은 자기가 진학할 고등학교 별로 따로 모이라는 안내 방송이 있었다. 좀 어리둥절했지만, 지겨운 과학시간 중간에 나오는 게 좋아 얼씨구나 하고 지정된 교실로 갔다.

그곳에서, 다음해 내가 입학할 비치그로브 고등학교에서 파견된 사람들이 우리를 맞았다. 그들은 학교의 각종 서클에 우리를 가입시키려고 오리엔테이션을 하러 온 사람들이었다. 나는 어디에도 가입하고 싶은 생각이 없었기 때문에 아무 신경도 쓰지 않고 있었다. 단지 그냥 나를 가만히 내버려뒀으면 했을 뿐이었다.

이곳에 100여 명의 학생이 있다는 사실, 그리고 늘 그러하듯 뒤쪽 구석에 앉아 있다는 사실 때문에 나는 마음을 놓고 있었다. 그런데 갑자기, 파견 온 사람 중 하나가 "마크 워릭, 댄 로저르도, 그리고 로버트 저겐은 이 오리엔테이션 후에 나를 좀 보세요" 하는 게 아닌가.

나는 깜짝 놀라 심장이 얼어붙는 느낌이었다. 누가 나한테 말

---

1) 미국은 고등학교가 4년 과정임.

한 용건이 있다는 것은, 그것도 방과 후에 그렇다는 것은, 내가 뭘 잘못했다는 것인데, 영문을 알 수 없었다. 물론, 평소에도 대개는 내가 뭘 잘못했는지 모른다. 그냥 선생님들이 나를 가리키며 방과 후에 보자고 말했고, 이렇게 되면 내 '행동'이나 '태도' 때문에 벌점 카드[2]를 얻거나 야단을 맞아야 했으며, 때로는 이 두 가지를 한꺼번에 당하기도 했다. 뭘 잘못했는지 잘 모르겠다는 변명을 하는 것도 이미 오래전에 그만둔 터라, 묵묵히 그 카드를 받거나 야단을 들으며 반성하는 체 하면서 괴로운 생활을 지속하고 있었던 것이다.

고등학교의 과외활동에 대한 설명이 끝난 후, 이름이 불렸던 우리 셋은 시키는 대로 마지못해 남아 있었다. 그랬더니 즉시, 각 클럽이나 과외활동에 대한 설명을 했던 사람들이 우리 주위를 둘러쌌다. 저겐이라는 내 성을 보고는, 내가 우리 형들하고 비슷할 거라고 지레짐작을 했던 거다.

달리기 코치가 '야, 이 긴 다리 좀 봐라' '너 틀림없이 네 형 글렌처럼 잘 달리겠구나' 하면, '다리가 문제기 이냐, 팔은 더 길어서 아주 땅까지 내려오네, 레슬링 끝내주겠구만' 하고 레슬링 코치가 말을 받았다.

고백하건대, 나는 내 외모에 지독한 콤플렉스가 있었고 지금도 그렇다. 특히 중학교 때는 한참 자랄 때라 그런지 더 밸런스가 안 맞아 바보같이 보였다. 어떻게나 팔이 길었는지 허리를 안 굽혀도

---

2) detention card; 상담실이나 교장실 등에 가서 앉아 있어야 되는 벌.

팔이 무릎에 닿을 정도였다. 셋째 형 존은 '야, 팔 좀 접어 올려라, 안 그러면 팔에 걸려 넘어지겠다' 하고 놀려대기도 했었다.

그래서 이 각종 운동 코치들이 나를 자기 클럽에 데려가려고 전후좌우로 에워쌌던 것이다. 내가 거길 벗어나는 길이 하나 있었지만, 그게 별로 자랑스러웠던 것은 아니다. 처음 야단법석이 조금 가라앉은 다음, 나는 조그맣게 힘없이 한마디만 했다. "저는 천식이 있는데요."

당장 어색한 침묵이 돌더니, 이번에는 모두들 대니에게로 향했다. 대니도 운동선수 형이 있었던 것이다. 이제 코치들이 대니에게 자기네 클럽을 자랑하며 가입하라고 성화를 했다. 대니는 어쩔 줄 몰라 겁에 질린 표정이었다. 하지만 내가 무슨 힘이 있으랴. 내 자신도 어쩌지 못하는 판에. 바람 빠진 농구공처럼 잊혀진 채로 혼자 남겨져 있다가, 나는 그저 슬며시 교실로 다시 가는 수밖에 없었다.

이 사건은 그로브 사우스 고등학교에서의 내 위상을 단적으로 보여 준다. 나는 저겐이란 막강한 가문의 신입생으로 받아들여진 것이다. 물론 이 이름이 그 값을 하는 때도 있었다. 예를 들면, 종종 고학년 여학생들이 내게 와서 그때 졸업반이었던 리처드 형 안부를 묻곤 했다. 이걸 보고, 우리 반 남학생들은 이 여학생들이 나를 좋아한다고 생각하기도 했는데, 나는 굳이 그 생각을 정정해 주지는 않았다.

하지만, 이런 저겐 집 막내라는 것이 반대로 작용할 때도 있었다. 늘 형들하고 나를 비교해서 그만큼 못하다고 실망들을 하는 것이다. 처음 운동 코치들이 내가 천식이 있다는 걸 안 후 실망한 것처럼, 많은 선생님들이 내가 학과 공부에 시원찮은 것을 보고 충격을 받곤 했다. 저널리즘 시간이 가장 극적인 예일 것이다.

톨킨의 작품을 처음 읽은 후부터 나는 글쓰기를 좋아하기 시작했다. 초등학교에서도 글을 지어 보곤 했지만, 『호빗』을 읽고 나서는 작가가 되려고 마음을 먹었다. 나는 말장난을 하고 이리저리 상상의 나래를 펴는 것을 좋아했다. 거기다가, 글쓰기를 통해서라면, 다른 사람들과 특별한 교류가 없이도 내 나름대로 충분히 창조적인 일을 할 수 있을 것 같았다. 그래서 내 장래에 대비하기 위한 노력의 일환으로, 저널리즘 과목을 택했던 것이다.

첫 번째 과제가 학교를 둘러싸고 생기는 일에 대해 기사를 하나 쓰라는 것이었는데, 솔직히 열심히 신경 써서 하지는 않았다. 그런데 내가 작성한 기사를 돌려받고 보니, 오른쪽 맨 위에 'C-, 네 형 리처드라면 이보다는 훨씬 잘했을 것이다'라고 써 있었다. 매사가 이런 식이었다.

고등학교 선생님들은 내 성적이나 활동이 형들보다 못한 것을 보고 찜찍 놀린 듯 했지만, 우리 부모님들은 진혀 그렇지 않았다. 내가 고등학교 들어갈 때쯤 되자 이제 우리 부모님들은 내게 더 이상 기대를 하지 않았다. 초등학교 시절이니 중학교 때만 해도 엄마는 내 성적을 가지고 애면글면 했었다. 나는 나대로 C는 평균이니 괜찮은 거 아니냐고 대들었고, 엄마는 엄마대로 내가 쪼끔만 더 노력하면 성적이 올라갈 수 있을 거라고 안달을 하셨다.

고등학생쯤 되자, 부모님 모두 나에 대해서는 만사가 쉽지 않다는 것을 깨달으신 것 같았다. 아니면, 내 자신이 그랬던 것처럼 되지도 않을 일을 가지고 싸우기도 지치셨는지, 낙제만 안 하면 성적에 대해 거의 아무 말씀도 안 하셨다.

중학교 때 나는 아주 침울하고 음침한 아이였다. 그 당시 사진을 보면, 내 눈에서 그걸 읽을 수 있다. 내 마음 안에 그토록 많은 고통과 어두운 그늘이 있었던 것이다. 수업시간에는 교실 뒤에 앉아 되도록 입을 다물고 있었다. 남의 눈에 안 띄는 것이 상책이었다. 한 달에 두어 번은 아프다고 핑계를 댔었다.

고등학교 때에는 내가 좀 명랑해졌다. 물론 여전히 병적으로 침울하고 꽤 오랫동안 우울하기도 했지만, 상황이 좀 나아졌다고 할 수 있겠다. 이젠 조금 더 잘 웃고, 이런저런 고통스러운 일에도 나름대로 대처할 수 있게 되었다. 수업시간에는 외톨박이처럼 있는 것보다 어릿광대가 되는 쪽을 택했다. 물론 이것도 문제가 없는 것은 아니었지만.

초등학교 시절 나는 좀 얼뜨기 같이 모자랐고, 중학교 시절에는 아무에게도 눈에 뜨이지 않기를 바라며 안으로 숨어들었다. 그런데 고등학생이 되자, 나의 충동성이 점점 이슈가 되었다.

고등학교 1학년 때는 벌로 학교에 남아 혼자 반성하며 앉아 있도록 지시 받은 횟수가 수업일수보다 더 많았다. 수학시간은 내가 단골로 벌을 받는 시간이었다. 갓 대학을 나온 손퀴스트라는 수학 선생님이 있었는데, 이 선생님하고 나는 매일 매일이 전쟁이었다. 그 선생님 시간만 되면 나는 벌 받을 만한 일을 했고, 또 선생님은 질세라 나에게 옐로우 카드를 주고, 이렇게 해서 어떤 때는 한

시간에 두세 개씩 받기도 했다.

한번은 교실 앞에 나가 칠판에 문제를 풀라고 불려나갔다. 이건 수업 시간에 딴청을 하고 수업에 열중하지 않는 것에 대한 벌의 의미가 있었다. 중학교 때보다는 좀 나아졌다 해도, 나는 여전히 사회성이 떨어지고 남들의 시선을 받는 것이 아주 불편했다. 칠판 앞에 나갔지만, 어떻게 문제를 풀어야 할지 아무 생각도 떠오르지 않았고 애들은 웃어대기 시작했다. 그 다음 내가 한 짓은 이후로 점점 습관이 되었는데, 모두가 나를 쳐다보자 내가 이상한 소리를 내며 춤을 추기 시작한 것이다.

나는 ADHD에 관한 회의나 연구 발표에서 이런 행동에 대해 설명한다. 아이들은 바보처럼 보이는 것보다는 우스꽝스럽게 보이는 쪽이 낫다고 여기기 때문에 이렇게 행동한다고 말이다. 하지만 솔직히 말해서 그때 나는 내 행동의 의미를 확실히 의식하지는 못했었다. 아니 전혀 깨닫지 못했는데, 바로 이것이 나의 문제점이었다. 나는 단지 애들 앞에서 바보짓을 하는 나 자신을 문득 발견하곤 했다. 그렇게 하려고 선택한 것이 아니라, 그냥 그렇게 되는 것이었다. 내가 다른 사람의 어릿광대인 것 같기도 하고, 혹은 내 자신이 아닌 딴사람이 바보짓 하는 것을 바라보는 것 같은 그런 기분이었다.

당연히 나는 이 어릿광대 같은 춤 소동 때문에 또다시 벌점을 받았다. 온 책상에 해 놓은 낙서로, 종이비행기 날린 벌로, 선생님이 묻는 말에 엉터리 대답을 해서(선생님은 내가 일부러 수업을 방해하려고 그랬다지만, 이건 천부당만부당한 말씀이다. 나는 정말 최선을 다해 내 머리를 쥐어짜서 한 대답이다), 숙제를 제때 안 내서, 옆에 앉은 여학생을 콕콕 찔러대서, 너무 킥킥대서 등등 말할 수 없이 많은 이유로 벌점을 받았다. 심지어는 책상을 보트처럼 휘젓고 다녀서 벌점을 얻기도 했다. 교실 문을 지나, 저 아래 복도까지 노를 저어갔더니, 손퀴스트 선생님은 간단히 내 뒤에서 교실 문을 닫아 버렸다. 틀림없이, 한 시간이라도 나를 쫓아버려서 시원하셨을 것이다.

이런 내 충동성은 성적에도 큰 영향을 끼쳤다. 초등학교 시절처럼 여전히 부주의한 실수를 했고, 교실 밖으로 내쫓기는 것은 문제 해결에 조금도 도움이 안 됐다. 하지만 이것은 나의 사회생활, 특히 여학생 사귀는 데 더 큰 문제가 됐다.

나도 중학교 때부터는 여학생들에게 관심을 갖기 시작했지만, 실제로 접근을 시도해 보지는 않았었다. 그런데 고등학생이 되니 더 이상 자제할 수가 없었다. 그러나 불행히도, 나는 사회성이 부족한데다가 여자애들만 있으면 평소보다 더 바보처럼 행동했다. 그러던 중에 내 충동성의 고전이라 할 만한 일이 내가 신입생일 때 발생했다.

비치그로브 사우스 고등학교는 학생수가 많아 바글바글 했었다. 우리가 층계를 오르내릴 때면 늘 다른 학생의 바로 밑에 있기가 십상이라, 계단을 올라가던 아이가 갑자기 서기라도 하면 뒤따르던 애는 앞 애의 등에 부딪칠 수도 있었다.

어느 날 나는 2층에 있는 교실로 가고 있었다. 어슬렁거리며 천천히 계단을 올라가다가, 마침 내 바로 앞에 아주 예쁜 치어리더 여학생이 있는 걸 알게 되었다. 치어리더 옷을 입고, 굉장히 큰 앞가슴을 하고서 말이다. 키는 한 165cm 정도 됐을까. 아마 제 친구가 그때 그 아이 이름을 부른 모양이다. 갑자기 돌아서니까 그 애 앞가슴이 내 얼굴에 부딪힌 것인데, 그때 애들이 계단을 오르락내리락 하는 소음 속에서 '야, 얘 가슴 진짜냐?' 하는 소리가 들려왔다.

자, 결론부터 말한다면, 콧물이 삐져나오며 머리가 핑 돌아가는 걸 느끼고 나서야, 나는 그 말을 한 것이 바로 **나**라는 것을 알아차렸다. 나는 얼굴에 손자국이 선명하게 찍힌 채로 교실로 들어가지 않으면 안 되었다. 교실로 들어가자 모두 사태의 전말을 알아챘고, 선생님까지도 웃어댔다.

나는 정말 그 애 가슴에 관해서, 아니 그 비슷한 것에 대해서도 언급할 생각이 전혀 없었다. 사실, 내가 그 아이에게 의식적으로 그런 말을 했을 리가 없다. 나는 굉장히 소심한 신입생이었고, 그 아이는 무지하게 예쁜 상급학년 여학생으로서, 우리 형 친구니까. 의도적이었다면 나는 그 이이의 눈도 제대로 맞추지 못했을 것이다. 그런데 뜬금없이 뚱딴지같은 소리가 내 입에서 튀어나왔고 더 문제는 귀싸대기를 얻어맞고 **나서야** 내가 무슨 말을 했는지 알아차렸다는 사실이다.

이 점이 우리가 머리에 새겨두어야 할 아주 중요한 것이다. ADHD를 갖고 있는 사람들은 종종 생각 없이 입 밖으로 말을 해버린다. 심지어, 자기가 한 말을 기억하지 못하는 일도 종종 있다. 마치 자기 행동에 대한 통제력이 없는 것과 같고, 마치 완전히 제

정신은 아닌 것과 비슷하다. 만약 당신이 나를 거짓말 탐지기 앞에 세워두고 '귀하는 치어리더 앞가슴에 대해 뭐라고 말을 했습니까?' 라고 묻는다면, 나는 아주 당연히 '절대 아닙니다' 라고 말하고 당당히 이 테스트를 통과했을 거라고 확신한다.

만사가 나에게는 이런 식이었다. 내가 순간순간 무슨 말을 할지 어떤 행동을 할지 나 스스로도 예측불허다. 한참 사람들과 얘기를 한 후, 무슨 이야기가 오갔는지 하나도 기억하지 못한 채 그 자리를 떠난 적도 부지기수다. 심지어 내가 학생들을 가르칠 때에도, 그 시간에 다루어야 할 주제들을 모두 짚고 넘어갔는지 완전히 자신할 수 없다. 이건 마치 내가 서툰 조종사인 것 같다. 비행기를 조금은 운전할 줄 알지만, 항상 정해진 목적지까지 운항할 수는 없는 기분이랄까. 바라건대, 어디 산이나 뭐에 충돌만 안 하기를 기원할 뿐.

또한 ADHD를 가진 사람들은 자신의 주의력을 조절하는 데 어려움을 겪는다. 예를 들면, 나는 글을 읽을 수조차 없을 때도 있다. 그 페이지에 적힌 단어는 읽어가되, 그것들이 모여 어떤 의미가 되는지 파악할 수 없는 경우 말이다. 이건 내가 알려고 하는 의지나 동기가 없어서 그런 것이 아니다. 동기 수준의 문제가 아니다. 읽으면 백만 불을 준다 해도 이 일이 불가능할 때가 있다. 단지 나는 단어들의 뜻을 이해할 만큼 집중을 할 수가 없는 것이다.

학교 다닐 때 큰 소리로 책을 읽으라고 지명받는 것처럼 괴로운 일이 없었다. 단어를 말할 수는 있는지 몰라도, 바보같이 더듬거리거나, 언어장애가 있는 것처럼, 외국인인 것처럼 읽어대는 것이다. 글.자.한.자.에. 마.침.표.가. 있.는.것.처.럼. 읽거나 아주 낯선 외국어처럼 읽기 일쑤였다.

때로는 앞뒤 맥락에 맞게 대화하는 것조차 불가능하다. 무슨 이야기가 있었는지, 또는 내가 뭘 말하려 했는지 맥락을 놓치곤 한다. 나는 종종 말하다 멈추고는 우리가 지금 무슨 얘길 하는 중이었는지 물어봐야 하고, 한 이야기를 또 하거나 화제와는 관련 없는 엉뚱한 말을, 제대로 끝맺지도 못하고 중얼중얼 거릴 때도 있다. 만약 창가에 파리가 날아다닌다든지 옆에서 다른 사람이 말을 한다든지 하면, 나는 주의가 분산되어 원래 이야기하던 화제로 다시는 되돌아갈 수가 없다. 결론적으로, 나는 가끔 바보멍청이가 되어버리는 것이다.

물론 때로는 나도 무언가에 아주 골몰하기도 한다. 예를 들면, 머릿속에서 생각이 너무나 빨리 진행되기 때문에, 거기에 집중하지 않을 수 없는 경우다. 일단 내 정신이 어딘가에 쏠리고 나면 완전히 거기에 매달려서, 다른 것으로 신경을 돌릴 수가 없다. 아주 강박적으로 집착하게 되는데, 이것 역시 미칠 일이다!

이틀 전에, 나는 우리 옆집 사람이 우리 집 잔디에 손댔다는 것을 눈치 챘다. 그 집과 우리 집은 지금 경계선 때문에 굉장히 신경을 곤두세우고 있는 중인데 말이다. 이전에도 분명히 우리 집 소속인 꽃이나 작은 나무들을 자기들 멋대로 손질한 적이 있었는데, 드디어 내가 몇 번이고 손대지 말라고 한 우리 집 나무까지 자르기 시작하다니.

어쨌든, 그 얌체 같은 이웃집이 해 놓은 것을 보고 나는 온종일 그 일만 생각했고, 지금도 그 일이 머리에서 떠나지 않고 있는 중이다. 그 생각을 머리에서 지울 수 없는 것이다. 급기야는 점점 이 생각이 과장돼서, 이 사람들이 우리 집 꽃을 함부로 꺾아버리고, 나무도 베어내고, 우리 집 마당에 쓰레기를 던지는 상상까지 하는 정도에까지 이르게 된다. 이게 얼마나 황당무계한 일인지 나도 안다. 사실로 말하면 겨우 우리 집 잔디를 한 뼘 정도 깎은 것인데, 내 머릿속에서는 이들이 내 여자친구를 죽이지 않을까 정도로 심각하게 비약이 되고 있으니 문제다. 하지만 이런 일은 나를 너무나 화나게 만들어서, 이 분한 생각을 도저히 지워버릴 수가 없고, 다른 일은 손에 잡히지도 않는다.

또 나는 어떤 물체들에 쉽사리 내 주의를 빼앗기는 문제가 있는데, 그게 반짝반짝 빛나거나 움직이는 것이라면 더욱 그렇다. 아버지에게 쓰레기통을 치우라는 명령을 받고도 TV를 떠나지 못했던 것처럼, 어떤 물체에서 눈을 뗄 수가 없는 경우가 있다. 이런 경향은 지금도 나를 공포에 떨게 한다. 마치 차가 얼음 위에서 대책 없이 미끄러져 시멘트벽에 부딪치는 순간을 바라보고 있어야 하는 심정이다. 지금까지도, 이건 악몽과 다름없다.

내가 고등학교 졸업반이었을 때다. 영어시간에 조를 짜서 발표를 하게 되었는데, 뜻밖에도 우리 학교에서 제일 매력적인 여학생과 한조가 되는 영광을 얻었다. 이름은 기억이 나지 않지만, 예쁘면서 머리도 좋아 학교에서 인기 만점인 애였다. 내 졸업년도 1986년 동창 중의 '얼짱, 몸짱'이라 할 수 있었다.

어쨌든, 우리 차례가 되어서 교실 앞으로 나가 발표를 하기 시작했다. 나의 그 아름다운 파트너가 말을 하기 시작하자, 그 아이 목에서 달랑거리는 금 십자 목걸이로 갑자기 내 주의가 쏠려 버리고 말았다. 나는 뚫어지게 그걸 바라보기 시작했다. 순간, 그게 마치 내가 그 애 가슴을 훔쳐보는 것처럼 보일 거란 생각이 들어, 나는 얼른 시선을 돌렸다. 하지만 아무리 노력해도 내 시선은 그 애의 반짝이는 금목걸이로 돌아오고 말았다. 정말 악몽 같은 순간이었다. 애들이 웃고 킥킥대는데, 나는 고개를 돌렸다 다시 목걸이를 보고, 그런 나를 깨닫고 다시 고개를 돌렸다 정신을 차려보면 그것을 보고 있었다. 내 시선은 그 목걸이에 고정된 것 같았다.

이 발표와 수업시간이 끝나 내가 교실 밖으로 걸어가는데, 그 아이가 뒤에서 와서는 내 팔을 붙잡고 확 비틀어 버리는 거였다. 그 애가 무슨 말을 했는지는 기억나지 않지만, 아마 친구 중 한 명이 내가 발표 내내 그 애 가슴만 보고 있더라고 일러준 모양이었다. 그 애는 분기탱천해 있었고, 내가 뭐라고 설명도 하기 전에 내 배를 주먹으로 힘껏 치더니 홱 돌아가 버렸다. 그리고 나는 뒤로 넘어갈 듯 웃는 애들 속에 배를 움켜쥐고 멍청하게 서 있어야 했다.

또 한번은 어떤 모임에서 건들거리다가 선생님한테 야단을 맞는 학생들 속에 끼어 있었던 적이 있다. 선생님은 우리들에게 계속 소리소리 지르고 있었는데, 대개의 애들은 잘못을 반성하는 듯이 고개를 숙이거나 하는 정도의 양식은 있었다(내 기억에 그때 아마 물건을 던졌거나 떠들거나 하는 개구쟁이 짓을 했던 것 같다). 그런데 나는 그 와중에도 뻔뻔스럽게 (선생님의 눈에!) 계속 주위를 둘러보고 있었던 것이다. 내가 그러면 그럴수록 선생님은 화가 났고, 결국 그 선생님은 내 멱살을 거머쥐고 자기 얼굴을 내 코앞에 들이댄 채 '너, 지금 내 말이 말 같지 않냐'고 하기에 이르렀다. 그 순간 내가 "어, 뭐라고요? 지금 무슨 말씀하셨지요?"라고 했으니, 선생님은 틀림없이 내가 자기를 놀린다고 생각했겠지만, 나는 단지 내 주위에 일어나는 일들에서 눈을 뗄 수가 없었을 뿐이었다. 주변에서 일어나는 일들이 너무나 많아서, 내가 아무리 그러고 싶어도, 나는 선생님에게 주의를 기울일 수 없었다. 물어볼 것도 없이, 나는 그 일 하나로 일주일 분의 벌점을 받았다.

2학년이 되자마자 아버지가 전근을 가게 되어 우리는 정든 비치그로브를 떠나 인디애나폴리스로 이사를 가야했다. 나에게는 최악의 순간이었다. 리사 보라프카라는 애랑 데이트를 하기 시작하면서, 짧은 기간이나마 좀 살 만하다 싶은 상황이었는데. 리사는 나한테 잘해 줬고, 학교 공부도 많이 도와주어서 성적도 조금이나마 좋아지고 있는 중이었다.

1984년 12월에 우리는 인디애나폴리스로 이사했다. 때는 크리스마스 시즌이었고, 내 소지품들과 내 인생 첫 진짜 여자친구는 시카고에서 눈을 맞고 서 있었다. 다시 우울의 계절로 돌아가고 있었다.

새로 전학 간 학교, 페리 메리디안 고등학교의 첫해는 정말 끔찍했다. 여기서의 경험은 내 중학교 시절의 재현이었다. 친구도 없었지, 점심은 혼자 구석에서 먹었지, 모든 게 마찬가지였다. 나를 맡은 선생님들은 나를 어떻게 다뤄야 할지 전혀 모르는 것 같았다. 매일 매일이 벌점의 연속이었던 비치그로브 사우스와 다른 점은, 여기서는 잘못을 저지르고 다루기 어려운 애들에게 체벌을 한다는 사실이었다.

한번은 내가 점심시간에 식사를 마치고 식판을 그냥 식탁에 두고 나온 적이 있었다. 이게 그 학교에서는 상당한 중죄에 해당했던 것 같다. 선생님이 이를 보고 나에게 다가오더니, 교감선생님에게 가서 잘못했다고 말하라는 것이었다. 좀 어리둥절했지만, 뭐 못 할 것도 없지 해서 사무실로 향하던 도중, 아, 또 무엇인가로 인해 주의가 산만해져서, 그만 사무실 대신 다음 수업 교실로 가버렸다. 당연히 이 사실은 점심시간에 나에게 경고했던 그 선생님을 노발대발하게 했다. 감히 선생님이 하라는 것을 거역하다니, 나는 몇 번이나 사과를 하고 내 사정을 설명했지만, 당연히 선생님은 이를 믿으려 하지 않았다. 나는 이 벌로 '일주일간 식당 쓰레기 줍기'라는 중벌을 받았다. 만일 이런 일이 한 번 더 생기면 매를 맞는다는 경고와 함께.

학교에서뿐만 아니라 아르바이트를 할 때도 비슷한 문제가 생겼다. 나는 고등학교 3학년 때 우리 집에서 멀지 않은 맥두널드에서 처음으로 아르바이트를 시작했다. 다른 내 또래 아이들과 달리, 난 정말 열심히 하려고 노력했다. 하지만 이곳에서도 마찬가지로 일들을 망쳐놓곤 했다.

한 예로, 한때 나는 우리가 '최일선 업무'라 불렀던 일을 담당하고 있었다. 이는 예상 주문량을 확보하고, 손님들이 요구하기 전에 만반의 차비를 갖추었는지 확인하는 일이었다. 굉장히 바빴던 어느 날, 한 떼의 버스에서 아이들이 잔뜩 내려 우리 가게에 들르는 바람에 손님들이 바글바글하게 되었고, 내가 정신을 차릴 수 없는 가운데 음식이 곧 동이 나고 말았다.

그러자 우리 지배인을 나를 '주문 확인' 라인에서 빼내 프렌치프라이를 만드는 일을 거들게 했다. 나가면서 나를 보고 소리쳐 다짐하기를, 프렌치프라이가 우리 가게에서 가장 비중이 큰 품목이니까, 절대 재고가 바닥나게 해서는 안 된다고 몇 번이나 반복했다.

내가 항상 일을 잘 해내기를 바랐다는 것을 기억해 주기 바란다. 심통을 부리거나 일부러 남의 말을 안 들어 어깃장을 놓을 생각은 추호도 없었고, 정말 나는 능력 있는 유능한 사람이 되고 싶었다. 이번에도, 정말 잘해야지 하고 매니저 말대로 최대한으로 일을 빨리 하려고 최선을 다했다. 모든 튀김기를 한번에 작동시켜서, 한 무더기를 만들어내자마자 또 그 다음을 만들고, 또 만들고, 또 만들고, 프렌치프라이 만드는 데만 온 정신을 내리 쏟았다.

그러다가 문득 돌아보니, 손님들이 썰물처럼 빠져나가고 없었다. 한창 바쁘던 시간이 지나간 것이었다. 그리고 내 자리를 보니, 내가 만든 프렌치프라이가 사방에 널려 있었다. 40~50봉투가 식지 않게 넣어두는 저장고에 쌓여 있었고, 튀김 그물에도 1m 정도 엎혀져 있었으며, 아직도 몇 개의 꾸러미는 튀겨지고 있었다.

아마 15kg 정도 되었을 어마어마한 양의 프렌치프라이가 여기저기 흩어져 있는 것을 보고 매니저는 몹시 화가 났다. 더 이상 필요 없어 모두 폐기처분해야 하니 말이다. 우리는 서로 눈이 마주쳤고, 이 사람은 너무 화가 난 나머지 입이 얼어붙은 듯 했는데, 내 입에서는 나도 모르게 '어떻게 된 거지?' 라는 말이 튀어나왔다. 내가 고의로 그렇게 많은 프라이를 만들었다고 생각한 매니저는 즉석에서 나를 해고했는데, 그때가 바로 내 열여섯 번째 생일날이었다.

그 다음 번에는 피자헛에 취직을 했는데, 여기서는 맥도날드에서보다 더 많이 말썽을 일으켰다. 첫째, 손님 주문대로 토핑을 올려주는 것을 자주 잊었다. 치즈를 맨 윗면에 얹어야 하는 것이나 소스를 바르는 것도 종종 빼먹었다. 초등학교 선생님들이 지적한 바대로, 나는 부주의해서 자꾸 실수를 했다. 비록 늘 최선을 다했지만.

또 동료들과 잘 어울리지 못하는 문제도 여전했다. 종업원들끼리는 가끔 농담하는 걸 즐기길래, 나도 정말 재미있을 것 같은 일을 저질러 보기도 했다.

내가 일하던 곳에 하수도나 싱크대가 막힐 때 쓰는 굉장히 큰 업소용 흡착기가 있었다. 지름만 해도 한 30cm 정도이고, 깊이는 40cm 정도인 고무로 된 압축기였다. 나는 기기에 물을 채운 뒤에 천장에 딱 달라붙게 했다. 그러면 동료가 지나가다가 그 흡착기를 잡아 빼게 되고, 그와 동시에 그 사람은 당연히 물벼락을 맞게 되는 것이다. 정말 끝내주는 장난이다! 적어도, 처음 몇 번은 그랬던 것 같다.

하지만 초등학교 때 의자 잡아당기기 장난처럼, 나는 이런 장난을 그만두어야 할 시점을 몰랐다. 주위의 동료들이 짜증을 내고 이런 장난질을 지겨워해도 나는 계속 이 짓을 했다. 더 이상 참을 수 없다는 말을 듣고도 매일 나는 이 흡착기를 천정에 붙였는데, 나 스스로도 어쩔 수 없는 일이었다.

또 다른 일은 정말 지금 생각해도 낯을 들 수 없을 정도로 부끄러운 기억이다. 정말 글로 옮기기는커녕 생각하기도 싫은 일이지만, 독자들에게 ADHD를 가진 내 삶의 여정이 어땠는지를 알리는 중요한 에피소드기 때문에 부끄러움을 무릅쓰고 적어본다. 제발 여러분들이 이런 나를 경멸하지 않기를 바랄 뿐이다.

어느 날 더 이상 출근하지 말라는 최후통첩을 받았다. 나는 또 해고구나 생각은 했지만, 그 이유를 알 수 없었다. 그래서 매니저에게 물었더니, 내가 그녀에게(매니저는 여자였다) '성적으로 부적절한' 행동을 했다는 것이었다. 영문을 알 수 없었다. 내가 그녀를 살짝이라도 건드리기를 했나, 어디 상스러운 농담이라도 했나…. 기필코 이건 뭔가 잘못되었다고 생각했는데, 잘못된 건 나였다. 문제는 한 이틀 전쯤에 있었다.

그 주일치 급료를 받으러 갔을 때, 그게 있어야 할 자리에 없었다. 그걸 보고는 내가 그 여자 매니저에게 이렇게 말했다나. "누워서 한번 해 주는 걸로 주급을 때우지 그래요."

으, 생각하기도 싫은 이야기이고, 여기에는 더더욱 쓰고 싶지 않은 이야기다. 독자들이 나를 여자 꽁무니나 뒤쫓는 사람으로 여기지 않기를 바란다. 그럼에도 굳이 이런 수치스런 이야기를 언급한 것은 내가 내 말에 대해 얼마나 조절 능력이 떨어지는지를 알려주기 위해서다. 더 나아가, 많은 경우 나는 내 입에서 무슨 소리가 나갔는지 알지 못한다. 다른 사람이 대경실색할 이야기조차, 내 작업 기억 속에서는 사라지고 없다. 직장에서의 이런 경우가, 당시뿐만 아니라 성인이 되어서도 계속 문제가 되고 있다는 것을 독자들은 다음 장에서 알게 될 것이다.

내 삶은 몇 번의 중대한 굴곡과 전환을 거쳐 왔다. 그중에 첫 번째 것이 내가 몇 번이나 자살을 기도했던 것이고, 두 번째는 ADHD 진단을 받은 일이다. 그런데 아직 ADHD 진단을 받기 훨씬 전 1984년 가을에, 그와 거의 맞먹는 중대한 사건이 있었다.

그때는 내가 아직 졸업하기 한 해 전으로, 운전교육을 받고 있었다. 운전교육은 두 가지로 상징적인 중요성을 갖고 있다. 첫째, 십대 후반인 우리가 운전면허증을 갖는다는 것은 더 독립적인 사람이 된다는 의미가 있다. 비록 같이 무엇을 할 친구는 아직 없었지만, 나는 집을 떠나 단지 운전이라도 혼자 할 수 있기를 갈망했다. 나는 정말 어디라도 떠나고 싶었다.

두 번째, 이게 이제부터 하려는 중요한 이야기인데, 이 운전교육을 통해 테리 로빈스라는 친구를 알게 되었다는 것이다. 이 친구를 이렇게 말하면 좋을까. 내가 아무리 잘 설명해도, 독자 여러분은 이해하기 어려울지 모른다. 이 친구는 내가 이제껏 만나왔던 사람들 중에서 제일 별난 사람이니까. 우리가 처음 말을 틀 때를 아직도 나는 기억하고 있다.

테리하고 나는 같은 차로 연습하도록 배정받았다. 그날은 우리 운전교육의 첫날이었다. 나는 뒷자리에 앉아 잠을 좀 깨보려고 애쓰고 있었다(아침 첫 수업 시간이었으니까). 그런데 앞자리에서 조금 괴상망칙하게 생긴 녀석이 씩 웃으면서 나를 보는 것이었다. 그러더니 손을 쭉 내밀고 아주 명랑하게 "야, 내 이름은 테리다." 라고 했다. 바로 그 순간 테리는 시속 50마일로 엉뚱한 차선 위에서 운전 중이었으며, 그 상태에서 뒤돌아 나랑 악수하려고 애썼다는 걸 밝힐 필요가 있다. 이게 바로 테리가 어떤 애인지를 전형적으로 보여 주기 때문이다.

테리와는 그 자리에서 죽이 맞았다. 그 아이는 늘 자기가 무슨 생각을 하는지 말하는 좀 또라이 같은, 하지만 인간적인 애였고, 내가 보기에 늘 행복한 듯했다. 나는 테리하고 붙어 다니는 것이 좋았다.

테리와의 만남이 내 인생에서 어떤 중요한 의미를 갖는지 얘기하기 전에, 이 운전연습시간에 겪은 한두 가지 사건을 여러분에게 들려주고 싶다. 독자들이 이 이야기를 즐기기 바라면서, 동시에 여러분이 다음번 운전대를 잡을 때에는 조금 두려운 마음을 갖게 되기 바란다.

공식적인 진단을 받지는 않았지만, 테리 역시 ADHD임이 자명하다. 충동적이고, 부주의하고, 집중력이 없고, 과잉행동적이니. 테리도 이런 책을 한 권 쓸 수 있을 텐데.

한번은 테리가 긴 직선도로를 죽 운전하고 있는데, 우리 운전 강사가 "테리, 지금 파란불이 다 끝나가고 있다. 우리가 교차로에 다다를 즈음이면 노란불로 바뀔 거야. 자, 준비해라."라고 말했다.

테리는 그 말에 따라 양손을 10시와 2시 위치로 놓고 시속 55마일의 정해진 속도로 교차로를 향해 조심스레 운전하고 있었다.

맨 끝 정지선에 오자 신호등은 노랑으로 바뀌었는데, 테리는 브레이크를 꽉 밟고, 운전대를 한쪽으로 휙 돌렸다. 타이어 소리가 끼익 하고 나면서 차가 미끄러지며 빙 돌아 버렸다. 차에 있던 모두가 한쪽으로 휙 밀리다가 간신히 중심을 잡았는데, 차문 손잡이에서 손을 떼고 정신을 차려보니, 우리 차가 교차로 한 가운데서 엉뚱한 방향을 향해 떡하니 버티고 있었다. 다른 차들이 경적을 울리며 난리였다. 하얗게 질려 가쁜 숨을 내쉬는 운전 강사가 테리를 바라보았는데, 테리는 그 시선에 윙크로 답하며 "제 운전 어때요?" 하고 묻고 있는 게 아닌가.

물론 나도 못지않았다. 한번은 빨간불에 천천히 다가가면서 적당한 때 부드럽게 정지하려고 하고 있었다. 그런데 무슨 이유에선지 옆 차선에 있던 사람이 정지하지 않고 쌩하니 그 교차로를 지나가 버렸다. 이걸 보고 나도 무의식적으로 따라했는데, 그러는 바람에 양쪽에서 오던 차들이 질겁하고 브레이크를 밟아 쭉 미끄러지며 정지하게 되었다. 강사는 계기판을 꽉 잡고 "야, 무슨 짓이야!"리고 소리쳤는데, 나는 "아무 생각 없이 그랬어요."라는 대답 외에 할 말이 없었다. 당연히 테리와 나는 운전시험에 떨어지고 말았다.

내 인생의 대 전환점이 된 테리와의 또 다른 이야기로 가보자. 그때는 점심시간이었고, 초등학교 이래 늘 그랬듯이 나는 구석에서 혼자 점심을 먹고 있었다. 그런데 그날은 웬일인지, 평소 나답지 않게 테리를 보고는 다가가서 같이 앉아도 되냐고 물었다.

몇몇 다른 아이들이 테리와 같이 점심을 먹고 있었다. 테리가 나를 거기 있던 애들 하나하나에 소개했는데, 그 애들은 자기네들 얘기에 정신이 팔려 있어서 결국 나는 혼자 앉아 먹는 거나 다름없었다.

그래서 그저 가만히 그 애들 이야기하는 것에 귀 기울이고 있었다. 사실은 그 애들이 뭘 말하는지는 모르면서 단지 관심 있는 척하려고 맞장구치고 있었다. 그런데 갑자기 그중 한 애가 '브리' 이야기를 하는 게 들렸다.

브리는 톨킨의 '중간 대륙'에 나오는 동네 이름이 아닌가. 톨킨의 이야기라면 중학교 이래 쉬지 않고 읽어 온 내가 전문가라 할 수 있었다. 귀가 번쩍 띄어 좀더 가까이 다가가 지금 톨킨의 애기를 하냐고 물었다. 그 아이들이 그렇다고 하는 순간, 내 인생의 극적인 전환이 시작되었다.

그때 테리와 같이 점심을 먹고 있는 애들은 톨킨의 열광적인 팬이었다. 그래서 『반지의 제왕』에 나오는 인물들을 각자 맡아서 일종의 역할극을 하며 놀고 있었다. 테리 덕분에 나는 다른 네 명의 친구들—도 우즈매드, 데이비드 레익, 제프 페어힐과 더스티 페어힐 형제—도 만나게 되었다. 몇 해 동안 우리 다섯은 반지의 제왕의 환상의 세계로 들어가 역할극을 하며 주말을 보냈다. 그 아이들은 나의 가장 친한 친구가 되었고, 페어힐 형제인 제프와 더스티하고는 지금도 거의 매일 이메일을 하는 정도다.

이런 역할극은 나에게 사회성을 길러줌과 동시에 상상력을 활용하고 창의성을 키우는 데에도 기여를 했다. 반지의 제왕에 나오는 인물들을 흉내 내어, 위험천만한 갖가지 모험을 겪는 줄거리를 꾸미는 동안, 내 창작의 소질을 개발하게 되었는데, 실제로 이것은 내가 잘할 수 있는 일 중 하나였다. 하지만 무엇보다도 중요한 것은, 내가 친구를 갖는 데 도움이 되었다는 것이다.

톨킨에 대한 우리들의 사랑이 서로를 끈끈하게 묶어놓게 되었다고나 할까? 초등학교 시절의 '비틀즈' 이후, 이제 이 톨킨 팬클럽이 나의 가장 친한 친구들의 그룹이 되었다. 그 애들이 나를 끼워주고, 기꺼이 나와 상호작용을 한 것이다. 그 애들은 나의 또라이 같은 면에도 불구하고 나와 사귄 것이 아니라, 반대로 나의 그런 면을 진심으로 좋아하는 것 같았다. 이 친구들 때문에 내 인생이 훨씬 견딜 만한, 재미있는 것으로 바뀌었다.

대학: 위스키와 칵테일의 시대
BOILERMAKERS AND FUZZY NAVELS

성적 때문에 평생 고생을 하기는 했어도, 내가 대학을 갈 것인지에 대해서 의문을 품은 적은 한 번도 없었다. 선생님들이 다들 나보고 '대학갈 그릇'이 못 된다고 했을 때에도, 정작 나는 대학에 가지 않는다는 것을 꿈에도 생각하지 않았다. 저겐 집 아들들은 모두 대학 진학을 했다. 그건 우리 무모님늘이 우리에게 당연히 기대하는 것 중 하나였고, 모두들 그 뜻대로 그렇게 했으며, 그중 몇은 학사 이상의 학업을 계속하기도 했다. 나도 그 전통을 이어, 1986년 가을에 퍼듀 대학에 입학했다.

톨킨 팬들과 만난 후부터는, 고등학교 생활이 그럭저럭 괜찮았다. 성적이 아주 좋은 것도 아니었고, 여전히 사람들과의 관계도 그리 편안하지는 않았지만, 그때까지 내가 겪어 왔던 시절보다는 그래도 훨씬 지낼 만 했다. 특히 대학에 가면 더그와 룸메이트를 하기로 했기 때문에, 학교생활이 무난해지리라 예상했고, 기대했던 바대로 얼마간은 그랬었다.

우리 아버지가 처음 나를 퍼듀 대학으로 데려다 준 때가 기억난다. 아버지는 아무 말씀도 하지 않으셨다. 그러나 이것은 내가 교회를 그만 다니겠다고 우겼을 때의 실망에 찬 침묵이나, 화가 나서 아무 말도 나오지 않을 때의 침묵과는 달랐다. 나는 아버지에게서 일말의 슬픔 같은 기미를 느꼈다. 사실, 우리가 퍼듀 대학에 다 왔을 때, 나는 아버지 눈에 물기가 어려 있다고 느꼈던 것이다. 글쎄, 내가 대학까지 들어가게 된 것이 자랑스러웠던 건지, 아니면 막내아들까지 모두 대학에 보내버려 홀가분하다는 생각에 너무 기쁜 거였는지 아직도 잘 모르겠지만, 어느 쪽이라 해도 참 가슴 뭉클한 순간이었다. 짐을 기숙사 방으로 옮기는 것을 도와주시고, 악수를 한 후, 나한테 20달러를 주시고는 아버지는 떠나셨다. 이제 내 스스로의 인생이 시작된 것이다.

나는 학교 캠퍼스에서 제일 크고, 전국에서도 그 크기가 몇 번째 안에 꼽히는 남학생 기숙사인 캐리 단지라는 데 살게 되었다. 기숙사 방은 협소하고, 복도는 너무나 시끄러웠지만, 나는 즉시 그곳을 좋아하게 되었다. 식당에 내려가서, 아직도 그곳에 그대로 남아 있는 커다란 나무로 된 식탁에 혼자 앉아 보았다. 그 다음에 등을 기대고 주위를 둘러보면서 만사가 어떻게 이렇게 잘 풀렸는지 혼자 흐뭇해하면서 생각에 잠겼다. 앞으로 펼쳐질 대학 생활에 가슴이 부풀었다.

이상하게 들릴지 모르지만, 그 당시 나는 내 미래에 대해 두 가지 생각을 갖고 있었다. 정반대의 생각인데도 이 두 가지 예감이 다 똑같은 비중으로 나를 엄습하고 있었다.

첫 번째 생각은, 내 기억이 닿는 한은 항상 내 머릿속에서 나를 괴롭히던 것으로, 내가 종내는 미쳐버려, 꼭 조인 압박복을 입고 영구히 정신병원에 갇혀 생을 마감하리라는 것이다. 사회적 입지가 점점 나아지기는 했지만, 아직도 모든 일을 조화롭게 유지하는 게 쉽지 않았다. 여전히 내 정신은 동시에 여러 생각들이 질주하는 곳이었고, 내가 통제할 수 없는 말과 행동들이 쏟아져 나오고 있었다. 내가 보통 사람들하고는 얼마나 다른지를 뼈저리게 통감하고 있었다. 결국 나는 미칠 것이고, 더 이상 살려고 발버둥칠 필요가 없을 것이었다. 그리고 앞에서도 말했듯이, 그 생각이 오히려 어떤 확실한 위안이 되었다.

동시에, 나는 정계에 입문하는 내 모습을 그리고 있었다. 왜 이런 생각을 갖게 되었는지는 모르겠다. 아마도 사람들도 도와주고 세상을 좀더 살기 좋은 곳으로 만들고 싶은 단순한 마음에서였던 것 같다. 나는 아주 어릴 때부터, 여러 가지 주제에 대해 아주 강한, 어쩌면 완고할 정도의 소견을 갖고 있었다. 리처드 형하고 나는 미국의 대외정책에 대해서도 끊임없이 논쟁하곤 했었다. 물론 그 논쟁은 결국 형이 나를 공산주의자라고 불러대고, 나는 내 방에서 훌쩍거리는 것으로 끝나기 일쑤였지만. 그런 걸 보면, 정치계를 한 번쯤 꿈꿔 보는 것이 자연스러웠는지도 모르겠다.

한번은, 내가 독립선언문을 다시 써서 그 당시 대통령인 지미 카터에게까지 보내기도 했었다. 나는 약 1m²의 반경을 내 독립국가라 선언하고, 미 정부에게 소득세도 일체 내지 않겠다고 선언했는데, 그때가 아마 중학교 1학년이나 2학년 때쯤이었나? 나는 비밀 정보원이 이 편지에 소금이나 좀 뿌려서 어디다 치워버렸으면 한다. 하지만, 몇 년 후 내가 러시아에 가려 하는데, 내 비자 심사가 이유도 없이 지연되어 비행기가 그냥 떠나버린 적이 있었으니, 혹시 그들이 나를 예의 주시하고 있었던 것은 아닌가 싶기도 하다.

내 미래의 직업을 목적으로, 처음에 나는 정치학과 일반 사회 교육을 전공으로 했다. 하지만 몇 과목을 수강하자 내가 실제로는 정치학이라는 것에 그다지 흥미가 없다는 것을 알았다. 우리가 하는 것은 그저 다른 사람들의 견해들을 읽는 것이 전부였다. 나는 남이 아닌 내 자신의 견해를 밝혀 보고 싶었고, 정말 해 볼 만 한 가치가 있는 일에 힘을 쏟고 싶었다. 나는 세상을 한번 바꿔보고 싶었던 것이다! 첫 학기가 끝나자 나는 정치학 전공을 그만두고 사회학 과목에 주력했다. 이 결정은 상당히 의미심장한 것인데, 내가 나중에야 알아챘지만, 나는 가르치는 일을 좋아하기 때문이다. 지금은 이 가르치는 일을 그만둔다거나 아니면 다른 일을 한다는 것을 상상도 할 수 없다.

퍼듀에서 첫 학기가 끝난 직후, 예기치 않은 일이 벌어졌다. 내 절친한 친구이고 룸메이트이며, 톨킨 팬클럽의 열성 멤버인 더그가 학교를 그만두기로 한 것이다. 처음에는, 이게 나한테는 좋을 수도 있다고 생각했다. 더그와 나는 끄떡하면 TV 만화 프로그램을 보느라 수업시간을 빼먹었던 것이다. 그리고 우리는 더 이상 고등학교 때처럼 절친하지는 않았다. 그는 달리 어울려 지내는 대

학 친구들이 있어서 나는 좀 소외감을 느끼고 있었다. 게다가, 그
는 항상 여자친구가 있었고, 나는 없었다. 당시 나는 겨우 한두
명 정도와 데이트를 해 보았을 뿐이어서, 성적 매력 면에서 더그
(그리고 대부분의 남자들)에게 상당한 열등감을 느끼고 있는 처지
였다. 그러나 생각했던 거와 달리, 더그가 떠난 것이 내 성적이나
열등감에 도움이 되지 않았다. 아니, 오히려 그 반대였다.

퍼듀에서 두 번째 학기는 정말 힘들었다. 나는 이전보다도 더
외톨이가 되었다. 거기다 스페인어도 낙제해서 학사 경고까지 받
게 되었다.

스페인어에서 왜 낙제까지 하게 되었는지 설명하기는 그리 단
순하지 않다. 우선, TV 프로그램과 수업시간이 겹치는 바람에 수
업을 자주 빼먹은 것은 사실이다. 설상가상으로, 전염단핵구증인
가 뭔가로 연달아 3주를 결석하는 바람에 다른 애들에 훨씬 뒤쳐
져 진도를 따라가기 어려웠다. 그러나 또 다른 이유가 있었으니,
나에게는 외국어를 배우는 데에 치명적인 결함이 있는 것이다.

내 기억에 의하면 아주 어렸을 때부터, 나는 '소리'를 이해하
는데 좀 문제가 있었다. 지금도 그렇지만, 특히 구두로 제시된 정
보를 재생하는 데 어려움을 겪는다. 그래서 누가 내 자동응답기에
전화번호를 남기면 나는 그걸 다 받아 적기까지 몇 번이고 다시
틀어야만 한다. 사람 이름도 마찬가지다. 어떤 사람이 나한테 자
기 이름을 말하면, 그 순간 눈 녹듯이 내 머리에서 사라져 버리고
만다. 나는 눈앞에 자료를 보면서 배워야지, 소리로는 안 된다.
또 소리를 듣고 재생하는 데 굉장히 어려움을 겪는다. 그냥 그걸

못하는 것이다.

멀리 돌이켜보면, 초등학교 시절부터 이런 곤란함이 확실히 드러났었다. 받아쓰기가 특히 문제였다. 선생님이 단어를 두 번 읽으면 우리는 받아 적어야 했는데, 나는 이걸 할 수 없었다. 나는 몇 번이나 선생님한테 다시 불러 달라고 부탁해야 했다. 선생님들은 내가 좀 '까다롭게' 굴거나 주의를 기울이지 않는 걸로 생각했겠지만, 나는 듣는 것만으로는 단어를 머릿속에 집어넣을 수가 없었던 것이다.

또한 어떤 지시 사항이 연속적으로 말해지면 이해하기가 힘들었다. 가령 선생님이 '자, 여러분 책을 들고 132페이지에서 145페이지까지 읽어봐요. 그리고 문제 2번에서 5번, 7번에서 10번까지를 3시까지 해 놓으세요'라고 지시하면, 거꾸로 하거나, 다른 문제를 하거나 해서 엉망진창이 되곤 했다. 틀림없이 문제는 3번에서 10번까지 하고, 다른 페이지를 읽곤 하는 것이었다. 소리를 기억해서 재생하는 데 어려움이 너무나 심해서, 1, 2학년 때는 언어치료 선생님의 도움을 받을 정도였다.

돌이켜 보니, 왜 선생님들이 내가 주의집중을 안 한다고 생각했는지, 왜 선생님을 짜증나게 하려고 한다고 생각했는지 이제 이해가 간다. 물론 어떤 때는 내가 선생님 말씀에 주의를 기울이지 않기도 했다. 사실이다. 하지만 노력을 할 때에도, 가만히 앉아서 선생님이 말하고 있는 것에 집중을 하기가 어려웠던 것이다.

내가 말로 주어진 정보에 주의를 기울이는 데 문제가 있다는 사실을 알아챈 것은 바로 대학에 들어와서 스페인어 과목을 수강할 때였다. 이 수업에서, 선생님은 절대 영어를 말하지 않고 오직 스페인어로만 말을 하게 되어 있었다. 즉, 모든 강의를 스페인어로만 하게 되어 있어서 우리는 선생님 제스처나 행동으로 무슨 말을 하고 있는지 헤아려야 했었다.

특히 나한테는 미묘한 발음상의 차이만 날 뿐인 스페인어 단어들을 구별하는 게 무척이나 어려웠다. 지금까지도 스페인어 단어 'cerveza(맥주)' 하고 'cabeza(머리)'의 발음 차이를 잘 모르겠다. 나에게는 아주 똑같이 들릴 뿐이다. 어쨌든, 나는 스페인어 과목에서 F를 받았고, 더그가 떠난 후부터 매사가 점점 더 나빠지기 시작했다.

새 룸메이트는 자메이카에서 온 헌틀리라는 친구였다. 이 친구는 굉장히 웃겼다. 우리는 프로레슬링이 진짜냐 쇼냐에 대해 계속 격론을 벌였다. 그 아이는 늘 그건 쇼라고 하고 나는 아니라고 우겼다. 슬프게도, 헌틀리는 아주 인물이 좋고, 여자들에게 굉장히 인기가 있었다. 매 주일 그는 새 여자 '친구'를 만났고, 이런 상황은 내가 느끼고 있던 남성으로서의 부적절감을 더욱 자극했다. 또, 헌틀리와 나는 같이 어울려 다니거나 무일 같이 하지도 않았다. 더그하고는 적어도 TV 라도 같이 봤지만.

나는 중학교 시절처럼 다시 우울하고 고립되었다고 느끼기 시작했다. 이 형편없는 성적으로 학교에 계속 남아 있을 수 있는지도 의문이었다. 다들 파티다 데이트다 해서 인생을 즐기고 있는데, 나만 기숙사 방에서 우두커니 울고 있었다. 정말 처절한 기분이었다.

2학년 때는, 상당히 중요한 일이 세 가지나 있었다. 첫째는 우리 부모님이 내가 기숙사를 나와 아파트에 혼자 사는 걸 허락하신 것이다. 내가 성적이 나쁜 이유가, 조그마한 공간에서 헌틀리하고 같이 부대끼니까 공부에 집중할 수 없기 때문이라고 핑계를 댔기 때문이다. 물론 우리 부모님들이 내 말을 곧이곧대로 믿지는 않으셨겠지만, 더 들어가는 방값의 반 정도를 내가 부담한다면 나머지 반은 부모님이 부담해 주시겠다고 하셨던 것인데, 나로서는 말할 것도 없이 OK인 조건이었다.

두 번째로는 내가 좀더 남들과 어울리기로 작심한 것이다. 그때나 지금이나 이게 나한테는 참으로 힘든 일이다. 남들에게 어떻게 얘기를 건네고 어떤 화제를 끌고 나가야 될지 도저히 모르겠다. 주로 뚱딴지같은 말을 하기 때문에, 남들이 보기에 나는 영락없는 사오정이다. 그러니 익숙했던 혼자만의 기숙사 생활을 벗어나겠다고 맘먹은 것은 나로서는 대단한 도전이었다. 많은 망설임과 우여곡절 끝에, 나는 환경보호 단체에까지 참여하게 되었고, 학생 아파트 대표로 출마하기에 이르렀다.

환경단체 일이 순조롭게 굴러가지는 않았다. 멤버들이 나보다 훨씬 나이가 많아서 나하고 코드가 잘 맞는 것 같지는 않았다. 하지만 내 첫 번째 정치적 도전은 아주 완벽하게 나한테 어울렸다!

그때 누가 입후보했는지 몇 명이나 나한테 찬성표를 던졌는지는 기억이 가물거리지만, 중요한 것은 내가 당선되었다는 사실이다. 이 풋내기 대학생들의 정치판을 통해서, 나는 세 번째로 친구 집단을 만났다—첫 번째는 초등학교 시절의 '비틀즈', 두 번째는 고등학교 때 '중간 대륙'의 역할극을 하던 친구들.

이 대학 친구들을 어떻게 만났는지는 아직도 기억에 생생하다. 때는 모든 캐리 단지의 입주 단체장들이 서로를 소개하는 모임이었다. 나는 'C' 단지의 대표였다. 내가 올 자리가 아닌 듯 싶은 심정으로 안절부절 못하면서 구석에 앉아 있었는데, 문이 확 열리면서, 괴상한 녀석 하나가 쓱 들어왔다. 면도자리가 거칠게 남아 있는 야성적인 얼굴에, 숱 많은 검은 곱슬머리 아래로 역시 검은색 선글라스를 빛내며 입에다가는 시거를 떡 문 채, 집에서 자른 듯한 반바지 아래로 털북숭이 다리가 드러나는 꼴을 하고서는 말이다. 그리고는 방안에 들어서자마자 큰 소리로 "어이, 아가씨들, 어떻게들 지내세요?"라고 외쳐댔다. 물론 거기에 여학생들은 없었다. 있었더라면 아마 나는 더 어쩔 줄 몰라 하고 있었을 것이다.

이 독특한 녀석이 바로 조셉 디조지오였고, 즉시 내 가장 친한 친구 중 한 명이 되었다. 조는 B 단지의 대표로, 우리는 가지각색의 개성을 가진 여러 친구들과 함께, 좀 치기 어린 장난이었음을 인정하지만, 캐리 단지 역사상 전무후무한 재미있는 일들을 많이 벌였다. 예를 들면, 우리는 피듀 대학 축구경기 때 40kg쯤 되는 마시멜로를 몰래 갖고 들어가서, 지금까지 퍼듀 사(史)에 기록되고 있는 미시멜로 전투를 벌이기도 했다.

조는 우리가 애칭으로 '퍼듀 전미 음주팀'이라고 불러오던 친구 그룹의 팀장 격이었다. 이 이름은 우리가 '퍼듀 전미 행진 밴드'를 흉내 내서 따온 것이지만, 우리 팀이 그만큼 다양한 출신 성분을 갖고 있다는 것을 강조하기도 한 것이다. 적어도 북인디애나 주만을 놓고 볼 때는 말이다.

조하고 나 말고도, 이 그룹에는 마이클 호, 데이비드 다소프스키와 테일러 모리슨이 있었다. 아마 이보다 더 멋지고 기지에 찬 그룹은 다시는 없을 것이다. 마이크는 낙천적인데다 언제나 에너지가 충만했고, 데이브는 과묵하고 사려 깊었으며, 테일러는 머리가 좋고 항상 장난기가 넘쳤다. 조가 사람들과 잘 어울리고, 당당히 자신의 얘기를 하고, 또 좀 건들거리는 편이었다면, 나는 변덕스럽고 그늘진 쪽이었다. 한순간 웃다가, 다음 순간 울다가, 잠시 후 다시 뭔가 제 정신이 아닌 듯한 표정을 할 수 있는 인간이었다.

이 '퍼듀 전미 음주팀'의 결성은 내 학창시절의 세 번째 획을 그은 중요한 사건이었다. 그건 단지 나에게 정말 필요했던 사회적 교류만 제공했던 것이 아니라, 이후 내 삶에 큰 영향을 준 어떤 중요한 것도 소개했으니, 바로 '술'이었다.

나는 대학 2학년 때까지는 그다지 술을 마시지 않았다. 정확히 말하면, 자살 시도를 했을 때 이외에는 술을 마신 적이 없었다. 사실, 고등학교 때 아이들과 어울려서 술을 마실 정도로, 혹은 그런 파티에 초대될 정도로 잘 나가지도 못했다. 대학 들어오기 전에 파티라고는 겨우 한 번 가 보았을 뿐이었고, 나 스스로도 별로 가고 싶지는 않았었다. 그땐 고등학교를 졸업한 직후였고, 파티장에는 마약과 맥주가 천지에 널려 있었다. 거기에 끼기 위해, 나도 맥주 캔을 손에 들고 사람들을 찾아다녔다. 이 그룹 저 그룹 사이로 떠돌아다니며, 나도 친구가 있는 것처럼 보이려 하고 있었고, 남들이 안 볼 때 수시로 맥주를 쏟아버리고 즉시 새 맥주 캔을 따서 들고 다니며 술 마시는 행세를 하고 있었다.

그 파티는 눈에 안 띄는 창고 같은 데서 벌어졌었다. 그런데 내가 주위를 돌다가 불쑥 "어, 저거 경찰차 아냐?" 하고 이야기했더니, 순식간에 파티가 끝나버렸다. 물론, 실제로 경찰차를 본 것은 아니었고, 단지 내 입에서 그냥 튀어나온 말이었을 뿐이다. 그때 갓 고등학교를 졸업한 100여 명의 아이들이 술이 취한 채 깜짝 놀라, 파선한 배에서 쥐 떼들이 도망치듯이 여기저기 흩어지던 모습은 정말 가관이었다!

대학 2학년이 될 때까지는 술을 그다지 많이 안 마셨지만, 조, 마이크, 데이브, 타일러 그룹을 알게 된 후 얼마 지나지 않아서부터 술을 엄청 마시기 시작했다. 술의 효과는 대단했다! 술은 내가 갖고 있던 병적인 불안을 싹 쓸어버렸다. 만사태평하게 생각할 수 있었고, 내가 무얼 말했는지 어떻게 행동했는지에 대해서도 전전긍긍할 필요가 없었다. 사람들은 ADHD 증세를 가진 사람보다는 술꾼에게 훨씬 너그러웠기 때문이다. 내가 여자들 가슴에 눈독을 들인다거나 이상한 이야기를 꺼내도 술 탓이려니 여겼다. 그런데 더기, 술은 내 정신을 진정시켰다. 그토록 생각이 빨리 질주하지도 않았다. 주의산만도 덜한 느낌이었고, 다른 사람들과의 관계에서도 더 편안하게 느껴졌다. 여자에게 가까이 다가가, 데이트를 신청할 수도 있었고, 여자가 비웃기라고 하면 그저 '그럼 그만두지' 하고 넘길 수 있었다. 술이 깨어나는 다음날 아침이면 어차피 다 기억하지 못할 터이니 별 대수도 아니었다.

당시 맥주는 맛이 별로였다. 그래서 나는 여러 가지 와인쿨러를 섞어 칵테일로 해 마셨다. 내가 좋아하던 것은 퍼지 네이블이라고 하는 거였는데, 피치 슈냅스[1]에다가 오렌지 주스를 섞어 만든 거였다. 또 스크루드라이버[2]나, 럼주에다 콜라를 섞어 마시기도 했고.

대학 2학년 때는 거의 하루도 안 빼고 마셨다고 할 정도였다. 친구들이랑 마실 때도 있었고, 내 방에서 혼자 마실 때도 있었다. 아직 술을 살 수 있는 법적 연령인 21세가 안 되어서, 나는 주로 상급생한테 술을 사달라고 부탁해야 했지만, 몇 달러만 더 얹어주면 그들은 흔쾌히 내 부탁을 들어주곤 해서 술을 손에 넣는 데에 아무 문제도 없었다. 하지만, 방학 중에 집에 갈 경우에는 조달책이 끊겼으므로, 우리 부모님이 마시던 것에 손을 대야 했다. 한번은 거의 들킬 뻔하기도 했다.

우리 부모님은 술을 넣어두는 조그마한 장을 거실 장식장 밑에 붙여 두셨다. 이 안에서 나는 뚜껑에 먼지가 겹겹이 쌓인 피치 슈냅스 한 병을 발견하고는, 내 방으로 갖고 와, 한 이틀 만에 바닥을 냈던 것이다.

우리 부모님들은 술을 많이 드시는 편이 아니다. 가끔 아버지가 맥주를 마시기는 하지만, 친구들을 집에 불러 브리지 게임 파티를 열거나 하지 않는 한 절대 독한 술을 칵테일해서 드시지는 않는다. 그런데 어쩐 일로, 내가 집에 갔을 때 어머니께서 술 장을 조사하셨던 모양이다. 그래서 나를 붙잡고는 슈냅스 병에 손댄 적이

---

1) 진 종류의 독한 술, 보통 네덜란드 산을 일컬음.
2) 중동 유전에서 근무하던 미국 기술자가 갈증을 풀기 위해 보드카에다 오렌지 주스를 섞어 공구인 스쿠루드라이버로 저어 마신데서 유래.

있냐고 물으시는 게 아닌가. 내가 능청스럽게 "슈냅스? 그게 뭐예요?"라고 되물었더니, 어머니는 상당히 안심을 하시는 눈치였고 더 이상 문제가 되지 않았다.

내 삶이 술과 얽혀져 있었던 것은 시간적으로는 짧았지만, 그 중요성은 절대 간과할 수 없다. 그 다음 두 해 동안 나는 거의 정기적으로 술을 마셔댔다. 술을 마시면 마실수록, 학교 성적은 점점 좋아졌다. 술을 마시기 전에는 거의 C를 받고 스페인어는 F까지 받았지만, 술을 마시기 시작했더니 대부분 B 를 받고 A도 여기저기 눈에 띄게 되었다. 심지어는 술기운이 남은 채로 인디애나주 교사 자격고시를 치러서, 아주 좋은 성적을 얻기도 했다.

술은 내가 집중하는 데 도움이 되었다. 수업에 들어가기 전에 술을 몇 잔 마시면, 나는 주어진 주제에 정신을 모을 수 있었다. 또한 술은 나를 진정시켜서 오랫동안 얌전히 앉아 있게도 해 주었다.

또한 이 '술'이란 것이 사회적으로도 도움이 되었다. 대학 들어가기 전에는 파티라고는 겨우 한번 가볼까 말까 했는데, 술을 배운 뒤로는 매 주 파디에 끼이들곤 했다. 심지이는 니를 초대히시 않은 파티에 가서 생판을 부리기도 했다. 술은 나에게 자신감을 주었고, 남과 다르다는 사실로 전전긍긍하는 마음을 안정시키는 데 큰 도움을 주었다.

술에 대한 나의 이런 경험은 ADHD 증세가 있는 사람들에게 드문 일이 아니다. 불행히도, 우리들은 쉽게 어떤 것에 중독되는 경향이 있기 때문이다. 연구에 의하면 ADHD 증상을 가진 아이들 중 25%가 알코올 중독이 된다고 하는데, 이건 보통 사람 중

2~5%가 알코올 중독이 되는 것과 비교할 때 **훨씬** 높은 수치다. 또 우리들은 어떤 약 종류나 마약에도 쉽게 중독되는 경향이 있다.

이러한 현상을 '자가 투약(Self-medicating)'이라고 부른다. ADHD를 가진 아동들은 자신의 증상을 나름대로 완화하는 자구책을 찾기 마련인데, 이때 '술'이 자기 비하감을 없애고 자신감을 갖게 하는 데 굉장히 손쉬운 방법이 되는 것이다. 거기다가, 술이나 마약이 종종 집중력을 증진시켜주고, 진득하게 한곳에 견딜 수 있게 해 준다. 리탈린 같은 약물도 코카인이나 스피드 같은 약물과 그 화학적 성분이 매우 비슷하다는 것을 알아두기 바란다.

오해하지 말기 바란다. ADHD를 가진 아동들이 술이나 마약을 사용해야 한다고 말하고 있는 것이 아니라는 것이다. 하지만 부모나 이런 아동들을 다루어야 하는 선생님들은 이 아동들이 일생에 술이나 마약 같은 것에 손대기가 굉장히 쉽다는 것을 꼭 잊지 말기를 바란다. 이렇게 생각해 보자. 집안에 유방암이나 당뇨병 환자가 있으면, 독자 여러분들은 틀림없이 아이들에게도 정기검진을 받고 식이요법에 신경 쓰라고 당부할 것이다. ADHD 아동이 있는 집도 그렇게 해야 한다. 우울증이나 알코올 중독 같이 ADHD와 관련된 위험에 대해 아이들 자신도 인식하고 있어야 하며, 이를 염두에 두고 사전에 주의를 기울이도록 해야 할 것이다.

나도 술이 좋았고, 그것도 보통 좋은 게 아니었다. 술만 들어가면 자신만만해졌고 용기백배해졌으며, 급기야는 성적까지 올라갔다. 정말 행복했고, 집중도 잘 되고 차분히 앉아 있을 수도 있었다. 술을 엄청 마셔댔던 2년간은 천당이 따로 없는 기분이었다.

지금도 그때를 회상해 보면 즐겁기 그지없다.

하지만 술을 마시는 것은 그 부작용도 만만치 않았다. 문제는 내가 술을 적당히 마시지 않고 너무 마시는 데 있었다. 그냥 술집에 가서 맥주나 한잔 마시는 정도가 아니라 우리 퍼듀 전미 음주협회 멤버들은 몇 피처씩 줄줄이 바닥내면서 마셔대는 일이 다반사였다. 게다가, 술을 마시지 않을 때는 내 충동성을 억제해 보려고 애쓰기라도 했지만, 술을 마시면 더 이상 애써보지도 않았다. 나는 마음 내키는 대로 했고, 때로는 위험한 결과를 부르는 지경에까지 이르렀다.

그런 와중에 있었던 사건 중 하나. 조하고 내가 칸막이로 된 테이블에 앉아 엄청난 양의 맥주를 들이붓고 있었다. 우리는 모두 취기가 올라 해롱거리고 있었다. 그때 뭔가가 내 이마에 닿았다가 떨어지는 느낌이 있었다. 테이블을 보니 다트가 떨어져 있었는데, 저쪽에서 누군가가 쏘아댄 것이었다. 물론 플라스틱 화살촉이라 다치진 않았지만, 술이 취한 상태라 그런 걸 생각할 겨를도 없었다. 나는 마치 내 눈이 화살촉에 맞아 뽑힌 것처럼, 아니 그보다 더한 일이라도 일어난 듯 불같은 분노에 휩싸여 자리를 박차고 일어나서, 다트를 쏘아댄 녀석들이 있는 곳으로 가서 한바탕 욕을 해댔다.

무슨 일이 일어났다 하면 손 좀 보려고 조도—그는 킥복서였다—당장 공격 자세를 취했다. 취중이었지만, 그때 그 녀석들이 사색이 됐던 모습은 똑똑히 기억난다. 그들은 떨고 있었다. 꼬맹이 로버트 저겐, 어린 시절 화장실에 숨어들곤 했던, 기가 죽어지냈던 그 애송이에게 말이다! 그때의 그 기분을 어디에 비할 수 있으랴! 정말 기분이 좋았다. 이제 누구도 감히 나를 놀려 먹거나, 함부로 대하지 못하리라는 확신이 그렇게 좋을 수가 없었다.

조가 나중에 말하건대, 심지어 자기도 그때 나한테 좀 쫄았었다고 한다. 왜냐하면 내가 4~5명쯤 되는(이 숫자는 말할 때마다 좀 불어나곤 했지만) 그 녀석들한테 그냥 욕만 해댄 것이 아니라 어마어마하게 흉측한 저주성 발언들까지 했기 때문이다. 뭐, 목을 난도질 해가지고 피가 홍수같이 샘솟는 것을 보여 줄 거라는 둥. 다시 말하지만, 나는 내면 깊숙이 항상 분노와 광폭함을 담아두고 있었다. 술은 이렇게 누적된 공격성을 풀어놓았다. 사태는 녀석들이 나한테 사과하고 맥주 한잔 사는 것으로 끝났지만, 이런 경우가 이후로 더 자주 생겼으니 탈이었다.

술 먹으면 오히려 정서가 안정되어 편안한 기분이 되는 때가 있는가 하면, 술이 나를 헐크로 만드는 때도 있었다. 그때는 아주 극단적으로 충동적이 되어서, 나만 아니라 내 주위에 있는 이들까지 곤경에 처하게 했다.

술 마시기 좋아하는 녀석들이 전부 모여 부어라 마셔라 하던 날의 일이 기억난다. 밤새 마실 수 있는 충분한 핑계거리가 있었으니, 우리 주당 멤버 중 한 놈이 여자한테 채인 것이다. 몇 잔 들어가자, 내가 또 망나니짓을 하기 시작했다. 처음에는 '뉴욕, 뉴욕'이라는 노래를 끝도 없이 해대다가, 나중에는 싸움할 거리가 없나 찝쩍대기 시작한 것이다. 친한 녀석들은 얼른 나를 술집에서 끌고 나와 집으로 데려가려고 애썼다.

하지만 집이란 내가 혼자 울고 있는 곳이지, 가고 싶은 곳이 아니었다. 나는 이렇게 밖에서 친구들이랑 흥청대는 것이 정말 좋았다. 나는 막무가내로, 집에 가는 차에 오르지 않고 나무에 기어올라 여학생 기숙사 창에 대고 소리소리 질러댔고, 마이크, 조, 데이브, 타일러, 온 친구들은 나를 막느라 진땀을 뺐다.

간신히 그 애들이 나를 달래 친구 녀석 차가 있는 곳까지 끌고 갔다. 우리가 다같이 내 방으로 가서, 옛날에 사귀던 여자 애들에게 장난 전화질하며 놀 거라고, '정말 재미있을' 거라고 나를 꾀었던 것이다. 그러자 나는 순순히 녀석들 말을 들었다.

하지만 그 당시 타일러의 트럭 뒷좌석에 나와 같이 앉아 있던 조하고 데이브 얼굴에 어렸던 표정들이 생각난다. 물론 당시에는 잘 몰랐지만, 그것은 정말 걱정스러운, 공포에 가까운 표정이었다. 나중에 들은 얘기로는, 내가 혹시 달리는 차에서 뛰어내리지 않을지, 아니면 심심풀이로 녀석들 머리를 박살내지 않을지 조마조마했다한다.

드럭에서 내리자 나는 아파트 현관으로 달려갔다. 조하고 데이브는 내가 어쩔까 싶어 내 뒤에 바짝 붙어오고 있었는데, 사실 데이브 역시 곤드레만드레였기 때문에 이리저리 휘청거리며 우리를 따라오는 모양새였다. 나는 뒤를 돌아보고, 데이브 녀석이 계단 오르는 데 문제가 있는 것 같아서 그 녀석 옷깃을 거머쥐고 버쩍 들어 올렸다. 그때 내 의도는 데이브가 계단을 오르는 걸 도와주려는 거였다. 그 녀석이 걸리적거려서 빨리 방에 갈 수 없었으니까. 그런데 조란 놈은 내가 데이브 숨통을 조여 죽여 버리는 줄 알고 사색이 되어 나를 가로막고 데이브 옷자락을 놓게 했다.

데이브가 더 이상 걷지 못하고 층계에 철퍼덕 앉아 있는 동안, 나는 다섯 계단씩 뛰어 내 방으로 올라갔고, 조는 혼자 나를 뒤따라오느라 애를 먹었다. 간신히 나를 따라 잡은 조는, 내가 복도에서 평소 나를 물먹였던 신입생을 손 좀 봐주겠다고 벼르고 있는 걸 발견했다. 그 녀석은 기회 있을 때마다 내 성을 가지고 놀려먹어서 내가 노리고 있었던 판이라 이때를 놓칠 수 없었던 것이다.

마침 이 녀석이 평소대로 내 성을 가지고 장난치며 '저겐-퍼겐(Jergen-Pergen)이 오늘 약간 맛이 갔네' 하는 게 아닌가. 그 녀석이 그날 내 손에 죽으려고 환장을 한 것이지.

나는 미소까지 띠고 천천히 녀석 앞으로 다가갔다. 그때 녀석이 그날은 뭔가 심상치 않다는 것을 느꼈는지 주춤 뒤로 물러갔다. 내가 그 녀석 멱살을 잡고 층계 쪽으로 끌고 가고 있는데, 조가 나를 가로막고 사이에 끼어들었다. 내가 그 녀석을 풀어주자, 조는 그 녀석한테 "야, 빨리 꺼져. 로버트가 지금 너를 죽어 버릴지도 몰라."라고 경고했는데, 그 어감이 너무나 강해서, 신입생은 하얗게 질려서 사라져 버렸다.

그 녀석이 가버리자, 조는 나를 방에 쳐 넣고 내 방문 밖에서 내가 탈출하지 않나 감시하며 지켰다. 그는 내 걱정만 한 게 아니라, 그날 저녁 나한테 걸리는 모든 이에 대해서 진심으로 걱정했던 것이다.

물론 그날 저녁 내가 진짜로 그 신입생 녀석 목을 비틀어 죽여 버렸을 것인지는 잘 모르겠지만, 적어도 그 녀석을 땅바닥에 패대기 처대며 엄청난 쾌감을 느꼈을 거라는 데는 의심의 여지가 없다. 요지는, 내 술을 마시는 정도가 지나쳐 점점 문제를 일으키는 경지가 되었다는 것이다. 나는 정말 술이 좋았다. 술은 내 자존심을 살려주고 성적을 올리는 데 한몫을 했다. 하지만, 일단 술을 한껏 들이키면 충동을 억제할 수 없었는데, 나는 한두 잔에서 끝내지 못했던 것이다.

다음날 아침, 머리가 깨지는 듯한 아픔 속에서 깨어나 화장실에 가다가, 옷장에 붙어 있는 작은 거울을 지나치면서 내 모습을 보게 되었다. 공포 영화에서나 나옴직한 혐오스러운 모습이었다. 뿐만 아니라 전날 밤 다른 사람들이 나에게 어떻게 반응했었는지도 생각났다. 사람들이 나를 우습게 보지 못하는 그 기분을 나는 즐겼다. 놀림 받는 것보다는 나를 무서워해 주는 것이 훨씬 나았다. 하지만 나는 내가 정말 다른 사람들을 해칠 수도 있었다는 걸 깊이 생각했다. 그리고 이후로는 술에 그렇게 취한 적이 없다.

내 대학생활이 재미있기는 했지만, 적어도 술을 마시면서 퍼듀 전미 음주 클럽 멤버들과 어울리는 동안은 분명히 좋았지만, 모든 것이 완벽한 것은 아니었다. 수입은 그런대로 잘 꾸려갔지만 성적은 그저 그랬다. 4학년 때는 대체로 B가 많았고, 개중에는 A도 있었다. 나한테는 일주일에 한 번 세 시간 연달아 있는 수업보다는 세 번에 걸쳐 한 시간씩 있는 수업시간이 훨씬 나았다. 또 대강당에서 많은 학생들을 대상으로 하는 수업보다는 소규모 교실에서 하는 수업이 훨씬 잘 맞았디.

이건 상당히 일리가 있다. 어렸을 때와 마찬가지로, 대학생이 되서도 나는 장시간 가만히 앉아 있지 못했다. 게다가 강의를 듣는 것에 분명히 문제가 있었는데, 특히 끊임없이 사람 이름이나 연대가 쏟아져 나오는 역사시간 같은 수업은 나에게 엄청난 시련이었다. 졸업하려면 꼭 통과해야 하는 3학점짜리 스페인어를 일곱 번이나 재수강해야 했을 정도로 문제는 심각했다. 이렇게 명석한 학생 축에 끼지 못했지만, 그래도 성적은 다른 문제들에 비하면 나은 편이었다.

중·고등학교 때나 마찬가지로 이성교제도 계속 문젯거리였다. 물론 그때하고 양상은 좀 달랐다. 술을 알고부터는 데이트를 많이 하기 시작했던 것이다. 솔직히 대학 3학년 때는 세어 보니 한 30명 가까이 하고 데이트를 했던 것 같다. 불행한 사실은, 애프터로 이어지는 경우가 거의 없었다는 거다.

데이트를 한다는 것, 여자를 만난다는 것이 내게는 쉽지 않았다. 데이트를 할 때면, 누구나 자기 진짜 모습과는 좀 달라져야 한다. 평소와는 다르게 행동거지에도 신경 써야 되고, 상대편이 하는 말에도 관심을 쏟는 척해야 한다. 또 데이트에는 몇 가지 불문율이 있지 않은가 말이다. 과거 여자 얘기하지 말기, 한 번 만났다고 금방 득달같이, 아니면 너무 자주 전화하지 말기, 너무 다정하게, 그렇다고 너무 소원하게 하지도 말기 등등. 너무 솔직하지 말 것은 말할 것도 없고! 특히 나는 솔직한 바람에 문제가 생긴 적이 상상할 수 있는 이상으로 많다.

"저 여자 매력적이죠?" 하고 내 데이트 상대가 다른 여자를 가리키며 물으면, 나는 진심으로 "정말 그러네." 하고 대답한다.

말할 것도 없이 상대는 뾰로통해지곤 했다. 사실 나는 '천만에'라든지, '에이, 너보단 훨씬 못해'라고 하기로 되어 있는 것이다. 그런데 나는 그걸 몰랐다. 설사 내가 그러지 말아야 한다는 걸 알았다 하더라도 나는 아마 여전히 솔직했을 게 뻔했다. 내가 양심적이고 정의로워서 거짓말을 못 하는 게 아니라, 나는 생각을 한 번 거르지 않고 그냥 머리에 떠오르는 대로 말하니까, 결국 진심이 먼저 입 밖에 튀어나오기 마련인 것이다.

이처럼 그저 내 내키는 대로 말하고, 말로 표현하지 않는 미묘한 비언어적인 것을 포착하는 데 문제가 있는 나로서는, 여자와 데이트한다는 것이 거의 재앙에 가까웠다. 만약 어떤 사람에게 한 번 빠지면, 그걸 또 너무 티낸다. 즉, 칭찬을 또 하고 또 하고 해서 상대방을 어쩔 줄 모르게 하고, 결국 불쾌한 지경에 이르게 한다. 상대방이 맘에 안 들면, 그걸 도저히 감출 도리가 없다. 눈도 못 마주치고, ADHD가 아닌 보통 사람들이 하듯이 고개를 끄덕이며 상대방의 말을 듣는 척 할 줄도 모른다. 더군다나 내가 한 말도 금방 잊어버리기 때문에, 상대방에게 같은 질문을 계속하고, 재미도 없는 이야기를 끝도 없이 반복한다. 아마 내 가장 큰 악점은 가벼운 화제를 다룰 줄 모른다는 것이다. 날씨 같은 사소한 이야기를 하면서 이야기를 계속 끌고 가는 능력이 없기 때문에, 어떤 이가 '날씨가 좋네요' 하면 '그렇군요' 대답하고 그걸로 끝이다.

처음에는 술이 들어가면서 시교적 인간관계기 많아져서 내심 기뻐했었다. 하지만 여자들과 접촉하는 숫자가 많아지는 만큼 딱지 맞고 미친놈 취급을 당하는 숫자만 늘어갔다. 나를 차버린 여학생들 이름을 죽 적은 명단을 벽에 붙여놓을 정도가 된 형편없는 시절도 있었다. 결국 수도 없는 딱지와 '여자들에게 제일 많이 걷어차인 자'라는 영광의 낙인이 늘어갔고, 나는 더 술을 많이 마시기 시작했다.

한번은 아주 괜찮은 여자애랑 만나면서 잘 나간다는 생각을 하고 있을 때였다. 그런데 여자애가 '이야기' 할 게 있다는 거였다. 아무리 감각이 없는 나지만, 그게 뭘 의미하는지 정도는 알고 있었다. 이전에도 그 '이야기'를 들은 경험이 아주 많았기 때문이다.

어쨌든 그녀 방으로 가자, 예상했던 바대로 그녀는 이제 우리 관계를 끝내야 되겠다고 말을 꺼냈다. 그녀 말에 의하면 자기는 정말 나를 좋아하지만, 내가 예전 남자친구를 상기시키는 구석이 있어서 우리가 같이 있을 때에도 자꾸 옛 남자 생각에 빠지게 된다는 것이다. 이건 나한테 너무나 부당한 대접이라는 것이었고, 그래서 우리는 그만 만나게 되었다.

그때 벌써 나는 차이는 데 이골이 나서, 그냥 여자랑 가까이 이야기할 수 있는 것만도 다행으로 여기고 있었다. 그러니 '나를 보면 옛 남자 생각이 난다'는 이유는 아주 그럴 듯하게 들렸고, 아무 유감없이 받아들일 수 있었다. 그리고 퍼듀 전미 음주 협회 멤버를 만나 풀길 없는 서러움을 술로 달랬다.

그 다음 한두 주일 후에 또 딴 여자를 만나게 되었다. 우리는 몇 번 데이트를 했고, 이번에는 정말 이야기가 잘 풀린다 싶었다. 그런데 또 그놈의 '할 이야기가 있다'는 게 아닌가. 지난번 여자애처럼 하는 말이, 자기는 나를 정말 좋아하지만 만날 수는 없다는 것이었다. 내가 이유를 묻자 또 내가 자기 전 약혼자와 비슷해서 나한테 어떤 죄책감을 느낀다고 했다.

웃음이 터져 나오기 시작했다. 그때 아마 취중이었는지는 모르지만, 그 모든 상황이 정말 재미있었다. 아니, 나랑 비슷한 녀석이 그리 많았는지, 아니면 여자 기숙사 화장실에 남자들과 헤어지는 방법 리스트 최신판이 붙어 있었는지, 어처구니가 없었다. 조는 나한테 학교에 W.A.R.이라는 비밀 모임이 있다고 넌지시 암시하기도 했다—이름하여 '반(反) 로버트 여성 동맹(Women Against Rob).'

사실, 여자들한테 차이는 것을 언제나 웃어넘길 수는 없었다. 수없이 많은 여자애가 줄줄이 나를 걷어찼다. 그리고 그 사건들의 유일한 공통분모는 '나'였으니, 나한테 문제가 있는 것이 확실했다. 그 여자들이 못된 것이 아니었다. 의기소침해진 내 기분을 살려주려고 친구들이 이런저런 모임에 나를 끌고 갔었다.

거기서 즉시 또 새 사람을 만났다. 그건 마치 영화 같았다. 우리는 술에 취해 흔들거리며 춤추는 애들을 가운데 두고 서로 홀 빈 대편에 서 있었다. 그런데 순간서으로 눈이 마주친 것이었나. 그녀가 미소 지었고, 나도 그 답을 했다. 그러자 어느새 서로 조용한 구석에 마주 앉아 있는 사이가 되었고, 그녀는 내 농담에 웃고 있었다. 그녀가 나한테 관심을 가진 것같이 보였다. 나는 엉뚱한 짓이나 말을 하지 않으려고 무진 애를 쓰고 있었다. 잘 되어 가나 보다 싶어서, 실짝 내빙으로 가자고 말을 꺼내려는 순긴이었다.

그녀가 나를 빤히 보더니 마치 초등학교 때 선생님들이 나를 보고 그랬듯이 고개를 젓는 게 아닌가. "있잖아요." 그녀는 좀 심각한 어조로 운을 뗐다. "댁에 대한 소문이 좀 있어요." 보통 사람들은 이렇게 시작되면 칭찬이 이어지는 걸로 기대하겠지만, 나는 다음번 말이 어떤 것일지 경험으로 알고 있다. "댁은 좀 보통 사람들하고, 뭐랄까 좀 다르다고 할까요. 그런 이야기가 있어요."

나는 그 자리에서 땅이 꺼지는 듯한 절망감을 맛보았다. 그녀의 애기가 무슨 뜻인지 뼈에 사무치도록 정확히 알았기 때문이다. '딴 남자들은 밥맛이지만, 넌 달라'라든가 '넌 정말 너무 정직해서 참신하다. 난 그게 맘에 들어'가 아니라는 것을. 말하자면, '너 말이야, 애들이 그러는데 좀 이상하다더라. 왜 그러냐? 너, 뭐 좀 문제가 있냐?' 이 말이었으니까.

그녀가 가버리고 난 후, 한동안 혼자 소파에 멍하게 앉아 있었다. 그리고 어떻게 집에 기어 왔는지 모르겠다. 와서 혼자 실컷 울었다. 그때가 새벽 2시 아니면 3시경이었지만 개의치 않고 여자친구 한 명한테 전화했다.

그 아이를 깨워 놓고 고래고래 소리치며 물었다. "내가 어디가 어때, 다른 애들하고 뭐가 다르니?"라고.

잠이 덜 깬 상태였지만 그녀가 지체 없이 말했다. "그래, 롭. 너는 말이야, 이 세상에서 제일 괴짜야. 너 몰라?" 그날 자살할 수도 있었지만, 아마도 침대에 뻗어 그냥 기절해 있었던 것 같다. 그리고 몇 달 뒤에, 술을 딱 끊었다.

7 '레베카' 그리고 어른의 세계로

REBECCA AND THE ADULT WORLD

퍼듀 대학을 졸업하는 기분은 시원섭섭, 만감이 교차하는 것이었다. 힘들고, 슬프고, 감미로운 기억들이 얽혀 있다. 마지막 학기는 교생실습을 해야 했는데, 이게 정말 고통스러웠던 기억이라 하겠다. 교생실습은 끔찍했다. 말하자면 나는 최악의 선생이라 할 수 있있다. 제계직이지도 못하고, 조리 있게 시식전달을 하시노 못하는 데다, 아이늘 다루는 데에도 일관성이 없었다. 거기다 수시로 학생들이 제출한 과제물이나 내 교안을 잃어버리지를 않나. 이런 내 약점을 학생들은 살노 이용해 먹었다. 다른 선생님늘이 농담 삼아 아이들에게 '얘들아, 저겐 선생님 좀 혼내줘라'라고 할 정도였다. 너무나 끔찍한 기억이어서, 이후로 한 2년 동안은 빔에 아이들을 가르치는 진짜 '악몽'에 시달리기도 했다.

한편, 대학을 졸업하자 우리의 '퍼듀 전미 음주 협회'도 자연히 해체되었다. 섭섭하지만 우리는 각자 제 갈 길을 가게 되었다. 물론 지금도 가끔 서로 소식을 전하기는 하지만, 옛날처럼 가깝게 지내지는 못한다. 단지 결혼이나, 가끔 가다가의 모임, 소식을 전하기 위한 이메일 정도는 오가지만, 해가 감에 따라 점점 소원해지는 게 사실이다.

감미로운 기억은 뜻밖에도 레베카라는 연인의 모습으로 나에게 다가왔다. 레베카는 조의 여자친구의 친구였다. 내가 학생들을 가르칠 무렵 어느 날 밤, 조가 내게 전화를 하더니, 술집에 가서 한잔 하자고 했다. 이 무렵 나는 이미 술을 끊긴 했지만, 무리들과 어울리기는 했었다. 바로 이날 밤, 나는 일에 둘러싸여 정신을 못 차리는 중이었다. 채점해야 할 시험지에다가 작성해야 할 교안이 산더미 같이 쌓여 있었다. 그래서 사실 조랑 나갈 형편이 아니었는데, 안 된다고 말하기 전에 내 입이 이미 '어, 그러지'라고 해버린 것이다. 그래서 잠깐 들러 인사나 하고 올 생각으로 조가 불러낸 곳으로 나갔다.

그날 밤 분위기는 더할 나위 없이 좋았다. 인디애나의 11월답게 날씨는 추웠지만 하늘은 맑고 별들은 총총했다. 우리에게 딱 맞는 분위기의 술집이었다.

조를 만났는데, 조의 여자친구가 자기 친구들을 데리고 나와 있었다. 하나는 남자 녀석이고 하나는 여자! 나는 늘 그렇듯이 처음 보는 사람들 앞에서는 상당히 불편해하는 편인데, 그 사람들은 테이블 저쪽 끝에 앉아 있고 조하고 나는 이쪽 끝에 앉아 있었기 때문에 서로 말 상대를 자주하지 않아도 되었다. 그냥 어색하게 그 사람들한테 인사하고, 속으로만 그 여자 꽤 괜찮다고 생각하면서 주로 조하고만 얘기를 하고 있었다.

그때 조가 자기 여자친구한테 맥주를 쏟는 바람에, 여자가 옷을 갈아입고 곧 온다고 하면서 둘이 자리를 떠 버렸다. 이제 생판 모르는 두 사람을 상대하고 자리를 지키고 있어야 할 판이었다. 그저 가끔 미소 짓고, 고개도 끄떡거려가며 나도 그네들 이야기에 끼고 있는 척 하면서, 제발 조가 빨리 오기만을 열심히 바라고 있었다.

일각이 여삼추 같은데, 남자 녀석이 일어서더니 자기 여자친구한테 전화 좀 해야겠다나. 나한테는 좀 의외였다. 둘이 당연히 커플인 줄 알았으니 말이다. 자, 이제 꽤 큰 테이블에 처음 보는 여자랑 둘이 남게 되었다. 나는 이쪽 끝에, 그녀는 저쪽 끝에.

레베카하고 나는 서로 아주 공손하게 시선을 교환했다. 나는 무언가 말하고 싶었다. 좀 근사하고 재치 있는, 그녀의 관심을 끌 수 있는. 아니, 적어도 이 어색한 침묵이라도 깰 수 있는. 하지만 입만 달싹거렸지 도대체 말이 나오지 않았다. 긴신히 나는 "머리가 참 멋져요."라고 한마디 했다.

"고마워요. 그런데 이건 내 게 아니에요." 나는 그 대답이 참 맘에 들었다. 징밀 의외의, 기지에 찬 대답이었다. 그리고 바로 그 의외성이야말로 딱 내가 했음직한 반응이 아닌가 말이다. 물론 그녀의 의도는 염색한 머리다, 그러니까 윤이 자르르 흐르는 붉은 기가 도는 이 머리는 원래 '자연 그대로가 아니다'라는 말이었고, 나는 그녀가 무슨 말을 하러 했는지 딱 알아챘던 것이다.

그 다음 한 시간쯤 레베카하고 나는 둘이서 수다를 떨어댔다. 곧 온다던 조하고 여자친구는 꽤 시간을 끌었던 것이고, 레베카하고 같이 왔던 남자 녀석도 어디론가 사라져 버렸다. 더 이상 내 눈에 띄지 않았는지 모르겠지만. 어쨌든 죽이 맞은 우리는 한참 이야기 했다.

조가 드디어 나타나서는, 다 같이 밖으로 나가 좀 걷자고 했다. 아까 말했듯이 청명하고 별 밝은 밤이라 모두들 흔쾌히 그러자고 했다. 걷는 길가가 좁아서 조하고 그 여자친구가 앞서 걷고 레베카하고 내가 뒤따라 걷게 되었는데, 그러다가 내 손이 그녀 손을 스치게 되었다. 그건 사실 내가 일부러 그런 것은 아니었다. 그런데 레베카가 내 손을 꼭 잡더니 산책을 하는 동안 내내 놓지 않는 것이 아닌가! 정말 굉장한 밤이었고 지금도 그 밤을 생각하면 나도 모르게 웃음 짓게 된다.

나는 운명이란 것을 믿는다. 적어도 지금 현재는 말이다. 어떤 일이 일어날 때는 다 이유가 있기 마련이고, 모든 일이 좋은 인연으로 이어질 수 있다는 것을. 오하이오 출신인 레베카가 시카고 지역으로 옮겨간다는 것을 알고 나는 환호작약했다. 더구나 내 고향 비치그로브 지역에서 차로 20~30분 정도밖에 안 되는 일리노이 주 오로라라는 곳에서 친구들과 살 아파트를 얻었다니, 이건 우리 둘을 엮어 주려는 운명의 여신의 미소가 아니겠는가!

내가 대학 2학년 때 부모님들은 벌써 은퇴를 하셨고, 어머니께서 인디애나폴리스를 너무 싫어하셔서 두 분은 다시 비치그로브로 이사를 가셨던 것이다. 이 아름다운 여인을 내가 일련의 우연을 통과해가며 만났다는 사실, 또 그녀가 이 넓은 천지 미국에서 하필 우리 부모님이 계신 곳 가까이로 이사 간다는 사실은 절대 놓칠 수 없는 대단한 인연을 의미하는 것이었다.

즉각 우리는 사귀기 시작했고, 6개월 후에는 같이 지내기 시작했으며, 그로부터 6개월이 지난 후 약혼을 했다.

그 뒤 매일매일이 우리가 처음 만난 저녁 같았다면 참 좋았으련만, 사람 사는 일이 다 그렇듯이, 그게 아니었다. 우린 습관적으로 싸웠다. 그리고 나에게 무슨 '문제'가 있는지 그 당시에는 내가 몰랐었지만, 살펴보면 싸움의 원인은 대부분 나의 ADHD 증상 때문이었다.

레베카와 내가 겪은 가장 큰 문제점은 우리가 서로 다른 방식으로 의사소통을 했다는 것이다. 나는 극단적으로 직설적인 사람이라, 뭔가 마음에 들지 않으면 곧 그렇다고 말해버리곤 한다. 설혹 그럴 의도가 없었다 할지라도 말이다. 반면에, 또 뭐가 좋으면 그것도 숨기지 않고 말했다. ADHD를 가진 사람들이 대개 그렇듯이, 일단 생각이 떠오르면 이차 하는 사이에 말이 벌써 입 밖으로 나오는 경우가 비일비재하다. 싫고 좋고 하는 감정을 삼추지 못하고 곧 드러내는 성격이라 내가 그 순간 어떤 생각을 하는지, 기분이 어떤지 상대방이 알아채기가 아주 쉽다. 말하자면, 포커 상대로서는 아주 불리한 성격이다.

반면에 레베카는 절대 그렇지 않았다. 나와 달리, 그녀는 자기표현을 말로 하지 않았다. 대신에 아주 미묘한 행동들로 좋고 싫음을 나타냈다. 예를 들어, 성관계를 하고 싶을 때에도, 그녀는 나에게 말해 주지 않았다. 그저 내가 '잠자리에 가지 않을래?'라는 의미로 알아채야만 하는 그 어떤 암시를 줄 뿐이었다. 이때 내가 그 눈치를 못 채면—물론 그런 경우가 더 많았는데—그만으로, 기회는 영영 사라지고 말았다.

그녀가 뭔가 화가 나거나 맘에 안 들 때에도 그 이유를 말로 설명하지 않았다. 단지 평소보다 더 말 수가 줄고 목소리가 달라질 뿐이었다. 그러면 내가 그 눈치를 채고 거기에 맞게 알아서 대해 주기를 바라는 것이었다.

또 다른 근본적인 문제는 내가 정서적으로 불안정하다는 것이었다. 내 자신을 믿지 못하기 때문에 나는 내가 잘하고 있는지, 우리 관계가 별 문제없이 잘 되고 있는지 항상 확인이 필요했다. 그런데 레베카와의 관계에 대해서는, 그런 어떤 단서도 잡을 수 없었다. 때로 그녀는 정말 더할 수 없이 행복해서 나는 그녀가 나한테 푹 빠져 있나 보다 생각하기도 하지만, 어떤 때는 불같이 화를 내서 우리 사이에 뭔가 큰일이 있다는 생각이 들기도 하니, 뭐가 뭔지 알 수 없었다.

이것이 바로 ADHD를 가진 이에게서 늘 볼 수 있는 딜레마다. 우리들은 은근한 암시나 눈치를 알아차리지 못한다. 예를 들어, 사람들이 이야기 도중 시계를 들여다보거나, 발을 두드리거나 해도, 지루해졌거나 아니면 가 볼 시간이 됐다는 암시라는 것을 알아채지 못하는 것이다. 또 우리를 보고 미소를 지을 때에도, 나한테 이성으로 관심이 있어서 그러는 건지 아니면 그저 친절하게 대해주고 있는 건지 구분하지 못한다. 인간관계에서는 주의를 기울여야 할 점이 한두 가지가 아닌데, 우리는 자주 중요한 세부 단서들을 놓친다. 그러므로 당연히 사회성이 부족하고 인간관계가 껄끄럽게 된다.

레베카와의 관계가 내 이성관계의 전형이었다고 할 수 있다. 비록 서로 좋아하는 사이라 해도, 우리는 서로 다른 방식으로 대화하고 생활하는 느낌이었다. 그 당시에 미처 깨닫지 못했지만, 결국 나는 정상적인 사람, ADHD를 갖지 않은 인간을 잘 이해하지 못한 것이다.

종종 레베카하고 나는 소파에 앉아 TV를 보거나 책을 읽었다. 지금도 그렇지만, 나는 말없이 조용히 있는 것은 고사하고 오랜 시간 앉아 있기도 쉽지 않았던 사람으로서, 이런 상황이 정말 가혹한 시련이었다. 금방 움직여 돌아다니고 싶은 충동을 느끼고, 우리 아버지가 늘 나를 두고 말씀하셨듯이 "소란을 피우기 위해서 소란을 피우고" 싶어졌다. 그래서 2~3분마다 레베카를 돌아보며 쉬지 않고 "지금 무슨 생각하고 있어?" 하고 물어보게 되었다.

그러면 레베카는 나를 쳐다보고 "아무 생각도 안 해." 하고는 곧 자기 하던 일로 되돌아가, 책을 읽거나 TV를 보곤 했다.

나한테는 이해가 되지 않는 말이었고, 지금도 그렇다. 어떻게 사람이 아무 생각도 안 할 수가 있는가 말이다. 나는 언제나 동시다발적으로 수많은 생각이 머릿속에서 교차하고 있는데… 나는 적어도 두세 가지를 생각하고 있지 않은 순간을 한 번도 경험해보지 못했다. 그래서 당시 그녀가 아무 생각도 안 하고 있다고 말하면, 나는 자연스럽게 그게 그녀가 화났다는 걸 나한테 가르쳐주는 방식이라고 생각하고 그 이유를 알아내야만 한다고 생각했다.

그래서 기어이 레베카한테 "내가 뭐 말 잘못한 것이 있어? 아니면 뭐 할 말을 안 했나?"라고 물었고, 그러면 그녀는 화가 나지 않았다고 하고, 그래도 또 나는 뭐가 잘못된 것이 있냐고 집요하게 굴었고, 그녀는 정말 화난 게 아니라고 하는데, 나는 한술 더 떠서 "정말 미안해. 다시는 안 그럴게."라고 하는 거였다. 그러면 레베카는 정말정말 화난 게 아니라고 강조하는데, 이때쯤에는 진짜 짜증나고 화나기 시작한 것이 내 눈에도 보였다.

시도 때도 없이 똑같은 상황으로, 매주, 어떤 때는 하루에도 몇 번씩 이런 지경이었다. 그녀가 말이 없으면, 내가 뭐 생각하냐고 물어보고, 그녀는 아무 생각도 안 한다고 하는데, 어떻게 사람이 아무 생각도 안 할 수 있겠냐고 그녀를 못살게 굴어서 결국은 짜증나게 만든다. 이런 상호작용 방식이 내 일생 동안 다른 사람들과도 똑같이 지속되고 있다고 해도 무리가 아니겠다.

또 다른 문제는, 내가 다른 여자들과의 경우에서처럼, 레베카에게도 아주 부적절한 소리를 해댔다는 것이다. 한번은 같이 쇼핑을 가서 레베카가 옷을 고르면서 차례로 입어보고 나한테 어떤지 보여 주고 있었다. 서너 개 입어본 후에 여자들이 늘 하듯 "이거 좀 뚱뚱하게 보이지 않아?"라고 나에게 물었는데, 별 생각 없이 "그래도 저 빨간 옷보다는 덜한데."라고 말했더니, 그 벌로 이후 며칠 동안이나 나한테 말도 하지 않았다.

또 한번은 우리가 사랑의 시간을 가진 뒤였다. 나는 그녀를 내려다보고 그녀는 나를 올려다보고 있었다. 좋은 무드로 다른 연인들이 하듯이 미소를 머금고 서로를 보고 있는데, 어디선가 내가 어깨를 들썩거리며 “뭐, 의무 방어도 괜찮네.” 하는 소리가 들리는 듯했다. 마치 영화 ‘라이어, 라이어’의 한 장면 같았다. 내가 미처 인식하기도 전에 말이 먼저 입 밖으로 내뱉어진 것이다. 그 벌로 또 일주일 묵비권 행사! 그리고 다시 둘이 침대로 가기에는 거기에다 더 한참이 걸렸고.

이렇게 레베카와의 관계를 유지하는 데 안간힘을 쓰는 일에 더해서, 나는 내 직업문제도 신경을 써야 했다. 대학졸업 후 사회 선생님이 되어 볼까 했으나 교생 실습 때 형편없었고, 자리도 나지 않아 교사로 취직을 하지 못했다. 그러나 집세를 내야 했으니 취업광고를 보고 자폐아를 위한 사립학교에 지원을 했다.

돌이켜 보면, 나는 늘 장애를 가진 아이들에게 관심이 있었던 것 같다. 초등학교나 중학교 시절, 나는 늘 특수교육을 받아야 하는 아이들과, 특히 점심시간이나 쉬는 시간에 어울리곤 했었다. 아마 아무도 나를 상대하려 하지 않았다는 것 이외의 무언가가 나를 끌었을 것이다. 그들은 나를 놀려대지 않았다. 그들하고 같이 있으면 내가 남보다 모자라다는 생각도 들지 않았다. 게다가, 교생 실습 중에 특수교육이 필요한 몇몇 학생들을 맡은 적이 있는데, 그들과 함께 하는 것이 물론 힘은 늘었지만 정말 보람 있다는 걸 발견했다. 어쨌건 간에 운명적으로 나는 특수교육 쪽으로 방향을 잡았다.

그래서 자폐증이나 이런저런 장애를 가진 청소년을 대해야 하는 일에 발을 들여놓게 되었다. 나는 이들에게 버스를 타는 일이

나 돈을 쓰는 법 등, 일상생활 기술들을 가르쳤다. 또 이들이 지역사회에서 할 수 있는 일을 찾아 일자리도 구해 주었다.

학생으로서가 아니라 직장인으로서 세상을 헤쳐 나가는 것은 쉽지 않은 일이었다. 처음에는 나만큼이나 행동이 기괴한 학생들을 다룬다는 것이 제일 어려웠다. 하지만 곧 요령을 알게 되었고, 얼마 후에는 내가 하는 일이 정말 좋아졌다. 반대로, 장애를 갖지 않은 사람들을 대하는 것이 점차 고용인으로서 제일 힘든 일이 되어가고 있었다.

일을 하면서 내게 가장 문제가 된 것은 일 그 자체가 아니라 직장 상사나 동료와의 인간관계였다. 사람들한테 잘해주는 데 특별히 어려운 점이 있었던 것은 아니다. 오히려 나는, 내가 생각하건대, 상당히 남을 배려하는 사람 축에 든다고 본다. 문제는 내가 종종 엉뚱한 말과 행동을 한다는 것이었다. 지극히 정상적인, ADHD가 아닌 내 동료들이 나를 이해할 수 없는 것은 당연지사였다. 역으로 나도 그들을 이해할 수 없었으니 뭐 피장파장이겠지만. 독자 여러분이 이미 짐작하겠지만, 그동안 천방지축 내가 저지른 실수는 열거할 수 없을 정도다.

일례로, 나는 직원회의 같은 데서 주의집중을 하기 어려웠다. 학생 때처럼 안절부절 못하고, 주위를 돌아보고, 회의 안건을 놓치기도 했다. 때문에 전 부서회의 후에 조용히 불려나가, 내 태도 때문에 주의를 받는 일이 잦았다. 회의 중에 시계를 끊임없이 들여다보는 일은 명백히 아주 무례한 일이다. 하지만 나는 어쩔 수 없었다. 15분 이상 내가 정신을 집중할 수 있는 회의는 거의 없었다. 15분이 지나면, 나는 허공을 쳐다보고, 의자를 들썩거리고, 눈을 돌려대고, 과장되게 한숨을 쉬면서 못 견뎌 한다.

부적절한 말을 함부로 해서 문제를 일으킨 적도 많았다. 한번은 동료 여자친구 사진을 보고 한마디 했는데, 뭐라고 했는지 나는 기억도 못하지만, 아마 그는 내가 그녀를 상당히 비난했다고 생각한 모양이다. 그 일로 그 사람은 내가 거기 근무하는 내내 나를 원수처럼 여겼다.

거기다가 특수교육에는 서류로 써야 할 일이 아주 많다. 나는 뭘 문서로 작성하는 일을 좋아하지 않아 될 수 있으면 이를 피하는 편이다. 이런 일은 대체로 시간만 잡아먹고 따분하기 때문이다. 그래도 할 수 없이 하는 경우는 뭐가 잘못됐거나, 서류를 잃어버렸거나, 뭘 기한 내에 제출하지 못했기가 십상이다.

하여간 내가 열심히 일하려고 하면 할수록 더 사람들의 심사를 건드리는 것 같았다. 거기다 시간이 가면 갈수록 레베카와의 관계도 험악해졌다. 더 이상 사람들 있는 데서 내 손을 잡으려고 하지도 않고, 내가 말을 걸이도 쳐다보지도 않고 책만 보고 있는 지경까시 이르렀다. 결국, 나는 무언가 달라져야 한다고 결심하게 되었다.

하루는 상당히 언짢은 기분으로 퇴근했었다. 그날 또 내가 동료 한 사람의 심사를 건드려서 하루 종일 그 사람이 나를 닦달했기 때문이었다. 그래서 집에 왔을 때, 애들이 응석을 부리듯이 일부러 쿵쾅거리면서 이 기분을 레베카가 눈치 채고 달려와시 무슨 일이냐고 물어주기를 기대하고 있었다. 그녀는 모른 체 했다. 그래서 잔뜩 부은 채로, 다시 한 번 레베카가 눈치 채고 달려올 기회를 줄 셈으로 침실로 갔는데, 여전히 그녀는 냉담했다.

생각하고 말고 할 것도 없이, 나는 그녀에게 다가가 "이제 우리 관계를 끝낼 때가 된 것 같군." 하고 말했다. 그녀한테 어떤 반응이 나오기를 기대하는 마음에서였다. 물론 반응은 있었다. 내가 바라던 바와는 반대였지만.

레베카는 아주 침착하게 자기가 읽고 있던 책갈피에다 종이 한 장을 끼워놓고, 우리 약혼 반지를 빼내 나한테 건네주며, "자, 여기 있어."라고 했다. 그리고는 다시 자기가 읽던 책을 계속 읽었다. 그것으로 끝이었다. 소란스런 싸움도, 설전도 없었고, 상대를 비난하지도 않았다. 단지 반지를 빼서 돌려주고 냉정히 자신이 읽던 책으로 되돌아 간 것이다. 독자들 중에 약간 중고지만 4분의 1캐럿 다이아몬드 반지가 필요한 사람 있으면 본인에게 전화하시기를!

레베카하고도 헤어지고 직장은 직장대로 말이 아니니, 모든 것이 엉망진창이었다. 아무것도 뜻대로 되지 않을 것 같았다. 다시 내 우울증 정도가 심해지고 술에 손을 대고 싶은 유혹에 시달렸다. 술집에 자리 잡고 앉아 맥주잔에 폭 빠지고 싶은 날들이 이어졌다. 정말 그 맛만이라도 보고 싶었다. 하지만 그토록 강렬히 원했음에도 불구하고 한 방울도 입에 대지는 않았다.

어느 날 차를 타고 집에 오는데 정말 기분이 말이 아니었다. 내 생각에 동료 중 하나가 내 말이나 행동거지에 대해 소리 지르고 화냈던 것 같다. 차 안에서 울기 시작했는데, 눈물이 앞을 가려

길이 잘 보이지 않을 정도였다. 그런데 내 머리 속에 맴도는 많은 소리들 중 하나가 '자, 그러면 네가 마지막으로 편안하게 느꼈던 곳이 어디지? 그곳으로 가보는 게 어때?' 라는 거였다.

그때 나에게 딱 맞는 조언 같았다. 다음날 퍼듀 대학에 전화를 걸어 대학원 입학 안내를 받고, 몇 주 지나 인디애나 주 웨스트 라파예트로 돌아가 직업재활교육 전공으로 대학원 과정을 시작했다. 그러자 내 인생은 모든 면에서 완전히 달라지기 시작했다.

8

뇌파, 뇌 영상진단, 별 문제없음
EEG, MRI, A-OK

다시 돌아온 퍼듀 대학원 시절은 내 인생에 있어서 최악의, 하지만 가장 결정적인 2년 반이라 할 수 있다. 그 시간은 내가 지내왔던 이전 어떤 때보다도 훨씬 나빴다. 그러나 이 시간을 벗어났을 즈음에는, 리틀 몬스터는 더 이상 이 세상에 존재하지 않았다. 나는 다른 사람으로 새롭게 태어난 것이다.

대학원 등록과 더불어 일자리도 얻었는데, 장애를 가진 학생들이 학교를 졸업하고 나서 직장생활에 적응할 수 있도록 도와주는 일이었다. 레베카랑 있을 때 했던 것처럼, 나는 특수교육을 받는 고등학교 학생들에게 직업을 찾아주고, 이들이 성인으로서 세상에 나갈 수 있도록 준비하는 것을 도왔다.

내가 하는 일을 정말 좋아하기는 했어도, 나는 늘 비참한 기분에 싸여 있었다. 처참할 정도로 고독했다. 학부 때 친구는 한 명도 학교에 남아 있지 않았다. 거기다, 내가 레베카를 떠난 지 얼마 되지 않아 그녀는 신경쇠약으로 짧은 기간이지만 병원에 입원까지 했었다. 이에 대해서 얼마나 오랜 기간 동안 내 자신을 탓했는지 모른다. 그리고 힘든 학교생활을 지속해가면서, 나도 결국 레베카와 함께 사방이 하얀 패드로 된 정신병원에 있게 될 거라는 생각에 사로잡히게 되었다. 모든 것이 **그 정도로** 최악이었다.

레베카와 헤어진 후, 내 마음은 갈피를 잡지 못했다. 정신 집중은커녕, 생각 그 자체가 불가능했다. 사람들과 적절하게 대화를 이어나갈 수가 없었다. 거기다 말도 안 되는 소리를 하거나 엉뚱한 행동을 하는 빈도는 점점 늘어갔다. 직장에서 사람들은 나를 혐오했고, 내 면전에서도 서슴지 않고 이를 표현했다.

하지만 그들을 나무랄 수가 없었다. 퍼듀 대학으로 되돌아오자, 내가 자라면서 가졌던 모든 문제점이 극대화되었고, 어떻게 손을 써야 할지 모를 정도로 점점 심각해졌다. 마치 맹렬히 타오르는 산불처럼, 두 손으로 막으려고 허우적대면 댈수록 불길이 더 활활 번져가는 것 같았다. 마침내 나는 미쳐버릴 것 같았다. 다음 몇 가지 에피소드를 읽어보면 당시 내 상황이 얼마나 극단적이었는지 이해할 수 있을 것이다.

내가 레베카랑 헤어진 뒤 얻은 직장에서 일을 시작한지 얼마 안 되었을 때, 몇몇 교사들이 나를 데리고 점심식사를 하러 간 적이 있었다. 그곳은 뷔페식당이었고, 우리 일행 열댓 명은 긴 식탁에 앉게 되었다. 내 건너편에 있는 좀 거구의 여자 동료가 서너 번씩 음식을 집으러 갔다 오면서, 자기 체중이 좀처럼 줄지 않는다고 한탄을 했다.

"나는 너무 뚱뚱해!" 그녀는 같은 말을 연발했다. "왜 이렇게 몸무게가 단 1파운드도 줄지 않는지 모르겠어."

그때 어디선가 '그러니까 그렇게 많이 먹지 좀 말아요'라고 말하는 내 목소리가 들려왔다.

순간적으로 방안의 온도가 이십 도쯤 내려갔다. 내가 무슨 말을 했는지 알아차리고 주위를 보니, 모두들 곱지 않은 시선으로 나를 쳐다보고 있었다. 이걸 일종의 농담으로 돌릴 방법을 생각해 봤지만, 할 수 있는 거라고는 미친 놈처럼 키득대는 것일 뿐이었다. 전에도 늘 그랬던 것처럼, 동료들이 재수 없다는 듯이 고개를 절레절레 흔들며 눈을 부라리고 있었다.

이 어처구니없는 점심식사 해프닝 직후에 내 상사 크리스가 나에게 이런저런 지시사항이 적힌 메모를 보내왔다. 그런데 나는 그 사람이 쓴 메모에 철자가 틀린 것, 문법적으로 잘못된 것을 떡하니 지적해서 돌려보내고 말았다. 그 사람은 정말 황당했을 테지만, 나를 불러 아랫사람인 내가 자기의 메모에 재낌을 하는 건 직절하지 않은 일이라고 상당히 예의를 갖춰 설명을 해 주었다. 그런데 맹세코 내 기억에는 그 건에 대해 아무것도 남아 있는 것이 없었으니, 메모를 고친 것은커녕, 그런 걸 읽은 적도 없는 것 같았다. 분명 또 아무 생각 없이 그렇게 했었을 것이고, 그러니 기억도 없는 것이었다.

또 다른 여러 가지 일들로, 크리스에게는 아직도 미안한 마음을 금할 수 없다. 그는 성난 내 동료들과 나 사이에 중재 역할을 했을 뿐만 아니라, 내가 저지른 잘못에 대해서 훈계하고 잡아 주어야 하는 사람이었다. 그러다 보니 내 기괴한 행동의 피해자가 되는 경우가 제일 많았다.

크리스는 머리를 뒤로 잡아 묶고 다니는 전직 히피 출신의 자그마하고 성격이 명랑한 사람이었다. 어느 날 내가 복도에서 그 사람 뒤를 따라 걷고 있는데, 그 사람의 머리 뒷부분이 살짝 대머리가 되어 있는 것이 눈에 띄었다. 그리고 그 다음 순간, 마치 내가 먼 곳에서 나 자신을 바라보고 있는 것처럼, 내 손이 그의 대머리가 된 부분을 꼭꼭 찔러대고 있는 것이 눈에 들어왔다. 그리고는 아주 크고 명랑한 목소리가 '대머리다!'라고 외쳐대는 것을 들었는데, 물론 유감스럽게도 그 역시 내 목소리였다.

정말 장난이 아닌 사건이었다. 마치 영화의 한 장면을 슬로우 모션으로 보는 느낌이었다. 크리스는 뒤돌아서서 얼른 자기 뒷머리를 손으로 가렸고, 나는 내 방정맞은 입을 얼른 감쌌다. 그는 곧장 사무실에 뛰어들어가 여직원한테 손거울을 빌려 나왔고, 나는 사과를 하려 했지만 이미 엎질러진 물이라 소용이 없었다. 크리스는 화장실로 들어갔고, 영원히 다시 나오지 않을 것처럼 보였다.

사실 크리스는 자기가 대머리가 되고 있다는 것을 까맣게 모르고 있었다. 사려 깊은 그의 아내가 자기 남편이 그 사실을 알지 못하도록 신경을 써 왔던 것이다. 크리스가 비척비척 화장실에서 걸어 나올 때의 그 표정이 지금도 떠오른다. 어깨를 축 늘어뜨리고, 손거울은 곧 떨어질 듯이 손끝에 달려 있고, 얼굴에는 공허함이 가득했다. 6~7개월 뒤, 그는 직장도 그만두고, 스포츠카를 산

뒤, 아내와도 이혼하고 말았다.

전에도 말했지만 ADHD는 그 증상을 가진 사람에게만 영향을 미치는 것이 아니다. 그의 친구들이 공부하는 데 영향을 미치고, 그의 부모들이 자신들을 바라보는 데에, 또 사회에서 어떻게 대접 받게 되는지에도 영향을 미치며, 그들의 연인이나 동료들의 자존심에까지 아주 넓게 또 구석구석 영향을 미친다.

이웃들의 손가락질을 참아야 했던 우리 부모님들처럼, 수업시간에 집중할 수 있도록 나랑 멀리 떨어져 앉게 해달라고 부탁했던 나의 학교 친구들처럼, 그리고 결국에는 정신병동에 입원해야 했던 레베카처럼, 크리스도 우연히 내 주위에 있었던 것만으로 절망이라는 덫에 걸렸던 또 다른 피해자였다. 내 바보 같은 행태 때문에, 그는 다시는 이전과 같아질 수 없었다. 거기다 그의 아이들도 부모의 이혼이라는 불행을 겪어야 했고, 나중에는 아버지에게 버림받게 되었다. 나의 천치 같은 즉흥적 행동이 선량한 한 사람에게 중년의 위기를 도발해서 이 모든 일을 불러일으킨 것이다.

말할 것도 없이, 대학원 생활도 순조롭지 않았다. 나의 충동적 성향은 도를 더해 모든 인간관계가 좌충우돌이었고, 사람들은 나를 덜 떨어진 사람으로 취급했다. 어떻게 그들을 나무라겠는가.

이 기간 중에 나는 어떤 컨퍼런스에 참가했었다. 참가 인원은 한 200~300명쯤 되는 것 같았고, 나는 뒤쪽에서 듣고 있었다. 강사는 아동들이 어떻게 자신과 다른 관점에서 이야기를 할 수 있나를 발표하는 중이었고, 사기가 세운 가설을 보강하기 위해, 어린 아동들이 말한 이야기를 우리들에게 읽어주는 중이었다.

그중 한 이야기가 '나는 부활절 토끼를 보러 밖에 나갔다.[1] 토끼는 옷을 입지 않고 있었다'였는데, 아뿔사, 또 내가 소리치고 있었다. '흠, 그거 정말 끔찍한(HARE-raising) 경험이었겠구만[2]' 거기에 있던 사람들이 모두 뒤를 돌아 나를 쳐다보았다.

그처럼 엉뚱한 이야기를 하는 빈도수가 점점 더 많이 생겼지만 도대체 나는 내가 그런 말을 하고 있다는 것을 믿을 수가 없었다. 마치 투명인간이 내 옆에 앉아 내 목소리를 흉내 내어 나를 흉계에 밀어 넣고 있는 것 같았다.

더구나 대학 때와 달리, 대학원 수업은 모두 한번 시작했다 하면 3시간은 보통이었고, 어떤 교수들은 강의 중간에 쉬는 시간도 주지 않았다. 가만히 앉아 있으려 노력하는 것조차 불가능했다. 좀이 쑤셔 몸을 움직이고, 주위를 돌아보기도 하고, 큰 소리로 숨을 내쉬기도 하다가, 나중에는 의자를 흔들어대기까지 했다. 그리고 주위에 더 이상 방해가 되지 않도록, 화장실 핑계를 대고 수업 중 몇 번이나 들락날락하였으니, 그때 담당 교수들이나 같이 강의를 들었던 학생들은 아마 내가 오줌소태가 있는 줄 알았을 것이다.

이처럼 학교생활이나 직장생활이 말이 아니었고 상황은 점점 최악으로 치닫고 있었다. 되돌아 보건대, 내 인생에서 그때처럼 힘들고, 애써 노력한 때가 없었던 것 같다.

---

1) 미국에서는 부활절에 토끼로 된 초콜릿을 먹거나 토끼 모양의 인형을 정원에 많이 둠.
2) 저자는 동음이의어를 이용했음. hair-raising; 모골이 송연한, 머리가 쭈뼛하는, hare-raising; 토끼를 키우는.

내가 택한 과목들이 내 개인적 관심과 잘 맞고 흥미롭기는 했지만, 과제가 많아 부담이 컸다. 특히 읽어야 할 자료들이 엄청났다. 나는 보통 아침 7시 30분경에 일어나 사무실로 출근하고, 오후 4시 반쯤 집에 와서, 식사를 하고 강의를 들으러 학교로 달려가곤 했다. 그리고 수업이 끝나 밤늦게 집에 오면, 그날 저녁으로 과제를 처리해 두려고 노력했다. 그러나 무언가 잘못 되어 간다는 느낌을 지울 수가 없었다.

어떤 때는 며칠 동안, 글을 읽는 능력이 사라져 버린 듯 했다. 책을 보며 거기 쓰인 단어들을 소리 내어 읽을 수는 있었지만, 그 의미는 입력이 되지 않았다. 주어진 과제물도 몇 번이나 다시 읽어보곤 했다. 큰 소리로 읽어보기도 했지만, 그것도 아무 도움이 안 되었다. 정말 잘해 보러 피나게 노력했지만, 노력할수록 모든 일이 더 어려워졌다.

과제를 끝내려고 며칠 밤을 책상 앞에 앉아 있은 적도 많았지만, 내 머리가 작동하도록 할 수가 없었다. 한 단락을 읽을 만큼의 짧은 시간도 주의를 집중할 수 없었다. 전혀 그 내용을 이해하지 못하면서 같은 문장을 읽고 또 읽고 하는 나 자신을 발견할 뿐이었다. 매일 밤을 지쳐서 더 이상 울지도 못할 때까지 울면서 지냈다. 내게 무슨 심각한 문제가 있는 게 틀림없었고, 그 심각함은 도를 더해갔다.

직장에서도 같은 문제를 느끼지 않을 수 없었다. 나는 늘 주의를 집중하거나 가만히 앉아 있는 것에 어려움을 겪었다. 또 늘 바보 같은 말이나 행동을 해댔다. 무언가 읽어 낼만큼 차분히 앉아

주의를 모으는 데에 항상 문제가 있었다. 그러나 퍼듀 대학원생이 된 이후로는 이 '어려움'이 벌점 카드나 체벌 같은 것 이상의 더 큰 문제들을 야기했다. 만일 직장을 잃으면 먹지도 못하고 집세도 낼 수가 없었다. 나는 정말 전력, 아니 사력을 다해 잘해야 했다ー 하지만 그렇게 하지 못했던 것이다.

유능한 직장인이 되려고 열심히 노력했지만, 어느 순간 정신 차려보면 나는 사무실 벽이나 창 밖을 바라보고 있었다. 일에 전력을 다하려 애써도 금세 내 마음은 딴 데로 가서 그저 멍하니 먼 산을 바라보고 있기 일쑤였다. 내 자리 옆을 지나치는 사람들이 내 주의를 끌어 잠시 그쪽으로 고개를 돌리면, 그대로 굳어져 그들이 지나간 후에도 빈 복도를 계속 바라보고 있었다.

어떤 때는 중학교 때 그랬던 것처럼, 정처 없이 길거리를 방황하고 있는 나를 발견하기도 했다. 어느 순간, 나는 책상에서 공부하고 있다고 생각했는데, 다음에 정신 차려 보면, 복도에서 서성거리고 있었다. 나는 내가 책상에서 자리를 뜬 기억도 없을 뿐 아니라 내가 왜 거기서 서성거리는지 그 이유도 알 수가 없었다. 그건 마치 내 몸이 나 아닌 다른 사람의 조종 아래 있거나, 아니면 내가 무아경에 빠져 있는 것 같았다. 거기다 자살 충동은 어느 때보다 훨씬 강하게 밀려오고 있었다.

한번은, '깨어나 보니' 내가 사무실 직원과 말을 하고 있었다. 그녀의 말에 의하면, 내가 그녀를 엄청 비난했다는데, 나는 그럴 의사도, 뭔가 예의에 벗어난 말조차도 한 기억이 없었다. 때로는 마치 내가 어떤 약물에 중독된 것 같았고, 나는 그저 내 삶이 안

개 속에서 흘러가는 것을 바라보고만 있는 것처럼 느껴졌다.

사태는 점점 나빠졌다. 내 직속상관을 '권한을 휘둘러대는 사람'이라고 대놓고 부르기도 했다고 한다. 이 역시 내 기억에는 없는 이야기였다. 하지만 내심으로는 내가 그 여자를 그렇게 생각하고 있었으니까, 아마 그렇게 입 밖으로 말하기도 했을 것이다. 이때 즈음에는, 내가 현실을 기억하는 능력이 없음을 잘 알고 있었다. 그래서 만약 누군가가 내가 어찌어찌 했다고 하면, 나는 아주 자연스럽게 그 사람들이 나보다 더 잘 알고 있으리라 믿었다.

정말 많은 실수로 경고를 받았다. 서류를 잃어버리는 것, 제때 리포트를 제출하지 않은 것 등등. 매 주마다 내 행동거지나 동료들과의 문제로 지적을 받았다 해도 과언이 아니었다. 나는 내 주변 사람들 대부분을 좋아하는 데 반해, 그들은 나를 좋아하지 않았고, 그 사실을 대놓고 내 면전에서 말하기도 했다.

해고되기 일보 직전이었다. 친구도 없었다. 무엇을 제대로 읽을 수도 없었고, 똑똑하게 생각할 수도 없었다. 매일 밤 울다가 잠이 들었다. 정신착란에 걸리는 것이 시간문제라고 느껴졌다. 지난 몇 년 동안 나를 기다려온 흰 벽의 정신병동에 들어가는 것이 결국의 내 운명인가 보다 하는 생각이 들었다. 곧, 더 이상 무언가 잘해보려는 노력도 할 필요가 없겠지. 끝에 다다른 느낌이었고, 차라리 모든 것이 빨리 와 버렸으면, 얼른 끝이 나버렸으면 하는 심정이었다.

이러는 중에도, 나는 장애를 가진 몇 명의 학생들을 지도하고 있었다. 그중에서 특히 한 아이가 정말 신경 쓰이게 했는데, 트로이라는 학생이었다.

그 아이는 열다섯 살 때 사냥을 가서 사슴을 쏘았다고 한다. 그런데 그 아이가 숨이 넘어가는 사슴에게 가까이 갔을 때, 그 사슴이 그를 쳐다보며 '그래, 트로이, 이제 사람들을 죽일 차례야' 라고 했다는 것이다. 죽어가는 사슴이 한 말치고는 이상하다 해서 그는 부모에게 이 이야기를 했고, 이후 이 아이는 정신분열증 진단을 받고, 내가 지도하기에 이르렀다.

트로이의 문제점은 약을 계속 먹지 않는다는 것이었다. 약을 끊어도 몇 주일은 괜찮지만, 이후 서서히 다시 환청이 시작되었다. 그는 정말 나를 화나게 했다. 결국 나는 내가 할 수 있는 한 최고로 매섭게 경고성 발언을 했다.

"트로이!" 내가 얼마만큼 화가 나 있는지 감추려고도 하지 않고 말했다. "너는 정말 좋은 애야. 머리도 좋고, 열심히 하려고 노력도 해. 그리고 의욕도 있어. 네가 하려고만 하면 무엇이든지 할 수 있어. 그런데, 왜 약을 안 먹는 거냐 말이야! 그냥 하루에 한 알씩만 처먹어도 세상은 온통 네 것이 될 수 있다는 거 몰라?"

그때 내 머릿속에서, 문자 그대로 작은 벨이 댕- 하고 울렸다. 왜 TV에서 퀴즈쇼 할 때 참가자들이 답을 알면 누르는 소리 말이다. 그리고 이런 생각이 떠올랐다. "너 참 이중인격자다. 너도 그저 죽기만을, 아니면 정신병동에 들어갈 날만 기다리고 있으면서 말이야. 어쩌면 너한테도 듣는, 너를 좀 정상적인 인간으로 만들 수 있는 약이 있을지도 모르는데, 좀 찾아봐서 먹을 수도 있잖아!"

나에게도 어떤 의학적인 문제가 있을지도 모른다는 생각이 뇌

리를 때린 것이다. 전에는 내가 실제로 어떤 질병이나 결함이 있
으리라고는 꿈에도 생각하지 않았다. 그저 내가 좀 괴상하다고만
여겼을 뿐이다. 내 문제의 의학적인 원인에 대한 생각은 한편으로
나를 흥분시키기도 했고, 공포에 사로잡히게도 했다. 이 순간이
내 삶의 분수령이 되었다. 이후 내 세상은 바뀌게 된 것이다. 지
금까지도 나는 그때 내가 어땠었는지를 똑똑히 기억하고 있다. 나
도 정신분열증 증세일지도 모른다고 생각하면서, 나는 우선 일반
의와 약속 날짜를 잡았다.

그날 의사를 만났을 때의 정황을 거의 속속들이 기억하고 있다.
아마 죽을 때까지 잊지 못할 것이다. 그날 약속시간은 1시 15분쯤
이었고, 날씨는 평소와 달리 굉장히 춥고 흐렸다. 나는 아주 두꺼
운 유리창 뒤 카운터에 앉아 있는 접수계 여직원한테 갔었고, 그
여자가 그다지 기분 좋아 보이지 않았다는 것까지도 기억한다.

그 여직원이 나에게 방문 이유를 물었다. 나는 좀 망설이다가
카운터 창구에 몸을 기댔다. 그리고 머뭇거리면 조그맣게 “내가
뭔가 좀 문제가 있는 것 같아서요.”라고 말했다.

“글쎄, 뭐라고요?” 그녀가 좀 짜증난 듯이 되물었다.

나는 또 다시 한동안 머뭇거린 뒤, 말하려고 머릿속에 준비해
둔 이런저런 증상들을 두서없이 쏟아냈다.

“때로는 책을 읽을 수가 없어요. 또 어느 순간 정신 차려 보면
멍하게 허공을 본다든지 이유 없이 떠돌아다니고 있는데, 사실 책
상에서 일어나서 걸어 나간 기억은 없난 말이에요. 도내체 정신이
집중이 안 되는 거예요. 생각은 머릿속에서 휙휙 돌고, 이건 마치

내가 나를 스스로 통제할 수 없는 느낌이에요, 정말 이건….”

그러자 그녀는 내가 곧 폭발할 폭탄인 것처럼 중간에 내 말을 가로챘다. 그리고는 굉장히 천천히, 지나치게 침착한 목소리로 “의사선생님을… 곧… 만날 수 있게… 해 드릴게요.”라고 말했다.

나는 잠시 눈만 끔벅거리다가, 대기실에 앉아 기다리려고 돌아섰다. 내 뒤에는 어린아이를 데리고 온 여자가 있었는데, 아마도 내가 접수계 여직원과 하는 말을 엿들었던 모양이다. 내가 돌아서면서 서로 눈이 마주치게 되자, 그녀는 얼른 자기 딸을 끌어안더니 양 팔로 폭 감싸 안았다. 나를 뭐 흉악한 연쇄살인범이나 아동 성 추행범 정도로 여기고 있는 것 같았다.

대기실에서 울지 않으려고 이를 악물고 참고 있었다. 다행히 간호사가 머리를 삐죽 문밖으로 내밀고 명랑한 목소리로 내 이름을 불렀다. 그 다음 기억나는 것은, 내가 조그마한 진찰실에서 담당 의사를 기다리고 있었던 것이다.

의사가 오더니, 자리를 잡고 앉아 불편한 점이 있느냐고 물었다. 의사는 상당히 즐거워 보였지만, 나는 전혀 그런 기분이 아니어서 내가 왜 왔는지 그 망할 접수계 직원에게 물어보라고 하고 싶었다. 그러나 대신 숨을 깊이 들이쉰 뒤 마음을 가라앉히고 다시 한 번 오랫동안 내가 겪어 왔던 증상을 설명하려고 애썼다.

“때로는 읽기도 안 돼요.” 천천히 말하면서 차차 뜸을 들여가며 얘기를 본론으로 끌고 갔다. “생각도 안 되고, 내 머릿속에 대여섯 개 핀볼이 한꺼번에 휘젓고 다니는 것처럼 생각이 뒤죽박죽이에요. 내가 뭘 하는지 의식도 못하고 엉뚱한 행동을 하거나 말을 내뱉기도 해요. 마치 몽유병 환자처럼, 내가 여기저기 돌아다니고 있는 걸 어느 순간 깨닫게 되기도 해요. 멍하니 허공만 처다보고, 해야 할 일에 정신을 차리고 있지를 못해요. 차분히 앉아 있지도 못하고, 주의집중도 못하고, 내가 하는 일을 스스로 통제하지를 못해요⋯."라고 하다가 더 이상 말을 잇지 못했다.

의사는 처음에는 머리 뒤로 손을 깍지 끼고 비스듬히 기대앉아 느긋하게 듣고 있다가, 내가 내 '증상'을 줄줄 말하기 시작하자 자세를 고쳐 잡고, 필기도구를 꺼냈다. 한동안 내가 말하는 것을 휘갈겨 쓰다가, 이후 멈추고는 나를 처다보는데, 나는 그 표정이 무엇을 말하는지 경험에 의해서 충분히 알고 있다. 그는 내가 괴팍하고 까탈스러운 사람이라고 생각하는 것이다. 대단한 건강염려증 환자로.

울음이 터져 나왔다. 지금도 그 순간이 또렷이 기억난다. 내 저 밑바닥에서부터 눈물과 낙담이 차오르는 느낌, 그 느낌! 나는 울다가 의사를 처다보며 물었다. "도대체 뭐가 잘못된 것일까요?"

그는 무슨 생각이 났는지 잠시 멈추고 있었다.

'에-' 의사는 혼자 고개를 약간 끄덕거리너니, "글쎄, 혈당의 문제가 아닐까 하는데요?"라는 것이었다.

어, 이런 증세라면 전에도 들어본 적이 있는 것이었다. 전에 대학 강사 중 한 명이 다당증이었다. 이건 당이 혈액 속에 너무 많이 있거나 아니면 없거나 뭐 둘 중의 하나였는데, 정확히 기억은 안 난다. 이러면 별의별 종류의 문제를 일으킨다는 것인데, 이런 거라면 별거 아니고 쉽게 나을 수 있지 않겠는가! 약이나 식이요

법 등으로 정상이 될 수 있지 않겠나!

어쨌든 의사는 내 혈액 검사를 서둘렀다. 며칠 뒤, 나는 내 혈액 속에 무슨 이상이 있기를 바라면서(?) 다시 그 진찰실에 앉아 있었다.

의사가 내 혈액에는 이상이 없다고 말했다. 그리고는 맞은편에 앉아 있는 내 쪽으로 몸을 기울이고, 눈을 빤히 쳐다보며, 한숨을 쉬며 말하는 것이었다. "내 생각에는 저, 환자분께는 불안장애가 있지 않은가 하는데요." 그는 마치 이게 일종의 성관계로 전염되는 질병인 양, 그래서 내가 좀 반성도 하고 스스로 부끄러워해야 하는 듯이 말하고 있었다.

하지만 여러 가지 이유로, 그 진단은 나에게 맞지 않는 것 같았다. 당시 나는 특수교육 과목 몇 개를 수강한 터라, 불안장애에 대해 배워서 그 증세에 관해 좀 알고 있었다. 내가 의사한테 나는 '불안'한 게 아니라 미칠 것 같은 거라고 말하자, 그는 엉뚱하게도 내가 호흡하는 방법에 약간 변화가 있어서 이러한 증상이 생겼을 수 있다고 설명했다. 그의 말에 의하면, 내가 바르게 숨을 쉬지 않으면, 혈액 중에 산소량에 이상이 생겨 주의집중하는 데 어려움이 있을 수 있다는 것이다.

예를 들어 보려고, 그는 나한테 숨을 얕게, 그리고 빨리 쉬어 보라고 했다. 아닌 게 아니라 곧 어질어질하면서 정신이 없어졌다. 눈앞에 점 같은 것이 떠다니는 것 같더니 얼굴 전면에 열꽃 같은 것이 피는 기분이 들면서 손도 축축해지고 땀이 쏟아지기 시작했다.

그래서 그 의사한테 이런 증상은 내가 평소 느끼는 게 아니라고 말했더니, 그는 상당히 기분이 나빴던 모양이다. 겨우 특수교육 수업 좀 받은 또라이 같은 놈이 자기가 진단한 것을 받아들이지 않는 것이 불쾌했던 것 같다. 그는 나를 신경과에 의뢰했다.

다행히도 신경과 의사는 참을성도 있고, 어찌나 친절하든지 내 맘에 들었다. 내 애기도 잘 들어주었고 선입견 같은 것도 보이지 않았다. 가끔 상당히 통찰력 있는 질문을 던지기도 하면서 나를 정신이 멀쩡한 사람으로 대해주었다. 거기다가, 일종의 '예방책'으로, 수면 박탈 상태에서의 EEG[3]와 MRI[4] 검사도 받아보도록 했다.

EEG 검사가 먼저였다. 그 전날 전혀 잠을 자지 않고 병원에 가서, 코드가 이것저것 죽 붙어 있는 야구모자 같은 우스꽝스런 기구를 머리에 썼다. 그 코드는 내 머리를 둘러싼 두개골의 여러 부분과 연결된다고 했다. 의료기사가 불을 끈 다음 나보고 잠을 자도록 노력하라고 했다. 나는 눈을 감고, 최대한도로 의식을 놓으러 애쓰며 비몽사몽 있었다.

이 검사가 끝나면 하루 푹 쉴 수 있도록 병가를 받아둔 터였다. 집에 도착한 때가 한 아침 아홉 시 반 정도였다. 내 아파트 문을 열고 한 서너 걸음 들어가서 바로 왼쪽에 있는 부엌 카운터에 차 열쇠를 올려놓는데, 전화벨이 울렸다.

---

3) Electroencephalogram; 뇌파.
4) Magnetic Resonance Imaging; 뇌 자기 공명 영상.

나를 진찰한 그 신경과 의사였다. 자기 비서를 시킨 것도 아니고 의료기사를 시킨 것도 아니었다. 의사가 직접 전화를 한 것이다! 지금도 그 사람이 한 첫 마디가 뇌리에 생생하다.

"집에 어떻게 갔어요?" 이상할 정도로 굉장히 진지하게 물었다.

나는 어떻게 24시간 동안 한 잠도 안 자고 운전해서 갔냐고 묻는 줄 알고, 집이 병원에서 그리 멀지 않아서 별 문제가 없었다고 했다. "그런데 왜 물어보는 건데요?" 하고 되물었다.

그의 다음 말 역시 한 마디 한 마디 기억하고 있다.

"앞으로는 목욕이나 운전을 하면 안 돼요."

나는 어, 이건 좀 이상한데 생각했다. 그 사람의 목소리가 그렇게 심각하지만 않았다면 아마 내가 그 말에 농담을 하거나 웃어댔을 것이다.

"뭐가 문제인데요?" 나는 그 사람이 나에게 뭔가 할 말이 있다는 것을 눈치 챘다. 뭔가 심각한 것이었다. 나는 바로 그 다음 말은 역시 기억하지만, 나머지는 아무것도 생각나지 않는다.

"당신 전두엽(frontal lobe)에서 이상한 스파이크가 발견됐어요."

만약 이게 영화 장면이라면, 갑자기 극적인 음향이 배경음악으로 깔리면서 엄청나게 놀라고 있는 내 얼굴이 클로즈업 되었으리라.

이때 내 반응을 여러분들에게 더 알기 쉽게 설명하기 위해, 내가 서너 살 때로 되돌아가보기로 하겠다. 그때가 아마 우리 엄마, 아빠가 처음으로 나를 우리 형들에게 맡겨 두고 외출했던 때였던 것 같다. 부모님께서 집에 돌아와 보니, 내 두 눈 사이에 뾰족한 것이 꽂혀 있었다는 것이다. 아직도 그 상처가 남아 있다.

　　형들은 아직도 그때 무슨 일이 있었는지 자세히 말하지 않고 있고, 이야기도 해마다 다른 식으로 바뀌고 있어 실상을 알기는 어렵다. 내가 작대기를 갖고 놀다가 넘어졌다는 둥, 아니면 내가 작대기를 집어 들려고 하다가 그게 어떻게 머리로 박혔다는 둥.

　　의사가 내 증상을 말할 때 떠오른 것이 바로 이 사건이었다. 즉, 내 전두엽에 있는 '스파이크'가, 우리 저겐 집안 역사의 한 장을 차지하는 이 아리송한 사건하고 어떤 관련이 있다는 생각이 즉각 떠올랐던 것이다. 우리 형들이 나를 이렇게 만들었다는 생각이 들자, 의사의 설명을 들으며 '망할 놈의 형들'이라고 입 밖으로 소리 내기까지 했다.

　　하지만 의사가 내 머릿속에서 본 것은 그렇게 단순하게 설명할 성질의 것은 아니었다. 사실, 그 신경과 의사는 나한테 몇 번씩이나 되풀이해서 설명해 줘야 했다. '당신 전두엽에서 이상한 스파이크가 발견되었어요'라는 말이 내 온전치 못한 머릿속에서 왕왕 메아리치니 내 어찌 그 의사 말에 집중을 할 수 있었겠는가?

　　EEG라는 섬사는 우리 머리의 여러 부분에서 나오는 파동을 측정하는 것이다. 의사들한테 들은 것과 또 내가 그 이후로 알아낸 것을 종합해 볼 때, 내 뇌의 앞쪽 부분이 정상인들에 비해 지나치게 활동적이라 한다. 즉, 전자파가 일관성 있게 부드러운 파동을 보이지 않고, 내 전두엽에서는 고속도로처럼 광속도로 파동이 나타난다는 것이다. 발레를 하듯 유연하게 움직여야 될 곳에서 경주를 하듯 미친 듯 달리는 형국이라고나 할까.

　　내 신경과 의사는 도대체 왜 이런 '스파이크' 현상이 내 뇌파에서 나타나고 있는지 그 이유에 대해서 확실히 꼬집어서 말할 수는 없지만, 내가 일종의 간질을 가지고 있는 것이 아닐까 여긴다고 했다. 그래서 내가 운전도 하고 목욕도 한다니까 놀랐던 것이다. 자기 스스로를 제어할 수 없는 간질을 겪는 환자들은 보통 운전이나 목욕을 해서는 안 된다. 중간에 발작 증상이 나타나면, 사고가 나거나 물에 빠지는 것처럼 엄청나게 치명적인 결과가 나타날 수 있기 때문이다.

의사는 EEG 검사 결과를 인디애나 대학 간질 전문 연구소에 보냈다. 그곳은 간질 연구 분야에서 타의 추종을 불허하는 기관으로, 내 검사 결과를 가장 잘 설명해 줄 수 있을 거라고 했다. 그리고 그 쪽에서의 결과를 기다리는 동안, 나는 MRI를 찍었다.

일반 사람들이 알아듣게 말하자면, MRI는 뇌를 아주 얇은 단면으로 나누어 '사진을 찍는' 것이다. 그래서 의사들이 환자의 몸을 밀리미터 단위로 구석구석 관찰할 수 있게 해 준다. 그러기 위해서, 나는 어떤 기계 속으로 밀어 넣어졌고, 거기서 한참 동안 움직이면 안 되었다. 언제나 그렇듯이, 가만히 움직이지 않는다는 것이 나에게는 쉽지 않은 일이었다. 하지만 죽을힘을 다해 견디어 냈다. 만약 내가 움직이고 만다면, 감마선이 엉뚱한 곳에 잔뜩 조사되어서, 초능력 헐크가 되어버리고 말 것이라 생각했기 때문이다.

MRI를 찍은 후에 집으로 돌아왔다. 이번에는 열쇠 꾸러미를 집어던지고 한 1~2분 정도 실내를 걸었나 싶었다. 또 전화벨이 울렸고, 역시 나를 검사했던 그 의사였다. 전보다는 훨씬 침착했지만, 뭔가 또 내게 말하기 곤란한 점이 있다는 것을 직감했다. 검사 받은 지 한 시간도 채 안 되었기 때문이다. 의사는 내 MRI 검사결과를 보고 내게 급히 알리지 않으면 안 된다고 느꼈음에 틀림없었다.

다행히 전두엽은 이상이 없다고 했다. 그러나 그가 염려하는 것은 전두엽 부분이 아니었다. 이번에는 뇌간(brain stem)[5]이 문제였다. 뭐, 형태가 좀 비정상이라든가, 크기가 너무 크다든가 그런 것 같았는데, 아직까지도 이걸 내가 알아듣게 잘 설명해 주는 사람은 없었다. 그래도, 의사는 비정상이긴 하지만 그렇다고 그것이 전대미문의 이야기는 아니라고 나를 위로했다.

이야기는 그렇다 치더라도, 그래서 이 모든 것이 무엇을 의미하는지 그는 나에게 설명할 수 없었고, 나는 그것이 가장 안타까웠다. 의사 자신도, 그 '보통과 다른' 것이 무언가 심각한 것인지 아니면 그저 좀 특이한 것일 뿐인지 말할 수가 없다고 했다. 내가 이해하는 것이라곤 내 전두엽에 스파이크가 보인다는 것과 나의 뇌간에 구조상 뭔가 좀 이상이 있다는 사실이었다. 어쨌든 의사가 인디애나 대학 측의 전문가에서 정식 의학적 소견이 나올 때까지는 너무 염려 말라고 했지만, 나는 공포에 휩싸였다.

이런저런 의학적 검사를 하는 동안, 나는 학생상담소에서 상담을 시작했다. 내가 불안장애가 있다고는 생각하지 않았지만, 당시 나는 어떤 종류의 정신과적인 에피소드를 보이기 일보 직전의 극

---

5) 대뇌반구와 척수의 중간 부분.

단적인 위험 상태라고 느꼈기 때문이다. 레베카가 그랬던 것처럼, 침대 옆으로 기어들어가 거기 웅크리고 있는 지경에 다다르고 있었다.

상담을 받음으로써, 나는 학교와 직장에 대해 털어놓을 수 있는 사람을 갖게 되었다. 우리는 또 나의 과거와 성장 과정이 어땠는지에 대해서도 많은 이야기를 나누었다. 매주 상담을 받는 것이 무척 마음에 위안을 주었다. 여러분에게도 필요할 때 꼭 이런 상담을 받아보기를 권한다. 특히 특수교육의 필요성이 있는 아동이라면 더욱 그렇다.

이 기간 동안 나는 또 퍼듀 대학 특수교육학과에서 여러 강의를 듣고 있었다. 그중 하나가 행동장애가 있는 아동들의 평가에 관한 것이었다. 시드니 젠 박사라고, ADHD 분야의 저명한 연구자가 이 강의를 담당하고 있었다.

과제 중의 하나로, 젠 박사는 우리를 CHADD 회의에 참석해 보도록 하였다. CHADD는 'ADHD를 가진 아동과 성인들(Children and Adults with Attention Deficit Disorders)'의 약자로, ADHD를 가진 사람들의 지지 집단이다. 보통 나는 이런 데에는 참석하지 않았었다. 이런 과제들은 대체로 시간 낭비이기가 쉬웠고, 뭐 거기서 출석 체크를 할 것도 아니니 그냥 선생님한테는 내가 참석했었다고 우기면 되기 때문이다. 그런데 그날은 웬일로 내가 거기에 참석했다. 그리고 지난번 직장 상사 크리스가 자기 대머리를 확인한 뒤 손거울을 들고 화장실에서 나오면서 완전히 다른 인생행로를 밟았듯이, 나도 다른 사람으로 변화되어 그곳을 떠나게 되었다. 그곳은 내가 새로 태어난 장소가 된 것이다.

그날도 다른 때처럼, 주의를 기울이려 노력하면서, 회의장 뒤에 앉아 있었다. 하지만 몇 분 후, 평소와 마찬가지로 너무나 지루해져서 그만 자리를 뜨려고 이것저것 소지품을 정리하고 코트를 걸치려는 중이었다. 그때 누군가가 이렇게 말하는 것이었다. "내 머리는 마치 한 면에 TV들을 여러 개 전시해놓고 각각 다른 채널을 틀어놓은 것 같아요. 그리고 나는 리모콘이 없는 거죠."

아니, 바로 그거야. 나는 그 말이 무슨 말인지 알지. 나는 고개를 끄덕거렸다. 그런데 내 옆에 앉아 있던 여학생은 내 쪽으로 비스듬히 기울이더니 "무슨 소리야?"라고 속삭였다.

나는 그녀에게, 지금 말한 사람은 머릿속에 무수히 많은 생각들이 있어서 자기도 그걸 어떻게 통제할 수 없다고 말하는 것이라고 설명해 주었다. 그녀는 얼굴을 찡그렸다. "그게 도대체 무슨 소리냐고. 사람이 어떻게 한 번에 하나 이상의 생각을 할 수가 있어?"

이 순간, 나의 전 우주는 새 상을 맞이했다. 나는 그것을 감지할 수 있었다. 나는 뭘 선명하게 자각하는 경우가 드물고, 단 한 가지 생각에 집중할 수 있는 경우도 흔치 않지만, 바로 그 순간에는 그 모든 것이 가능했다. 천지가 개벽되고 천사들이 합창하는 느낌이었다.

코트를 입다가 멈추고, 내게 말을 걸었던 여학생을 향해 좀 크다 싶은 정도의 목소리로 말했다. 다소 격앙되었기 때문에, 내 주위 사람들의 신경을 좀 건드렸으리라. 하지만 아랑곳하지 않았다.

"아니, 그러면 너는 한꺼번에 네댓 가지 생각을 하지 않는단 말이야?"

"물론이지. 그러면 사람이 미쳐버리게?"

"맞아." 나는 속으로 말했다. '미치게 되지'

내가 만일 결혼도 하고, 아이도 낳는 영광을 누린다면(그래서 이 경우를 첫 번째, 두 번째로 내 인생에서 감격적인 순간으로 꼽게 된다치면), CHADD 회의에서의 그 순간이 내 생애 세 번째 최고(?)의 순간이었다고 감히 단언할 수 있다. 믿을 수 없었다. 한때 나는 인생의 패배자라는 좌절감에 휩싸였다. 남들과는 다른 별종으로, 점점 미쳐버리는 것 같아, 사태가 더 나빠지기 전에 죽어버려야겠다고까지 생각하지 않았던가. 그러나 지금 이 순간, 나는 ADHD를 가진 것에 불과하다는 것을 알게 되었다. 그리고 더욱 중요한 것은, 나 같은 사람들이 또 많이 있다는 걸, 내가 혼자가 아니라는 걸 알았다는 것이다.

다음날, 나는 서둘러 수업에 갔다. 평소보다 일찍 도착했는데, 본인 역시 ADHD 증세를 가진 젠 박사가 다른 학생과 이야기를 하고 있는 중이었다. 누가 뭐래도 젠 박사와 당장 이야기를 해야 되겠기에, 그 사이를 참을 수 없었다.

보통 ADHD 증상을 가진 사람들이 그렇듯이, 그들 대화 중간에 끼어들었다. 뭔가 말하려고 했지만, 들떠서 말이 제대로 나오지 않고 더듬기까지 했다. 그러다가 간신히 "젠, 젠 박사님, 내가 바로 ADHD 증상을 가진 것 같아요."라고 말을 했다.

지금도 눈에 선하다. 그녀가 돌아서서 나를 보며 미소 짓던 모습이. 젠 박사님은 사람을 포용하는 느낌의 아주 기분 좋은 미소를 잘 짓는다. "맞아요, 롭." 그녀는 침착하게 말을 이었다. "나는 이번 학기 수업 내내 어떻게 하면 롭한테 그 사실을 알려볼까 생각해 왔답니다. 통 내 말을 듣지 않더라고요. ADHD를 가진 학생의 전형이에요."

아, 인생의 멍에를 벗어버린 듯한 그때 그 기분을 내가 어떻게 말로 표현할 수 있을까. 실패의 나날. 소외의 나날들. 그 숱한 아픔, 분노, 우울, 불안, 증오, 좌절, 그 모든 것이 순식간에 설명되는 것 같았다.

당장 학생 상담소에 달려갔다. 미리 약속을 해두지 않아서 접수계에 있던 직원이 나를 가로막으려 하였으나, 나는 아랑곳하지 않고 밀고 들어갔다. 노크도 제대로 하지 않은 채, 카운슬러 방문을 벌컥 열었다.

내 카운슬러는 녹음기에 뭔가 육성으로 녹음을 하고 있었다. 내 태도를 보고는 참으로 무례하다는 표정을 역력히 지어 보였지만, 나는 상관하지 않았다. 하지만 흥분이 되니 말은 더욱 어눌해져서 한동안 더듬내고만 있었다. 그러나 결국, 하고자 하는 그 말이 터져 나왔다.

"내가 ADHD 증세가 있는 거예요!"

그날, 아니 아마도 내 인생 전체를 통틀어서 두 번째로, 누군가가 나한테 미소를 지어주고 나를 이해해 주었다는 사실! 너무나 기분이 좋은 나머지 또다시 울기 시작했다. 그러나 이것은 평소처럼 좌절과 불행감에서 나온 눈물이 아니라 안도감과 기쁨으로 가득 찬 것이었다.

"나도 그렇게 생각해요." 카운슬러는 말하면서 관련된 연구자료가 넣어진 자료철을 넘겨주었다. 언뜻 훑어보니까, 그것들은 의사들이 어떻게 ADHD가 뇌의 이상에서 유발되었다고 받아들이기 시작했는지에 관한 것들이었다. 특히 그 논문들에서는 전두엽과 뇌간이 이 증상과 관련이 있다고 보는데, 전두엽은 사람들이 자기 행동을 조절하는 능력을 통제하고, 뇌간은 주의력을 관장하기 때문이라는 것이다. 남들이 보면 도에 지나치는 행동이었겠지만, 나는 카운슬러를 얼싸안고 마음 놓고 더 울었다.

좀더 공식적으로 진단을 받기 위해 나는 어떤 전문가에게 검사를 받게 되었다. 그 사람은 나를 컴퓨터가 있는 방에 앉혔다. 검사는 모니터에 알파벳이 한 개씩 깜빡거리며 나타났다가 사라지는 것을 보고 있다가, 그중 X가 나온 뒤 O가 연이어 나오는 경우에는, 스페이스 바를 치는 것이었다. 누워서 떡먹기 아닌가 하고 처음엔 생각했다. 원, 원숭이들도 할 수 있겠구먼.

20분 동안 모니터에서 글자가 천천히 깜빡거렸다. 한 글자… 한 글자… 그리고 또 한 글자… 아이고, 생각과는 다르게 조갑증이 나서 미칠 것 같았다. 처음에야 물론, 눈앞의 과제에 집중할 수 있었다. 시키는 대로 X가 나오고 O가 나오면, 스페이스 바를 눌렀다. 하지만 곧 주의가 산만해지는 것을 알 수 있었다. 정신차리기 위해 갖은 짓을 다 했다. 나를 때리기도 하고, 꼬집기도 하면서 컴퓨터를 노려보려고 애썼지만, 어느새 방안을 휘둘러보고 있었고, 바닥에 놓여 있는 장난감이나 벽에 그려진 만화 같은 것을 쳐다보고 있는 게 아닌가.

갑자기 나는 내가 더 이상 과제를 수행하고 있지 않다는 것을 깨달았다. 아차, 이게 아니지 하며 다시 컴퓨터에 눈을 고정시키고 혼자서 '집중! 집중! 집중! 집중! 집중!' 크게 소리 내어 주문을 외웠다. 그러다가 또 '집중!'을 외우는 데에만 신경 쓰는 바람에 스페이스 바를 치는 것을 잊어버리기도 하고. 그러는 동안에 글자들은 천천히 줄지어 지나가고 있었다.

결국, 이거 안 되겠다 싶어 더욱 열심히 하기로 마음먹고 온 정신을 집중해서 모니터를 보았다. X가 나타나자, 곧바로 스페이스 바를 쳤다. 그런데 다음 글자가 O가 아닌 것이다. '제기랄' 나는 더 노력했다. 다시 X가 나타났고, 나는 스페이스 바를 쳤다. 이번에는 P가 나왔다. '젠장 할' 계속 욕설을 입에 담는 동안에 결국 지옥 같은 20분이 흘러갔다. 1: 0. 원숭이와 리틀 몬스터의 기록이었다.

다음번 지시받은 것은 검사자와 함께 앉아서 그 검사자가(여자였나) 시키는 대로 내가 따라하는 것이었다. 예를 들면, 그녀가 일련의 숫자나 무의미 철자들을 말하면 내가 잠시 후에 그 검사자가 불러준 대로 따라해야 했다. 또 여러 가지 기하학적 모형의 그림을 보여준 다음, 그것을 가리고는 나에게 기억 나는 대로 그려보라고 했다.

모두 내 생각엔 꽤 잘한 것 같았다. 컴퓨터랑 씨름했던 것은 좀 문제가 있었지만, 그 밖에는 다 잘한 것 같았다. 한 2주 후쯤에 그 결과에 대해 논의하기 위해 검사자와 내 카운슬러를 만났다.

마치 내가 그 자리에 없는 것처럼 다른 사람들이 나에 대해 이야기를 하고 있는 것을 들으며 멀뚱히 앉아 있는 것만큼 굴욕적인 일이 또 있을까? 평가자와 내 카운슬러와 같이 한 그 회의는 흥미로웠고, 또 차후 내 인생에 일어날 일들에 대해 말할 수 없이 긴요한 지침을 주었지만, 그래도 내 기분은 꼭 부모님하고 교장 선생님이 자기 문제를 논의하는 것을 듣는 초등학생이 된 것 같았다.

그 평가자는 우리가 처음 만났을 때 내가 자신을 뚫어지게 보면서 "자 이제 나는 내가 ADHD를 가지고 있지 않은 것처럼 행동하겠어요."라고 말했다는 것부터 보고하기 시작했다. 그렇게 말한 기억은 전혀 없지만, 검사자가 상당히 매력적이라고 느꼈던 것은 생각난다. 그러니 그녀를 좀 오래 처다봤다고 해도 뭐 놀랄 일은 아니었다. 그리고 나서 평가자는 그 컴퓨터 테스트 중에 내가 어떻게 행동했나를 설명해 주었다. 끊임없이 주위를 둘러보고, 컴퓨터에 대고 혼자 다짐을 하며 중얼거렸다는 둥. 나는 몰랐는데, 평가자는 일방 거울을 통해서 나를 관찰하고 있었던 것이다.

그리고 그녀는 이 컴퓨터 검사를 통해서 알아낼 수 있는 점을 설명하기 시작했다. 수검자가, 반응을 해야 할 경우에(이 경우는 X 다음에 O가 나올 때) 스페이스 바를 치지 않는 것은 '부주의(inattention)'를 측정하는 것이고, 반응하지 않아야 하는 경우(예를 들면, X 다음에 P가 나온 경우)에도 스페이스 바를 치는 경우는 수검자의 충동성을 보여 준다는 것이다. 보통 사람이라면 20분 동안 소요되는 테스트 동안 그저 2~3개의 실수를 한다고 한다. 나는 17개나 틀렸다. 스페이스 바를 쳐야 되는데 놓친 경우가 7개나 되었고, 치지 말아야 될 곳에서 쳤던 것이 10개나 되었다.

평가자는 또 '수검자에게 검사 시작 전에 세 번씩이나 지시 사항을 반복해 주어야 했다'고 이어가고 있었다. 물론, 내가 그 지시를 세 번씩이나 반복해서 물어본 기억은 전혀 없었다. 내가 자신을 잘 몰랐다면 검사자가 꾸며냈다고 맹세코 말했으리라.

최종적으로, 평가자는 내가 '청각 자극을 기억하는 데 심각한 어려움'이 있다는 점을 지적했다. 이는 검사자가 내게 읽어 준 리스트를 내가 반복할 수 없었던 사실이 뒷받침해 준다. 하지만 시공간 기억력은 평균 이상이라는 결과가 나왔다고 했다.

회의 마지막에, 평가자는 그녀의 결론을 말했다. 첫째, '피검자'는 '과잉행동, 충동성, 부주의와 관련된 문제를 현저히 보이는' 것을 특징으로 하는 '중증'의 ADHD를 가졌다는 것이다. 그리고 그녀는 내가 학습장애도 가지고 있다고 했다. 특히 청각-수용 학습장애가 있어서 귀로 들은 정보를 처리하는 데 어려움이 있다고 했다. 내 청각에 문제가 있는 것은 아니었다. 나는 단지 들은 것을 머리에 새기기가 어려운 것이다.

그 검사 결과를 들은 후 그 자리를 떠나 학교 캠퍼스를 걸어 다녔던 것을 기억한다. 분수 가에 앉아 그 검사 결과를 다시 읽었다. 모든 것이 명료해지는 기분이었다. 내가 자라면서 겪었던 모든 문제를 설명해 주고 있었다. 나는 결코 실패자도 멍청이도 아닐 뿐더러, 꾀를 부리는 나태한 사람도 아니고, 정신분열도, 서서히 미쳐가는 것도 아니었다. 나는 ADHD를 가진 것이다.

9

상아탑의 문으로 돌진!
STORMING THE GATES OF THE IVORY TOWER

내가 미친 것도, 멍청한 것도, 게으른 것도, 얼빠진 것도, 그때까지 사람들이 나를 지칭해왔던 그 어떤 것도 아니라는 사실이 밝혀졌다고 해도, 내 인생이 갑자기 완전해진 것은 아니었다. 나는 여전히 주의를 집중하는 데 어려움을 겪었고, 몇 분 이상 가만히 앉아 있을 수 없었다. 여전히, 허공을 바라보고 있거나, 제페트 할아버지의 나무인형처럼 의자에서 튀어 올라 아무 생각 없이 사무실 주위를 서성거리는 나를 발견하곤 했다. 직장에서는 쫓겨나기 직전이었다. 그러나 처음으로, 나도 희망이란 걸 가지고 있었다.

ADHD 진단을 받은 뒤로는, 더 이상 하얀 벽의 정신병동 생각에 시달리지 않았다. 여전히 때때로 우울해지고, 내 머릿속에서 우리 엄마의 '하느님 아버지, 저 좀 살려주세요! 이런 망할 녀석 같으니라구' 하는 소리가 반복되는 걸 듣기도 했으며, 여전히

ADHD와 관련된 문제들을 갖고 있었지만, 내 갈 길에 제대로 들어서 있었다. 그리고 앞을 향해 나아가고 있다고 느낄 수 있었다.

공식적인 진단을 받은 후, 나는 정신과 의사에게 의뢰되었다. 원래 우리 집안 식구들은 병원에 가는 사람들이 아니다. 엄마만 해도 20여 년 동안 한 번도 의사 얼굴을 본 적이 없다. 정기 검진이라는 것도 해 본 적이 없다고 한다. 나는 병원에 간 적이 있지만, 그건 천식과 전염단핵구증이라는 병 때문이었다. 나로서는 상담을 받는 것도 좀 받아들이기 어려운 판인데, 만약 누군가 내가 정신과 의사까지 만나고 있다는 걸 알게 될까 봐 굉장히 불안했다. 그래서 한동안은 가기를 거부하고 버텼지만, 마침내 권고에 따르기로 했다.

의사는, 그의 말에 의하면 내가 침착하게 앉아 있고, 집중하고 '적절하게' 행동할 수 있도록 한다는 약을 처방해 주려고 하였다. 하지만 나는 그리 내키지가 않았다. 우리 식구들은 병원에 가지 않는 것처럼, 몸이 아파도 거의 약을 먹지 않는다. 우리 식구들 중 누가 아스피린이나 감기약 먹는 것을 본 적도 손꼽을 수 있을 정도였다. 그러니 내 ADHD를 '고치기' 위해 신비의 약을 먹는다는 아이디어가 그리 탐탁지 않았던 것이다.

내 경험에 의하면 ADHD를 가진 아동들의 부모들은 약에 대해서 두 가지 유형 중 하나의 태도를 가지고 있는 것 같다. 첫 번째는, 어떤 대가를 치른다 해도, 즉 자기 아이들이 학업에서나 사회적으로 어려움을 겪는다 해도, 절대 리탈린 같은 약물치료는 받지 않으려는 부류다. 교사들은 이 유형에 속하는 부모들을 상대하는 데 좀 어려움을 겪는다. 교사들은 심기가 불편해지기 마련이고, 이 부모들이 '자기 아이들을 도와주기 위해 자신들이 할 수 있는 것'을 하지 않는다고 비난한다.

두 번째 부류는 반대로, 자신들의 손에 얻을 수 있는 어떤 약이라도 먹일 용의가 있으며, 자녀들의 문제가 쉽게 빨리 해결되기를 바라는 사람들이다. 이런 사람들은 '아이들의 행동에 별 책임을 지지' 않는 집단에서 종종 보인다. 그들은 또 약간의 평화와 고요를 위해서라면 자녀들의 건강에 대한 위험을 감수할 용의가 있는 것으로 보인다.

나는 첫 번째 부류에 속했다고 할 수 있겠다. 두서너 달 동안, 나는 약을 먹어야 한다는 정신과 의사의 권고를 무시했다. 나는 내게 남은 생을 '행복정(happy pill)'에 의존하고 싶지 않았다. 만약 내가 이걸 먹는다면 뭔가 내 통제력을 잃게 될 것 같은 느낌이었다. 낮을 보내기 위해 코카인 같은 약물에 의존하고, 밤에 긴장을 풀기 위해서 진정제를 찾으며 하루하루를 보내는 그런 사람이 되는 듯한 느낌이 들었다. 거기다, 내게는 알코올에 너무 의시하는 경향이 있다는 사실도 이미 알고 있었디. 따리서 의시기 주는 어떤 것에라도 쉽게 중독될 것 같은 두려움이 있었다.

약물에 대한 이런 걱정이 전혀 근거 없는 얘기만은 아니다. 어떤 약에나 심각한 부작용이 있는 것이며, ADHD에 대한 약물은 어린 아동들에게 특히 위험할 수 있다. 실제로 나는 ADHD에 대한 이런저런 약을 복용하다가 어린이들이 사망한 경우도 있다는 것을 들은 바 있다. 물론, 아주 흔치 않은 경우지만 말이다.

ADHD에 대한 약물에서 가장 흔한 부작용은 체중이나 식욕의 변화, 안절부절 못함, 수면의 어려움, 두통, 경기, 불수의적인 운동이나 음성 틱 같은 것들이다. 최근 연구조사 결과에 의하면 이러한 부작용은 생각보다 그렇게 드물지 않다고 한다. 게다가 이 약물들로 유발된 손상이 일생동안 지속되는지 일시적인 것에 그치는지에 대해서도 문제가 제기되고 있다. ADHD 약물의 부정적인 결과들, 즉 간, 신장, 심장, 뇌에 대한 손상이 쉽게 회복되지 않는다는 증거도 꽤 있다.

이처럼 ADHD 약물에 대해서 찬반양론이 분분하지만, 적어도 한 가지에 대해서는 모두가 수긍하고 있다. 약물은 가르쳐 주지는 않는다는 것이다. 그렇다. ADHD에 대한 약물은 사람들이 차분히 앉아서 집중할 수 있도록 도와줄 수 있다. 하지만, 그 약 자체가 아동에게 부족한 어떤 기술을 가르쳐주지는 않는다. 아이가 약을 복용하기 전에 읽기 능력이 3학년 수준 정도 뒤떨어져 있었다면, 약을 복용한 후에도 여전히 3학년 수준 정도 뒤떨어져 있을 것이라는 점이다.

게다가, 약물 복용에는 '반동효과(rebound effect)'라고 불리는 것이 있다. 기본적으로, ADHD를 가진 아이가 성공적으로 약물 치료를 받으면, 그 아이는 집중하고, 얌전히 앉아 있으며, 자기 행동을 더 잘 통제할 수 있게 된다. 초기에는 모든 사람들이 그 변화를 눈치 챌 수 있어서, 교사나 부모 모두 아동이 말 잘 듣는 것을 칭찬하고, 모든 사람들이 만족해한다. 하지만 연구 결과에 따르면, 약 60일에서 90일 정도가 지나면, 아동이 적절하게 행동하는 것에 대한 신선함은 사라지게 된다고 한다. 사람들은 더 이상 아동의 착한 행동에 보상을 주지 않으며, 그러면 그 아동은 다시 약물을 복용하기 전에 행동했던 대로 되돌아간다는 것이다.

요점은 이것이다. 약물은 ADHD를 가진 사람들이 주의를 유지하고 행동을 통제하는 것을 도울 수는 있지만, 배우는 방법이나 계산 능력, 올바르게 행동하는 방법을 가르쳐주지는 않는다. 만약 어떤 아동이 약을 복용하기 전에 사회기술을 전혀 습득하지 못했다면, 약을 먹었다 해도 자신이 어떻게 행동해야 하는지는 여전히 모를 것이다. 그렇기 때문에 제약회사조차도 ADHD에 대한 약물 처방은 행동수정 전략들과 함께 이루어져야 가장 효과적이라고 알려주고 있는 것이다.

내가 진단을 받았을 당시, 나는 ADHD에 대한 약에 관해서 별로 아는 것이 없었다. 따라서 거기에 대한 부작용이나 위험성에 대해서도 몰랐다. 나는 약을 복용하는 것에 대한 적극적 지지자도, 적극적 반대자도 아니었다. 단지 내가 약의 노예가 되는 듯한 생각이 싫었을 뿐이다. 약을 먹는다는 건 내가 자라온 우리 집 문화에 반하는 것이었고, 약물이 나를 좀비처럼 만들게 될까 두려웠다. 비록 나는 있는 그대로의 내 모습을 그리 좋아하지는 않았지만, 좀 재치가 있고, 때로 아주 창의성이 번뜩이기노 한다는 사실은 정말 좋아했다. 그런데 약물을 복용하면 이런 점들이 내게서 사라져 버릴까 봐 걱정이 되었다.

내기 기억하는 한, 의사가 처빙해 준 약을 복용하는 문세에 내해서 내 마음을 바꾸는 데 특별히 계기가 될 만한 일은 없었다.

진단을 받았다고 해서 모든 것이 나아지는 것은 아니라는 바로 그 사실이 약물을 시도해 보게 된 이유였던 것 같다. 그렇다. 나는 스스로에 대해서 좀더 낙관적으로 생각할 수 있었고, 내가 왜 그런 방식으로 행동했었는지 좀더 이해할 수 있게 되었고, 그건 아주, 아주 중요한 것이었다. 하지만 직장에서 사람들은 여전히 나를 싫어했고, 똑같이 집중도 할 수 없었으며, 괴상한 행동과 말도 계속 하고 있었다. 나는 약물이 나를 도와주기를 진정으로 바라고 있었다.

법적인 이유로, 나는 어떤 약물도 실제 제품명으로 말할 수는 없다. 그러나 개인에게 최적인 약과 정확한 용량을 찾아내는 그 과정을 이해하는 것은 아주 중요하다. 많은 경우, 사람들은 ADHD 진단을 받으면, 의사에게 가서, 주로 그 당시 유행인 약을 처방받게 된다. 그렇게 하고 나면 ADHD를 가진 사람들은 그들이 하룻밤 사이에 '치료'될 것이라고 기대하지만, 보통은 그렇지가 않다.

정신과 의사가 나한테 처음 처방해 준 약은 아주 흔한 흥분제였다. 이 흥분제는 ADHD 증상을 가진 사람들에게는 역설적인 효과가 있다. '정상적인' 사람들은 과도하게 활동적이 되게 하지만, 적정량의 흥분제는 ADHD를 가진 많은 사람들을 안정되게 한다. 내가 '모든'이 아니라 '많은'이라고 했다는 것을 주목해야 한다. 최근 연구에 따르면 ADHD가 있는 사람 중에서 약 30%는 이 약에 그다지 반응하지 않는다고 하는데, 나도 그중 한 사람이었다.

내가 처음 복용했던 약은 내게 아무런 효과가 없었다. 의사는 용량을 조절해 보고, 다음에는 동시에 두 가지 다른 종류의 흥분제를 처방하기도 했지만, 그 역시 아무런 효과가 없었다. 그 다음에 우리가 시도해 봤던 약은 내 위와 장에 얼마나 타격을 주었던지 뱃속이 터져 버리거나, 외계인이 뱃속에 있는 것을 끄집어내서 방바닥에 내팽개치는 것 같은 느낌이 들 정도였다. 새 약을 시작한 지 얼마 안 되서, 나는 내 복부 전체에 칼로 찌르는 듯한 통증을 느끼며 한밤중에 깨어났다. 나는 즉시 그 약을 끊었는데, 이유는 나중에 설명하겠지만, 알고 보니 **절대로** 그렇게 갑자기 끊어서는 안 되는 일이었다.

그 다음에 처방해 준 몇 가지 흥분제는 좀 효과가 있었다. 말하자면, 집중하고, 지긋이 앉아 있는 걸 좀 쉽게 해 주었다. 하지만, 그것도 내 심장을 불규칙적으로 뛰게 하고, 밤새 잠 못 들게 하기도 했다. 내가 앞서 말했듯이, 이런 증상은 이런 약물들에 아주 흔하게 수반되는 부작용들이었다. 의사는 내 몸이 곧 적응을 해서 정상으로 돌아갈 것이라고 했지만, 그렇게 되지 않았다. 나는 잠을 잘 수 없었고, 심장이 가슴 밖으로 튀어나올 것 같은 느낌이 들었다.

결국, 의사는 흥분제에서 기분 안정제(mood stabilizer)와 항우울제(antidepressant)로 처방을 바꾸었다. 그러는 동안이 1년이나 걸렸지만, 마침내 나를 안정시키고 집중할 수 있게 도와주는 내게 맞는 약을 찾아내었다. 물론 여기에도, 약간 체중이 는다든지 성욕이 감퇴된다든지 하는 부작용은 약간 있었지만, 내가 원래 너무

몸이 마른 관계로 아무도 나와 한 번 이상 만나주려 하지 않던 참이라, 그런 건 내게 별 문제가 아니었다.

자신에게 맞는 약을 찾는 데 많은 시간이 걸린다는 사실은 흔한 일이었다. 각자에게 맞는 약과 용량을 찾는 데 2년 이상 걸리는 경우가 빈번하다고 한다. 거기다 어린이들의 몸은 끊임없이 자라기 때문에, 어린 아동들의 경우는 시간이 더 걸릴 수 있다. 여자들은, 특히, 생리 주기 동안 몸의 상태가 나빠질 수도 있기 때문에 ADHD에 대한 효과적인 약을 찾는 데 문제가 많다고 한다.

적절한 의학적인 처치를 찾는 데 이렇게 긴 시간이 걸리는 가장 큰 이유는, ADHD에 대한 약물을 복용한다고 해서 그 순간부터 갑자기 효과가 나타나지는 않기 때문이다. 그것들은 아스피린 같지 않다. 일반적으로, 약물이 인체 내에 들어가 치료적 수준에 도달하려면 4~6주가 걸린다고 한다. 거기다가 만일, 복용하던 약을 갑자기 중단해버리면, 신체에 악영향을 줄 수가 있다고 하는데, 나는 그걸 나중에 알게 되었다. 따라서 약을 바꾸려면, 새로운 약을 시도하기 전에 이전에 복용하던 약을 서서히 떼고 나서, 그 약 성분이 인체 내에서 완전히 없어질 때까지 기다려야 한다. 그러므로 적절한 약과 용량을 찾는 데 종종 긴 시간이 소요될 수 있는 것이다.

이처럼 ADHD 약과 씨름하는 동안, 나는 앞으로 무엇을 해야 할지에 관해서도 결정을 해야만 했다. 내 행동 때문에 동료들에게는 아주 따돌림을 당한 상태였고, 석사과정은 막 끝나가고 있었다. 이때 나에게 박사과정에 들어가라고 권유해 주는 사람을 만났다. 이 사람은 일리노이 대학에서 일한 적이 있었고, 내 연구 주제와 비슷한 관심을 가진 그곳 사람들을 꽤 알고 있었다.

처음에 그 사람이 나에게 박사학위 운을 떼었을 때 웃어 넘겼던 것이 기억난다. 내 생각에, 박사들은 아주 머리가 좋고 공부하기 좋아하는 사람들이었기 때문이다. 그들은 어두컴컴한 카페에 둘러 앉아, 팔꿈치에 헝겊을 덧댄 윗도리를 걸치고, 파이프 담배를 피우며 철학이나 논하는 사람들이었다.

비록 내가 석사과정에서 꽤 잘하기는 했지만, 나는 여전히 읽는 것에도, 수업시간에 집중하는 것에도 어려움을 겪고 있었다. 그리고 내가 박사학위를 받을 만큼 머리가 좋지도 않다고 생각했다. 그런데도 이 사람은 여러 군데 전화를 해서 내게 면접을 주선해 주었다.

약을 좀 먹으라고 트로이에게 말했던 때나, 내가 ADHD를 가졌다는 것을 깨달은 CHADD 미팅에 갔을 때처럼, 일리노이 대학에서 인터뷰를 했던 때 역시 나는 영원히 기억할 수 있을 것이다. 나는 그때 운전방법도 잘 모르는 스틱형 새 차를 막(다소 충동적으로) 구입했었다. 아슬아슬 그 차를 끌고 내가 가야 할 선물을 찾아서 학교 캠퍼스 안을 돌아다녔다. 마침내 그곳에 도착하여, 나를 면담할 명성 있는 교수를 기다리며 사무실 의자에 앉아 있었다. 드디어, 그가 나타났다.

그 교수의 이름은 프랭크 로이스였다. 프랭크는 특수교육계의 거목이었고, 지금도 그렇다. 그는 중증 장애를 가진 이들에 대한 많은 연구와 그들의 고용에 관한 연구를 했는데, 그것이 내 관심을 끈 주제였다. 사실 그는 특수교육을 혁신적으로 변화시켰다고 볼 수 있는 '학교로부터 직장으로(school-to-work)'라는 움직임이 생겨나는 데 많은 기여를 하였다. 프랭크를 만나자마자, 나는 즉시 그를 좋아하게 되었다.

프랭크는 내 인생의 어떤 다른 선생님보다 더, 나와 내 별난 생각을 전폭적으로 지지해 주었다. 내가 잘 해나가고 있으면 그렇다고 말을 해 주었고, 실수를 하고 있을 때에도 짚어주었다. 항상 내 편에 서서, 내 머릿속에 떠오르는 어떤 것이라도 시도해 보도록 격려해 주었다.

프랭크 교수와 그 밖에 너무나도 좋은 다른 많은 사람들, 제니스 크리슨이나 레이드 헬스 같은 사람들 때문에, 박사과정 기간은 내 생애 최고의 시간이었다. 그때가 아마 내 페이스대로 일을 진행하며, 내가 하고 싶은 것들을 할 수 있었던 유일한 때가 아니었나 싶다. 물론, 여전히 수업시간 내내 앉아서, 주의를 집중하는 데 어려움을 느끼는 경우들이 있었다. 하지만 아주 많은 일들이 진행되고 있어서, 좀 정신없기는 했지만 나는 늘 활기를 느낄 수 있었다. 일리노이 대학은 내게 딱 맞는 곳이었고, 나는 그곳에서의 거의 매순간을 사랑했다.

나는 '거의' 모든 순간이라고 했다. 다른 시간과 장소들에서처럼, 박사과정 중에서도 당연히 문제들은 있었다. 그런데 이번에는 대부분의 문제들이 나의 사회성 부족에서 비롯되는 것이 아니었고, 내 넘쳐나는 에너지와 과도한 생산성 때문이었다.

전통적으로, 일리노이 대학에서는 박사학위가 5년 과정이었고,

때에 따라서는 조금 일찍 끝나거나 아니면 더 길어지거나 했다. 나는 2년 안에 마칠 수 있는 궤도에 올라 있었다. 나는 요구되는 것보다 더 많은 수업을 듣고 있었고, 다양한 연구 프로젝트에 참가하기를 자원했고, 열성적으로 내 생각과 이론을 써 내고 있었다.

불행히도, 많은 사람들이 내가 너무 앞서가는 데 어떤 위기의식을 느꼈던가 보다. 잠시 같은 박사과정에 있던 여학생과 데이트를 했는데, 그녀가 내 동료들이 내 뒤에서 나에 대해 어떻게 불평을 하는지 귀띔해 주었다. 분명 그들은, 자신들은 혼자서 쩔쩔 매는데 프랭크 교수가 나만 너무 도와준다고 느끼고 있었다. 그리고 내가 너무 거만하고 잘난 척 한다고 생각했던 모양이다.

나는 그들이 왜 그렇게 여겼는지 이해할 수 있다. 나는 너무 내 목표, 내 인생과 내 학문적 탐구에 열중한 나머지 주위 사람들 기분에 둔감했던 것이다. 예를 들면, 내가 졸업 자격시험을 끝냈을 때, 나는 내 동기들이 모두 아직 그 근처에도 못 가 있다는 것을 알고 상당히 놀랐는데, 또 그들에게 그대로 말해버리는 실수를 저질렀다. 그들이 상당히 상처를 받았으리라는 것은 이해가능한 일이다.

거기다, 스물네 살로 내가 속한 박사과정 중에서 제일 어린 학생이라는 사실도 상당히 부정적으로 작용했다. 나이 많은 학생들은 게을러서 뒤지는 듯한 느낌을 받는 것이 싫었을 것이다. 사실은 그들 모두 뛰어난 사람들인데, 내가 그들을 무능한 사람으로 느껴지게 했던 것이다. 다시 말하지만, 나는 내가 해야 하는 정도보다 훨씬 더 많이 하며 앞서갔다. 나는 내 자신의 자료를 만들고,

논문을 출판하고, 컨퍼런스에서 발표도 했다. 연구 성과에 대해 국가에서 주는 상을 받기도 했다.

내 지나친 학구열에 불만을 나타낸 것은 동료 학생들만이 아니었다. 내가 속한 과정 교수 중에도 나를 견디기 어려워하는 사람들이 있었다. 몇 사람은 그토록 열심히 공부하는 동기가 무엇인지 공개적으로 물어보기도 했다.

대학원 과정 첫해에, 내가 조기 졸업을 할 수 있는지를 결정하는 교수님들과 면담을 가졌었다. 얼굴에 늘 냉소를 띠고 있는 나이 든 여교수 한사람이 나에게 "학생은 이 박사과정을 일종의 게임 같은 것으로 생각하나요?"라고 물었다. 그리고는 내가 박사과정을 '음미' 하지 않고, 시간을 내어 주위의 사람들로부터 무엇인가 배우려고 하지도 않는다고 힐난했다.

그건 당치도 않은 이야기였다. 나는 매순간을 아끼며 음미하고 있었다. 나는 그전 어느 때보다도 더 많이 배우고 있었다. 그저 학위만을 위해서 달리는 것이 아니었다. 나는 내 관심을 끄는 모든 것을 열렬히 추구하고 있었다. 그러다 보니, 모든 필수 과정을 다른 사람들보다 훨씬 먼저 끝내게 된 것뿐이었다. 내 인생에서 처음으로, 나의 과잉행동성이, 제대로 방향을 잡아 지도를 받음으로써, 굉장한 자산이 되고 있는 것이었다.

이 박사과정이야말로 내가 할 수 있는 한 가장 빨리 달릴 수 있었던 최초의 기회였고, 그건 말할 수 없이 신나는 것이었다. 나는 그게 정말 좋았다! 나는 어떻게 해서 ADHD가 결과적으로는 장점이 되었는지 생각하기 시작했다. 이제 질문은, 어떻게 내

ADHD를 '치료'할 것인가가 아니라, 어떻게 **활용**할 것인가가 되었다.

나는 내 능력을 증진시키기 위한 방법들을 생각하기 시작했다. 나는 더 빨리 배우고 더 잘하기를 원했다. 나는 과잉행동성을 초능력으로 변화시키기를 원했다. 나는 내 충동성을 엄청난 창조성으로 바꾸고 싶었다. 이제 나는 더 이상 주의분산되고 싶지 않았다. 나 스스로 세상 모든 것에 주의를 기울일 작정이었다.

나 자신을 개선시키기 위한 아이디어들을 고심해서 적어둔 노트들을 아직도 산더미같이 가지고 있다. 지금도 필요하면 그것들을 뽑아들고 또 새로운 아이디어가 있으면 보충해 넣는다. 이 책의 11장부터 13장에서는, 내가 좀더 집중을 하고 생산적이 되는 데 도움이 되었던 효과적인 방법들을 간추려 보았다. 물론, 더욱 행복해지는 방법도 말이다.

학위를 받고 난 후
LIFE AFTER SCHOOL

학위를 끝내고 일리노이 대학을 떠날 때, 나는 갓 스물일곱이었다. 내 인생에서 처음으로, 나는 모든 면에서 꽤 잘 해나가고 있었다. B가 두 개 있었을 뿐 박사 과정에서는 모두 A를 받았으니, 그 어느 때보다 공부에 전념했었다고 할 수 있겠다. 친구는 많지 않았지만, 정기적으로 만나는 데이트 상대는 있었다. 그리고 가장 중요한 것은 내가 어떤 사람인지 파악해가고 있다는 점이었다. 아직도 때로는 자존감이 아주 낮아져 의기소침하기도 했지만, 대부분은 행복했다. 흰 벽의 입원실에 대한 생각은 서서히 사라져가고 있었다.

논문이 끝날 때쯤, 나는 사우스웨스트 미주리 주립대학(SMSU)으로부터 임용 제의를 받았다. 하지만 정말 실망스럽게도, 일리노이 대를 떠나 그곳으로 간 것은 전속력으로 벽돌담에 돌진하는 격이었다.

　일리노이에서는, 나를 지켜봐주며, 내가 알아야 될 것을 가르쳐 주면서 내 자신감을 북돋아 주는 훌륭한 멘토(mentor)가 있었다. 그는 내가 무엇을 배울 수 있는 기회를 놓치지 않도록 했고, 내가 잘 해나가는 것에 대해서는 칭찬을 아끼지 않았다. 또 있는 그대로의 나를 받아들이고 나의 ‘독특함’은 별로 염두에 두지 않았다. 그가 없었더라면, 나는 박사학위를 마치지 못했을 것이다.

　하지만, SMSU에서는 사람들이 너무나 달랐다. 그들은 나를 못 견뎌했고 내가 자신들이 원하는 방식에 ‘맞추어’ 행동하기를 기대했다. 어떤 식으로도 나를 도와주려 하지 않았다. 예를 들면, 나는 껌뻑거리는 형광등과 빛 바랜 시멘트벽으로 된 조그만 사무실을 배정받았는데, 그 방은 창문 하나 달려 있지 않아, 마치 독방에 수감되어 있는 기분을 느끼게 했다.

　나는 이런 분위기에서는 일에 집중할 수 없다는 것을 담당자들에게 설명하고 다른 사무실, 특히 창문은 하나 있는 곳으로 옮겨 달라고 요구했지만, 그 요구는 거절되었다. 그래서 전등이라도 좀 고쳐달라고 했는데, 고치는 사람 코빼기도 볼 수 없었다. 할 수 없어서 그러면 벽이라도 내가 새로 칠하겠다고 했는데, 그것마저 안 된다고 했다. 그런 건 허용되지 않는 것이라나.

　그래서 나도 좀 세게 나가기로 했다. 미국 장애인법(Americans with Disabilities Act, ADA)에 의하여, 장애인(나도 주의력결핍 및 과잉행동장애를 가지고 있는 것이다) 편의시설을 갖추어 달라고 공식적으로 요청을 한 것이다. 하지만 내가 너무 요구사항이 많다는 지적을 들었을 뿐이었다. 거기다가 고참 교수는 아주 노골적으로, '군소리 없이' 말썽부리지 말고, '남들과 잘 지내는 법'을 배우는 것이 신상에 좋을 것이라는 식의 암시까지 했다 ─ 정교수가 되고 싶다면.

도저히 있기가 힘든 사무실 때문에, 나는 집에서 일을 하기 시작했다. 사무를 볼 때나 수업이 있을 때에만 학교에 나오고, 원고를 쓰거나 학생들 성적을 내야 할 때에는 내 아파트나 도서관을 이용했다. 그랬더니 동료들은 나를 아주 냉담한 사람으로 보았던 것 같다. 그들은 학장한테 내가 '팀워크'를 이루지 않는다고 불평을 했고, 학장은 나에게 하루도 빠지지 말고 학교로 출근하라고 요구했는데, 그건 나의 생산성에 막대한 저해 요인이 되었다.

이 대학에서 내가 겪은 가장 큰 문제는 결국 나 자신의 충동성에서 비롯되었다고 할 수 있다. 특히 내 동료가 연구 결과를 조작하는 것을 보고는, 앞뒤 생각 없이 바로 그를 몰아세웠던 것이 문제가 되었다. 사실 나는 그녀에게 아무 말도 하지 않을 생각이었다. 기록을 통해서 지밀하게 증거를 확보하고, 공식적으로, 선문인답게 처리할 작정이었다. 그런데 그녀를 보자마자, "당신이 그 자료를 요리하고 있다는 것, 내가 다 알고 있어요."라고 쏟아 부은 것이나('요리'라는 용어는 논문 가치가 있게 하기 위해서 연구 결과를 조작하는 것을 말한다). 나의 그런 태도는 때문에, 직장 분위기는 아주 험악해졌고, 나는 겨우 두 학기를 채우고는, SMSU를 떠나기로 결정했다.

다행히도 특수교육학 박사는 비교적 수요가 많은 편이었다. 그리고 프랭크 로이스 제자이고, 일리노이 대학 출신이기 때문에, 나는 시카고에 있는 발달장애 연구소에 자리를 얻을 수 있었다.

SMSU에서는, 학생들을 가르치면서 시간이 나는 대로 연구를 하기로 되어 있었다. 그런데 이 연구소에서는 연구 이외에는 아무 것도 하지 않았다. 나는 연구하는 것을 좋아하기는 했지만, 새 직장에서 일을 시작하는 데에는 상당히 애를 먹었다. 왜냐하면 지시에 따라 움직여야 했기 때문이다. 누군가가 나에게 원고를 잔뜩 주면 나는 그 자리에서 그걸 당장 읽어내야 했다. 나는 그런 식으로 일을 해내기 어려운 사람이다. 지금도 그렇게는 못한다. 나는 내 상태에 따라, 집중해서 읽을 수 있기도 하고, 읽기에 전혀 몰두할 수 없기도 하다. 그런데 새 직장에서의 사람들은 이걸 이해하지 못했다. 나는 연구소라는 곳 역시 내게는 맞지 않는다는 것을 알았다.

연구소에 있는 동안, 나는 내가 가르치는 일을 그리워하고 있다는 것을 깨달았다. 게다가 출퇴근 시간이 정해져 있는 일은 나에게 맞지 않았다. 좀더 시간에 구애받지 않는 직장이 필요했다. 다시 말하자면, 내가 읽거나 쓸 수 있을 만큼 집중할 수 없을 경우에는, 다음에 그게 가능할 때 일을 해도 되는, 그런 융통성이 있는 직장을 원했다. 2년도 되지 않아서 두 번째로, 또 새 직장을 알아보기 시작했다.

곧, 나는 로욜라 대학과 노던 일리노이 대학에 자리를 얻었다. 이 두 대학에서는, 특수교육과에서 1년간만 가르치기로 계약했었다. 두 곳에서는 모두 별 문제없이 잘 해나갔다고 본다. 임시직인지라 다른 교수들과 크게 접촉할 필요도 없어 일하기가 한결 수월했다. 하지만 나도 안정을 하려면 신분이 보장되는 영구적인 직장이 필요했다.

여러 대학을 전전하다가, 마침내 위스콘신에 있는 한 대학에 자리를 잡을 수 있었으니, 바로 지금 내가 있는 곳이다. 박사학위를 받은 이후 다섯 번째 직장이다. 비록 여기에 5년째 몸담고는 있지만, 항상 좋은 일만 있었다고는 할 수 없다.

이 대학 사람들은, 대체로 아주 좋은 사람들이라는 것은 꼭 말해두고 싶다. 비록 특별히 가깝게 지내는 사람은 없지만 나는 그들 대부분을 좋아한다. 서로 간섭하지 않고, 그들은 그들의 일을 하고 나는 내 일을 한다. 이들이 친절하고 좋은 사람들이긴 하지만, 그래도 그들에게 ADHD가 뭔가를 알려주는 데에는 상당한 시간이 걸렸다. 내가 이런 주제에 관련된 이야기를 할 때 귀 기울이기를 꺼리는 사람이 아직도 꽤 있고 또 내 동료들 중 상당수는 나를 이해하지 못하거나, 나의 특이함을 달가워하지 않는다.

우선 엉망진창인 내 사무실부터 문제나. 과상이 아니라, 완전 쓰레기 더미다. 두 번이나 화재대피 본부에서 와서, 책상에서 문까지 적어도 40cm 넓이로는 길을 내어 두어야 하니, 그곳을 막고 있는 온갖 삽동사니를 지우라고 했다!

무슨 이유에서인지, 사람들은 내 사무실에 와서 내가 얼마나 게으른 사람인가를 지적해 줄 필요가 있다고 느끼는 것 같다. 도대체 누군지도 모르는 사람조차 내 방에 얼굴을 들이밀고는 아주 무례한 비판을 늘어놓기도 한다. 그리고 내가 화라도 내면, 오히려 나를 비이성적인 사람으로 취급한다. 말하자면, 내 사무실은 진짜 엉망진창이고, 그렇기 때문에 사람들은 나에게 그 사실을 지적해 줄 권리가 있다고 당연히 여기는 것으로 보인다.

처음 이곳에 출근한 지 얼마 안 되어서, 내가 책상에서 상당히 열을 올려 일을 하고 있었는데, 어떤 교수가 불쑥 들어와서는 '이거 정말 돼지 우리 같구먼! 거, 깨끗이 하고 있지 못하면, 남이 안 보게 문이라도 닫아 놓을 정도의 염치는 있어야지' 하는 것이었다. 이건 좋은 충고였다. 이제 나는 내 사무실 문을 닫아둔다. 비록 어떤 사람들은 이걸 내가 남들하고 어울리지 않으려 하는 걸로 해석하기도 하지만 말이다.

화가 나는 것은, 그런 사람들이 나에게 사회성이 없다고 말하는 것이다. 나는 남의 집에 쳐들어가서 '아이고, 파출부라도 좀 써라! 네가 돼지냐? 완전 돼지 우리네'라고 의도적으로 말해 본 적이 한 번도 없다. 어처구니없게도 ADHD가 아닌 사람들은 예의 없이 행동해도 되는 것이다. 만약 그들이 무례하게 행동하면 그건 '선의의 농담'이라고 여긴다. 내가 그러면, 곧 '부적절한' 행동이 되고.

이곳에서 내가 겪고 있는 또 다른 문제점은 다른 교수들이 ADHD를 어떻게 보는가와 관련되어 있다. 특히 몇몇 교수들은 ADHD라는 것이 존재한다는 것 자체를 믿지 않는다. 그들은 이 용어가, '양육을 잘 못한 것'에 대한 비난을 피해 아동의 뇌에 문제가 있다고 책임을 전가하는 방식일 뿐이라고 생각한다. 또 다른 사람들은, ADHD가 실제 증상이기는 하지만, 내 경우에는 적용되지 않는다고 한다. 박사학위를 취득한 것으로 보건대, 내가 ADHD일 리가 없다는 말을 나는 가끔 들었다. 그들 눈에, ADHD를 가진 사람들은 어리석거나, 성공할 수 없다고 보이는 것이다.

이런 편견들은 ADHD 증상을 가진 대부분 아동들이 극복해야 할 가장 큰 장애물 중 하나다. 부모나 교사들은 ADHD를 가진 아이들에게 그들이 이런저런 것들을 할 수 없다고 말한다. 그들은 '응, 너는 ADHD 때문에 얌전히 앉아 있을 수가 없어'라거나 '너는 이런 장애가 있으니까 학교 공부를 잘할 수 없을 거야'라고 말한다. 따라서 그 아동은 그가 들은 대로 믿게 되고, 모든 사람들의 낮은 기대치에 따라 자라나게 된다. 다시 말하면, 그들은 자신의 능력이 아니라 다른 사람들의 지각에 의해서 성장에 제한을 받는 것이다. 결국, 만약 부모나 교사들이 ADHD를 가진 아이들이 성공할 수 있다는 것을 믿지 않는다면, 아이들 역시 믿지 않게 될 것이다. 그리고 만약 아동이 자기가 무언가 이룰 수 있다고 생각하지 않는다면, 뭐 하러 애써 노력해 보겠는가.

위스콘신 대학에서도 초기 몇 년간은 좀 삐걱거렸다. 우리 학부의 고참 교수들이 장애를 가진 사람들에 대해 이런 부정적인 견해를 갖고 있었기 때문이었다. 특히 학과장은 ADHD 증상을 갖는다는 것이 어떤 것인지 도무지 이해하지 못했다. 그는 내 사무실에 밀고 들어와 내가 잘못한 일에 대해서 설명을 요구하곤 했다. 나는 그때 너무 바쁘게 일하는 중이었고, 한번 어떤 일에서 정신을 놓으면 원 궤도로 원상 복귀하는 것이 몹시 어렵다고 설명을 하곤 했지만, 그는 전혀 상관하지 않았다. 그는 내가 '그 정도 사소하게 주의 분산되는 일들 정도는 충분히 다룰 수' 있어야 한다고 여기고 있었다.

이것은, 물론, 천만의 말씀이다. ADHD가 있는 사람에게, 집중을 할 수 있는 것은 아주 순간적이라 하겠다. 그건 마치 날씨와 같다. 한순간 화창하고 해가 쨍쨍하듯 나는 아주 명료하게 집중을 할 수 있다. 다음 순간, 금세 구름들이 몰려와 내 머릿속은 뿌연 안개로 가득 차게 된다. 그러니, 나는 내가 뭘 좀 생각할 수 있을 때를 활용하려고 아주 신경을 많이 쓰고 있으며, 그 순간을 놓치지 않으려고 최선을 다한다. 누가 방해하는 것을 견디지 못하고 되도록이면 이런 일을 최소화하려고 애를 쓰는 것도 이런 이유에서다.

ADHD가 없는 대부분 사람들은 이걸 이해하지 못하는 것 같다. 그들은, 사람은 누구나 자기가 하고 싶을 때라면 언제라도 읽거나 쓰고 생각할 수가 있고, 따라서 남들이 던지는 몇 가지 질문에 답을 하거나 '안녕하세요'라고 인사하느라 시간을 몇 초 들이는 것이 어려운 일이 아니라고 생각한다. 하지만, 이 몇 초 동안, 내 생각이라는 기차는 단순히 그 연결이 끊기는 정도가 아니라, 선로와 함께 기차 전체가 완전히 사라져버린다.

학과장과 동료들이 이해할 수 없었던 또 한 가지 사실은 내가 스스로 하는 말이나 행동을 때로는 의식하지 못한다는 것이다. 나는 잘 잊어버릴 뿐만 아니라, 어떤 순간에 내가 말하는 것에 대해서 스스로도 잘 모르고 있는 경우가 많다. 나중에, 무엇인가 문제가 생겼을 때, 내가 '난 그런 일을 한 기억이 없어요'라고 말하면 모두들 내가 거짓말하고 있다고 생각하였다.

예를 들면, 한번은 내가 가르치고 있는 학생이 교생실습을 하고 있는 곳을 방문할 기회가 있었다. 우리가 복도에 서서 그 실습에 대해 이야기하고 있는데, 내 또래의 여선생이 우리 옆을 지나갔다. 그녀가 아주 매력적이었던 게 탈이었을까? 그 학생 말에 의하면, 내가 그 여선생을 '엉큼하게 곁눈질' 하더니, 그 여자가 미혼이냐고 물었다고 한다. 그래서 그 학생은 학교에 나에 대한 불만을 적어냈다. 내가 자기를 '뚜쟁이' 취급을 했지만, 자신은 교수의 데이트 상대를 알아봐주는 사람이 아니라는 것을 밝힌다면서(그 일이 있었던 즉시 이런 불평을 학교 당국에 제출한 것이 아니라 내가 그 학생의 실습 성적을 나쁘게 매긴 뒤에 진정을 했다는 것이 좀 흥미롭다 할 수 있겠다).

어쨌거나, 나는 이 일 때문에 학장실에 불려갔는데, 학장은 내가 '좀더 노력했더라면' 교수로서 그런 부적절한 말을 하지 않았을 게 아니냐고 몇 번이나 나에게 다그쳤다. 그는 이해하지 못했다. 나는 노력**하고 있었다**는 것을. 문제는 내가 사람들 기분 상하게 하는 말을 하는 경향이 있다는 것이다.

그런 불쾌감을 주는 말을 한 기억이 없다고 내가 학과장에게 말을 했을 때, 그는 분명히 내가 거짓말을 하고 있다고 생각했다. "그런 일이 전혀 기억나지 않는다는 게 말이 됩니까?" 그는 화를 내며 말했다. 당연히 그는 이해할 수 없었다. 그건 내가 아무것도 기억하지 못한다는 것과는 다르다. 내 머릿속에는 몇 년 동안이나 떠나지 않고 맴도는 것들도 있기 때문이다. 하지만 나는 순간순간 내 입이 무슨 말을 쏟아내고 있는지 완전히 인식하지 못하는 것이다. 말하자면 어떤 때 내가 생각하고 있는 것과 말하고 있는 것을 구분하지 못하는 것과 같다.

지금은 이 학장과의 사이도 훨씬 좋아졌다. 특히 내가 막 부임했을 때와 비교하자면. 나를 진정으로 이해한다고는 생각하지 않지만, 그는 나를 너그럽게 보아주려 노력을 해왔고, 나는 이에 대해 깊이 감사한다. 나도 되도록 그와 잘 지내려고 애쓰고 있다. 따라서 내 ADHD 증상이 지금 직장에서도 여러 가지 문제들을 야기하기는 하지만, 대체로 매사가 훨씬 매끄럽게 넘어가고 있다고 하겠다.

다른 한번은, 내 학생의 실습을 지도하는 동료 교수와 이야기를 나누고 있는 중이었다. 그녀는 아주 오랫동안 아파서 장기 병가 후에 막 업무에 복귀한 참이었다. 이런저런 잡담을 하던 중, '당신 아주 멋져 보여요'라고 말하려다가, 이게 성희롱 비슷한 말이 될 수도 있을 것 같아 혀를 깨물고 참아내고 있었다. 그녀가 자기가 얼마나 아팠었는지 이야기하다 잠시 숨을 고르는데, 갑자기, 내 귀에 '하지만 당신은 내가 보기엔 아주 멋진데요'라고 말하는 내 목소리가 들렸다. 즉시 내 입을 틀어막았지만, 이미 엎질러진 물이었다.

나는 황급히 사과를 하고 다른 어떤 부적절한 의미가 있는 건 아니라고 설명했다. 그녀는 단지 웃어 넘겼다. 다행히도, 그녀는 내가 말하려던 의도를 이해해 주었고, 거기에 어떤 부정적인 반응도 보여 주지 않았다. 정말 모두가 그녀처럼 그런 찬사를 좀 여유

있게 받아들일 수 있었으면 좋으련만. 하지만, 요즈음 대부분 사람들은 사소한 말 한마디마다 일일이 기분이 상하고, 특히 그게 성적인 의미나 외모에 아주 조금이라도 관련이 있으면 더욱 그런 것 같다.

이런 이유 때문에, 학생들을 상대하는 것도 나에겐 아주 신경 쓰이는 일이다. 특수교육계에는 여자들이 압도적으로 많다. 생각하건대, 내가 가르치는 학생들의 95%는 이십대 초반의 여학생들이다. 나도 그들 나이와 얼추 가깝고, 또 내가 머릿속에 떠오르는 대로 말을 한다는 사실 때문에, 이 여학생들을 상대하는 것이 특히 불안하고 신경 쓰인다. 내가 성희롱으로 여겨질 수 있는 말이나 행동을 할까 봐 늘 전전긍긍한다. '그 재킷이 멋진데'라거나 '오늘 헤어스타일 맘에 든다' 같은 말을 내뱉어 버렸을 때마다, 나는 즉시 '아, 그냥 하는 말이지 뭐 다른 뜻은 없다'고 덧붙인다. 대개 학생들은 웃고 말지만, 개중에는 상당히 불쾌하게 여기는 경우도 있다.

위스콘신에서 초기 1~2년 동안에는 몇 학생이 나에 대한 불만을 학교 당국에 제기한 적도 있다. 그중 하나는 꽤 나이가 든 50대 학생이었다. 그녀는 자기 성적에 대해 따지려고 내가 집에 있을 때 전화를 했다. 내가 전화를 받자, 그녀는 "나는 아무개예요. 선생님 강의를 듣는 학생이죠. 내가 누군지 알겠어요? 난 언제나 구석 책상에 앉는데요."라고 했다.

내가 1년에 100명 이상을 가르치기 때문에, 나는 이름만으로는 누가 누군지 잘 모른다. 하지만 이때 나는 이 학생이 누군지 감이 잡혔다. 그러나 확실하지는 않았다. 구석이라면 네 귀퉁이가 모두 구석이고, 그 네 구석 책상에 모두 여학생들이 앉아 있기 때문이다. 그래서 "혹시 내가 볼 때 강의실 왼쪽 뒤에 앉는 금발의 여학생인가요?" 하고 물었다.

곧 난리가 났다. 여학생의 머리색을 입에 올린 것도 성적으로 부적절한 행동이 될 수 있다는 것이다. 물론, 그 학생이 내 과목 시험에 낙제를 하지 않았다면, 틀림없이 아무 문제도 되지 않았을 것이다.

여기 온 지 2년째가 되던 해에, 나는 내 '장애'에 대해 학교가 적절한 편의 조치를 취해 줄 것을 정식으로 요청했다. 특히 내가 알아야 할 사항들은 문서로 내게 알려줄 것을 요구했다. 누군가가 지나가면서 말해 준 것을 기억하지 못해서 회의를 놓친 적이 몇 번 있기 때문이다. 전에 언급한 것처럼, 나는 청각 정보를 잘 기억하지 못한다. 또 학생들이 나에게 어떤 불만사항이 있으면 학과장이나 학장한테 가기 전에 먼저 나와 의논해야 함도 상기시켰다. 그리고 마지막으로, 나는 이런저런 문제에 나의 입장을 이해하고 도와줄 수 있는 공식적인 조언자, 연륜 있는 정교수의 필요성도 역설하였다. 말하자면 박사학위 과정 중에서처럼 내 문제를 의논하고 내가 온당치 않은 길로 나갔을 때 도와줄 중재자가 필요했던 것이다.

나는 대학 당국 담당자들을 만나서 내 입장과 필요사항을 설명하고 도움을 요청했다. 불행히도, 사우스웨스트 미주리 주립대학에서처럼, 내 요구는 모두 거절되었다. 내가 들은 답은, 모든 일이 점점 나에게 우호적으로 흘러가고 있는 것 같으니, 이제 얌전히 기다리면서 일이 어떻게 되어 가는지 좀더 시간을 두고 보라는 것이었다.

유감스럽게도, 이곳 위스콘신에서 이해심이 좀 있다 하는 사람들조차도 ADHD를 갖는다는 것이 어떤 것인지 제대로 이해하지는 못하는 것 같다. 보통, 내가 사무실에 앉아 일을 하고 있으면, 사람들이 자주 들러서 말을 걸곤 한다. 나는 어떤 일을 하다가 한 번 옆길로 빠지면 하던 일로 되돌아오기가 정말 어렵다는 걸 설명하려 애썼지만, 사람들은 이를 이해하지 못한다. 이런 일이 매일같이 일어나곤 한다. 내가 일하고 있으면, 누군가가 내 사무실로 와서는, 자리에 앉아, 나랑 이런저런 잡담을 하기 시작한다. 나도 물론 그들이 호의적으로 그런다는 것을 안다. 나하고 잘 지내려고, 또 나에게 관심을 갖고 있다는 것도 보여 주려고 그러는 것이지만, 나는 이렇게 몇 분마다 중간 중간에 방해를 받으면 일을 해나가기가 불가능하다.

우리 동료들은 ADHD를 이해하시 못할 뿐 아니라, 왜 내가 그것이 아수 특별한 재능이라고까지 생각하는지도 알지 못한다. 한번은 우리가 사무실에서 잡담을 할 때, 누군가 곧 아이를 낳을 것이라는 이야기가 나왔다. 어떤 사람이 '그래, 그저 아이가 행복하고, 건강하고, 특별히 무슨 장애만 없으면 됐지'라고 했는데, 내가 불쑥 '나는 그 애가 ADHD가 있으면 좋겠는데' 하고 되받았다. 그 말이 끝나자마자 누군가가 내 어깨를 힘껏 때렸다. 장난이 아니라 진짜 아프게!

내가 만약 내 충동성 때문에 남을 그렇게 쳤다면 아마 난리가 났을 것이다, 라고 나를 친 여자에게 말을 했더니, 그녀는(미안한 기색도 없이) 날 보고 웃을 뿐이었다. ADHD가 있는 사람과 없는 사람 사이에는 이렇게 적용되는 기준의 차이가 있다. 만약 ADHD가 아닌 아동이 수업 중에 자리에서 일어나면, 교사는 그에게 다시 자리로 돌아가 앉으라고 할 것이다. 하지만 만약 ADHD가 있는 아이가 그러면 교사는 그 아이의 부모에게 연락해서 아이의 약 복용량을 늘려주라고 할 것이다. 그런 식이다.

물론, 박사학위를 받고 나서의 삶이 온통 일과 관계된 것뿐은 아니었다. 이곳저곳에서 친구를 좀 사귈 수도 있었는데, 친구를 사귀는 데에서의 문제는, 내가 잘 모르는 사람들하고 있으면 마음이 편하지 않다는 것이다. 나는 사소한 대화를 부드럽게 이끌 줄 모르며, 늘 단도직입적으로 요점을 이야기한다. 그리고 이상한 말을 하는 경향도 있어서, 사람들과 오랜 교분을 갖는 데 장애가 되었다. 거기다 이 자리 저 자리로 직장도 자주 옮겼기 때문에, 오랜 기간동안 사람들과 같이 있지도 못했다.

여자를 사귀는 것은, 지난 장에서 언급했듯이, 특히나 문제가 많았다. 데이트에는 오만 가지 미묘한 규칙들이 있는데, 나는 그것들을 따르는 데 너무나 애로가 많았다. 너무 빨리, 너무 자주 전화를 하면 안 된다, 너무 빨리 마음을 열어도 안 된다, 이렇다, 저렇다, 등등.

한번은 미주리에 있을 때였는데, 어떤 상대와 몇 번 만났었다. 나는 정말 그녀가 마음에 들었다. 불행히도, 나는 '우연히' 그녀에게 그만 하루에 서너 번이나 연달아 전화를 하고 말았다. 그녀에게 귀찮게 매달리려는 의도도 없었고 아주 절박하게 목매는 것도 아니었다. 그저 내가 그날 이미 전화를 걸었다는 사실을 깜빡 잊었을 뿐이었다. 그녀가 생각날 때마다, 내가 벌써 그녀에게 몇 번이나 메시지를 남겨 놓았다는 생각을 떠올릴 겨를도 없이, 벌써 전화번호를 누르기 시작했던 것이다.

첫 만남 이후 관계를 지속하는 데에도 문제가 많다. ADHD가 있는 사람들은, 물론 나도 포함해서, 남녀 교제 시의 이런저런 불문율을 깨치는 것도 어렵거니와, 평소 자기 모습과 달리 점잖게 다른 사람처럼 행동한다는 것이 여간 어렵지 않다. 나는 '정상적으로 행동' 할 수가 없는 것이다. 예를 들면, 한번은 내가 어떤 여자랑 첫 데이트를 하기 위해 그녀 집으로 데리러 간 적이 있었다. 그녀가 준비를 하는 동안에, 나는 그 집 거실에 앉아서 그녀가 모아 놓은 비디오를 훑어보고 있었다. 그때 그녀가 날보고 뭐하고 있냐고 물었던 것 같은데, 내 대답이란 것이 '포르노 테이프 찾고 있어' 라는 거였단다. 물론 이렇게 말한 기억도 없고, 아마 했다고 하더라도 농담이었을 것이다. 중요한 것은, 나는 정말 그녀가 맘에 들었고, 그래서 행동거지를 최대한 조심하고 있는 중이었다는 것이다. 하지만 내가 최상의 품행 태도를 갖추고 있다 해도, 나는 결국 이런 바보 같은 말을 해버리고 만다.

또 언젠가는 데이트 상대와 내가 주방에서 얘기를 나누고 있었다. 그녀가 무슨 말을 하는 동안, 내 입속에 머리카락인가 뭔가가 느껴져서, 아무 생각 없이, 그걸 꺼내서 그녀의 스웨터에다 문질러 닦았던 것이다! 그녀는 순간 얘기를 멈추고, 침 묻은 머리카락을 쳐다보고, 또 나를 쳐다보더니, "내가 지금 당신이 하고 있는 걸 보고 있다는 거 알고 있죠?"라고 말했다. 어떻게 그녀가 내 행동을 참아냈는지 지금도 수수께끼다.

데이트에서 나에게 최악의 난관은 오고 가는 이야기에 주의를 기울이는 것이다. 나는 남이 얘기할 때 미소를 머금고, 고개를 끄덕여주며, 알맞은 때에 '그렇지' 등 추임새를 집어넣어 주는 능력이 없는 인간이다. 얘기가 지루해지면 당장 내 얼굴에 그게 나타난다.

설사 얘기가 흥미롭다 해도, 말하는 상대방과 눈맞춤을 유지하기가 쉽지 않다. 특히나 주변에서 벌어지는 일들이 많으면 더한다. 내 눈동자는 옆에서 조금이라도 움직이는 것이 있으면 그것을 따라 끊임없이 이 방향 저 방향으로 굴러다니게 마련이다. 여러 번이나, 데이트 자리가 일찍 파장이 되어 버렸는데, 상대방이 내가 계속 다른 여자를 보고 있다고 생각했기 때문이다. 여자 동료들마저도 내가 여자들을 너무나 많이 쳐다본다는 것을 지적해 준 적이 있을 정도다.

정말 억울한 일이다. 그건 내가 다른 여자들을 '쳐다보는' 것이 아니다. 나는 단지 내 주변에서 움직이는 물체나 사람이 있으면 어떤 것이라도 한번 흘긋 보게 되는 것일 뿐이다. 내 데이트 상대나 여자 동료들은 내 눈길이 여자를 따라갔을 때만 그걸 알아차리는 것이다. 그들은 내가 다른 남자나 창밖에 날아가는 새 때문에 한눈을 팔 때에는 아무 말도 하지 않는다.

한번은, 그때 막 만난 어떤 여자랑 레스토랑에서 이야기하고 있는 중이었다. 일이 잘 되어간다고 생각하고 있었다. 피차 상당히 관심이 있구나 싶었는데, 어라, 갑자기 그 여자가 내 얼굴에 냅킨을 집어던지며 "가서 만나자고 하지 그래요?" 하는 거였다.

물론 나는 이 여자가 무슨 소리를 하는지 전혀 알 수 없었고, 그래서 진심으로, 무슨 말이냐고 물었다. 그녀는, 내가 그 저녁 내내 가슴이 빵빵한 웨이트리스를 게슴츠레한 눈으로 계속 쳐다보았다며, 정말 재수 없는 놈이라는 거였다. 그리고는 자리를 박차고 일어나 쌩하니 나가버렸다. 당연히 다시는 그녀의 소식을 들을 수 없었고.

그렇다. 때로는 내가 어떤 사람에게 눈을 떼지 못하는 경우가 있다. 특히 아주 매력적이라든가, 정말 이상하게 생긴 경우 말이다. 종종 내가 아주 예쁜 여자라든지, 기괴한 가발을 썼다거나 이에 칠을 하고 다니는 놈들을 쳐다보고 있는 걸 발견하기도 한다. 하지만, 대개는 멍하니 바라보는 것일 뿐이고, 내가 뭘 바라보고 있는지도 모르고 있는 경우가 많다. 사실 그날도, 그녀의 말을 늗기 진까지는 웨이드리스 가슴이 빵빵한지 눈치 채지도 못하고 있었다.

내 친구들은 나의 이런 행동을 아주 잘 알고 있고, 말도 못할 선의로 이를 잘 참아준다. 누군가는 꼭 내가 팔랑거리는 나비를 보는 것 같다고 비유했다. 내 눈길이 한곳에 오래 머물지 못하고 이리저리 떠다니는 모습이 그렇다는 것이다. 그녀는 이게 참 재미있다고 했지만, 주의를 한곳에 두지 못하는 이러한 문제는 실상

성인기 사회생활의 여러 영역에 얼마나 막대한 지장을 주는지 모른다. 입사시험 면접의 경우만 해도 그렇다.

수많은 자리에 면접을 봤다. 서류 심사상으로는, 난 항상 호평을 들었다. 논문도 많이 썼고, 전국 각지에서 강연도 많이 했고, 또, 좋은 대학들을 나왔으며, 교수평가도 괜찮다.

지원을 하면 거의 서류심사는 통과가 되어, 면접까지는 보게 된다. 서류상 경력이 화려해서 그런지, 처음에는 담당자들이 거의 확정된 거나 마찬가지지만 단지 형식상으로 면접을 볼 뿐이라며, 마치 선택권은 내 쪽에 있는 것처럼 이야기를 한다. 하지만 막상 면접을 보고 나면, 얼마 있다가 다른 사람이 채용됐다는 연락을 받기가 일쑤였다.

데이트에서처럼, 면접에도 보이지 않는 규칙과 기대 행동들이 있다. 예를 들면, 면접하는 사람의 사무실에 놓여 있는 물건들에 대해서 예의로 관심을 보여 주는 것은 좋은 태도가 될 수도 있겠다. 뭐 벽에 걸린 그림이 좋다든가, 화분이 예쁘다든가 하는 정도. 하지만 면접자 책상 위에 놓인 십대 딸의 사진을 보며 '와, 물 오른 싱싱한 처녀네요'라고 말하는 것은 적절하지가 못한데, 나는 두 번이나 그랬던 것이다.

거기다가, 교수 채용 시의 면접은 며칠에 걸쳐서 하루 종일 계속된다. 단지 한 시간 정도의 저녁 식사에서도 주의를 집중하지 못해서 데이트에 어려움을 겪는데, 내가 어떻게 열 시간, 열두 시간이나 소요되는 면접 내내 주의를 집중하고 있을 수 있겠는가. 두 시간 혹은 세 시간만 지나면, 보통 나는 노력을 포기하고 운만 바랄 뿐이었다.

한 발 더 나아가, 나는 또 어떻게 해 볼 도리가 없는 황당한 짓도 잘한다. 한 2년 전에는, 하와이의 한 대학에서 면접을 할 기회가 있었다. 내가 비행기에서 내리자, 공항으로 나를 마중 나온 그곳의 한 여교수가 그곳 풍속대로 내 목에 꽃 목걸이를 걸고 뺨에 살짝 키스를 하려 했다. 그 순간 내가 머리를 돌려 그 여교수 입에 대고 좀 정열적인 완전 키스를 해버린 것이다. 말할 것도 없이 낙방이었다.

또 다른 때 다른 대학에서, 전 교수가 입회하여 동시에 나를 면접한 적이 있었다. 교수들이 자기들을 차례로 소개하더니 여러 가지 질문들을 하기 시작했다. 그때 상당한 연륜과 지명도가 있는 교수 한 분이 자신도 인디애나 대학에서 박사학위를 받았다고 말을 했다. 거기에 대고 내가 "나한테 잘 안 해 주면 동창회에서 소문이 좋지 않을 걸요."라고 답을 했으니, 곧 죽음과 같은 침묵이 흘렀고, 그 교수는 하려던 질문을 접어버렸다.

물론 졸업생들 사이에서 이런 식의 악의 없는 농담이 떠놀기는 하지만, 교수직 면접 상황에서는 당치 않은 것이다. 거기서도 오라는 연락은 받지 못했다!

대부분의 면접 과정 중에는 '회식'이 마련된다. 지원자들에게 좀더 그럴듯하게 보이기 위해서인지 보통 전 교수진이 이들을 아주 고급 식당에 데리고 간다. 그런데 특이하게도, 어떤 교수 자택에 초대되어 그 가족들을 만난 적이 있었다. 우리가 식사를 하고 있을 때, 그 교수 부인 되는 사람이 음식은 어떠냐고 나한테 물어

보았다. 그녀가 요리를 한 게 틀림없어 보였다. 접시에서 눈도 떼지 않고 입에다 음식을 잔뜩 넣은 상태에서, 나는 '좀 퍽퍽한데요'라는 내 목소리를 내 귀로 듣고 말았다. 잠시 어색한 침묵이 있나 했는데, 거기에 대고 내가 다시 덧붙이는 소리가 들렸다. '그리고 소금을 좀 친다든가 해서 간을 맞춰야겠어요' 두말할 것도 없이, 역시 탈락이었다.

나의 이런 미숙한 면접 기술은 매년 새로운 곳으로 옮기고 싶은 열망과도 갈등이 되는 요인이다. 아주 종종, 나는 자리를 바꾸고 이사를 하고 싶은 강한 충동을 느낀다. 쉽사리 주위에 싫증을 내고 뭔가 새롭고 자극적인 것을 찾게 되는 것이다. 그래서 충동적으로, 내 자격과 별로 어울리지 않는 자리에도 이력서를 내곤 한다.

이것은 ADHD를 가진 성인들에서 전형적으로 보이는 특징이다. ADHD를 가진 아동들이 드러나게 신체적으로 과도하게 움직이는 반면, ADHD를 가진 성인들은 극단적으로 안절부절 못하는 때가 자주 있다. 이건 일종의 강박적인 충동처럼 된다. 우리 같은 사람들은 늘 새로운 곳, 또 무언가 새로운 일을 시도해야만 하는 것이다. ADHD를 가진 사람들에게, 지루함은 지옥이다. 이 지루함과 싸우는 길 중의 하나는 이 직장 저 직장으로, 한 장소에서 또 다른 곳으로 늘 자리를 바꾸는 것이다. 우리는 깊이 생각하지 않고 대책도 없이 직장과 가정을 떠나는 일이 자주 있다. 내가 아는 ADHD 증상을 가진 사람 중 몇몇도, 안정된 새 직장을 얻기도 전에 일을 그만두거나, 집이 팔리면 어디로 갈 것인지 계획도 없으면서 집을 매물로 내놓는다든가 하는 것을 보았다.

나는 그렇게까지 무모하진 않지만, 매일 습관적으로 구인 광고를 확인하기 위해 내 분야의 전문지를 뒤적거린다. 나는 영원히 내가 있는 자리에 완전히 만족하거나 안정하지 못할 것이다. 나는 항상 다른 도시나 일자리는 지금 있는 곳보다 더 재미있을 거라고 생각하고 있는 것 같다. 내 친구들 사이에서 통하는 농담인데, 나는 아마 '어딜 가도 행복하지 않긴 마찬가지' 일 것이라 한다.

내가 지금 이 직장을 잡았을 때, 몇 달 있으면 또 떠나고 싶어질 거라는 걸 알고 있었기 때문에, 나를 붙잡아 둘 수 있도록 집을 사 버렸다. 지금도 이사하고 싶은 마음이 가득하지만, 내가 팔아야 할 집이 있다는 사실 때문에, 짐을 싸들고 기분 내키는 대로 떠날 수가 없다. 물론, 집을 소유함으로써 나는 또 다른 여러 가지 재미있는 문제들에도 부딪히게 되었다.

첫째, 내 사무실과 마찬가지로, 우리 집은 항상 엉망진창인데, 침실이나 부엌은 훨씬 더하다. 그래서 사람이 온다면 정말 당황스럽다. 다행히 내가 사교성이 부족하고 친구도 없어서 집을 방문하는 사람은 아주 최소한으로 유지되고 있지만.

이렇게 집안이 아주 정신없이 엉망인데다가, 집을 손본다고 벌려놓은 일이 한두 가지가 아닌데, 끝낼 수 있을 것 같은 일은 얼마 되지 않는다. 2년 전에 집 바깥을 칠하기 시작했는데, 벽 네 면 중에서 두 면만 간신히 마쳤다. 나머지 두 면은 반만 칠해진 채 남아 있다.

거기다, 나는 화단 가꾸기를 좋아한다. 이게 육체적으로는 좀 힘이 들지만, 정신적 스트레스를 푸는 데는 아주 효과가 있다. 그래서 매해 봄이면, 나는 집 마당을 들쑤셔 가지가지 씨앗을 뿌리거나 구근을 심는다. 그런데 진득하게 물도 잘 줄 만한 인내심은 없는 것이다. 그 결과, 우리 집 주위에는 여기저기 파놓은 흙더미와 잡초가 보기 싫게 널려 있다.

내 충동성 때문에 고통받는 것은 우리 집 잔디밭뿐 아니다. 별생각 없이, 창문 블라인드에 달린 줄을 좀 잘라야겠다고 생각한 적이 있었다. 그래서 이번에는 온 집안을 돌아다니며 블라인드의 늘어진 줄을 가위로 자르기 시작했는데, 이게 모두 같은 길이가 아니면 마음이 안 놓였다. 이번에도, 항상 그렇듯이 내가 하는 일들은 꼬여버리고 말았다.

끈을 막 가지런히 잘라내다가 생각해 보니, 내가 이 줄을 짧게 잘라버리면 블라인드를 끝까지 내릴 수가 없는 거였다. 지금 우리 집 창문 블라인드의 반은 한 10cm 정도 이상 내릴 수 없는 것이 되어버렸다.

내가 쉽게 산만해지는 것도 많은 문제를 유발했다. 나는 향기 있는 초들을 태울 때 나는 향을 참 좋아한다. 그 냄새는 나를 안정시키는 데 도움이 될 뿐 아니라, 집안에 좋은 냄새도 풍기니 일석이조다. 문제는, 내가 촛불을 켜둔 채로 나가는 일이 종종 있다는 것이다. 나는 언제나 불을 내서 집을 전소시킬지 모른다는 공포 속에서 살고 있다.

거기다가, 스토브나 오븐을 켜둔 채로 놔두는 일도 종종 있는데, 때로는 며칠씩이나 그냥 둔다. 음식을 태우는 것은 말할 것도 없고, 냉장고에 넣어두는 것을 잊어서 상하게 하는 것도 부지기수다. 어떤 때는 내 저녁 식사거리를 사가지고 와서는 우리 집 고양이가 먹을 수 있는 곳에 그냥 놔두기도 했고, 좀 특별한 요리를 시도해 본답시고 늘어놓고는, 중요한 양념, 설탕이나 버터 같은 것을 빠뜨리는 일도 많다.

한번은 내가 닭 날개 요리를 한다고 설친 적이 있었다. 그걸 알루미늄 포일에 얹어 오븐 속에 넣었는데, 그게 얼추 익었을 때 오븐을 끄고 양념 소스를 묻힌 것까진 확실하다. 뭐, 결론만 말하자면, 나는 몇 주일 후에 까맣게 탄 닭 날개의 잔해를 발견했는데, 말하긴 뭐하지만, 탄 닭 날개 요리 맛이 썩 나쁘지는 않았다.

그러나 뭐니뭐니해도 가장 치명적인 문제는 각종 고지서를 제때에 내지 못하는 것이라 하겠다. 되도록 모든 청구서를 받는 즉시 처리하려 최선을 다하지만, 거의 항상 잊어버리고 만다. 거기다가 나는 습관적으로 코트나 바지 주머니 속 같이, 내가 필요할 때 찾을 수 없는 곳에 이 청구서들을 보관하거나 혹은 아예 잃어버리니 문제다. 용케 기억했다 해도, 수표를 넣어서 우편으로 지불할 때 우표 붙이는 것을 잊는 일이 반복적으로 계속되고, 너 사판은, 수표 없이 우표만 붙여서 보내기도 한다는 것이다. 천만다행으로, 지금은 자동이체가 되게 되었으니, 한숨 돌릴 수 있다.

하지만 내가 겪어 왔던 이 모든 어려움들에도 불구하고, 그 불안, 사회적, 학업적 실패, 외로움, 우울감에도 불구하고, 내가 지금까지 독자들에게 말해왔던 이 모든 것들에도 불구하고, 지금 내 삶은 아주 멋진 그 모습을 드러내고 있는 중이다. 이제 나는 내가 ADHD를 가졌다는 사실에 정말 감사한다. 사실, 내가 이 책을 시작하면서 말했던 것처럼, 나는 내가 달리 어떤 사람이 되기도 바라지 않는다. 나는 ADHD를 가졌고, 그건 아주 괜찮은 것이다!

11

현재를 볼 때
A LOOK AT THE PRESENT

이미 말했듯이, 시작이 어찌 되었던 간에 내 삶은 아주 잘 풀려 나가고 있다. 최근에는 계약직에서 벗어난데다가 부교수로 승진도 되었다. 지난 5년간 30여 편의 논문과 일곱 권의 책도 출판했다. 전 미국에 ADHD에 관한 글을 발표하였고, ADHD가 하나의 재능이라는 나의 새로운 견해에 관해서 USA Today, Time, Working Woman 지(紙) 등에 인터뷰도 했다. 좀 이질리지고 페인트칠이 되다만 것이기는 하지만 예쁜 집에서 편안히 살고 있다. 기기다가 2년 이상 사귀고 있는 사랑하는 멋진 여자 친구도 있다. 너무 잘난 체 하는 것처럼 들릴까 봐 이렇게 말하고 싶지는 않지만, 이만하면 나도 '성공'한 축에 들지 않나 싶다.

물론 지금도 이전만큼 직정에서 여러 가지 문제들을 가지고 있다. 특히 생각 없이 말하는 것 때문에 탈인 경우가 많다. 지난번 관련 교수회의 때, 우리는 다른 곳으로 전직하게 되는 동료에게 건축 자재나 집안 설비 제품을 파는 '홈 디포'라는 대형 마트 상품권을 준 적이 있다. 그 동료는 "무얼 사든 간에, 그 물건을 볼 때마다 여러분을 생각할게요"라고 말했다. 나는 예의 그 툭 내뱉는 버릇으로, "변기는 사지 말기 바라요"라고 해버렸다. 고맙게도, 사람들은 자연스럽게 웃어줬다.

최근에 들어서는, 나는 동료들이나 학생들과 좀더 잘 어울리게 되었다. 이제 학생들도 내가 ADHD를 갖고 있는 것을 알기 때문에, 내 행동에 대해서 훨씬 더 관대해졌다. 하지만 전부 다라고 말하긴 그렇고 대부분의 학생이라 해야 맞겠다. 이번 학기에 몇몇 학생은 내 ADHD 증상을 악용하기도 했으니까!

문제의 두 학생들은 거의 똑같은 내용의 기말 과제를 제출했던 것이다. 내가 그들에게 이 사실을 확인하자, 요것들이 분명히 내가 같이 해도 된다고 말했다고 우기는 게 아닌가. 그중 한 학생은 한 발 더 나아가 "교수님이 ADHD를 갖고 있으셔서 그렇게 말한 걸 잊으셨나 보네요"라고까지 말했다. 내가 같이 해도 된다고 말한 적이 없다는 건 누구보다도 내가 잘 알고 있다. 이 학생들은 나를 속이려 한 것이다. 다행히 다른 정직한 학생들이 나서서 내가 그런 적이 없다고 말해 주는 바람에 일이 해결되었다. 짐작하다시피, 내가 무슨 말을 언제, 누구에게, 어떻게 말했는가 끊임없이 기억하고 있어야 하는 것이 내겐 정말 힘든 일이므로, 무엇이든지 당장 기록으로 남겨두는 것이 엄청나게 도움이 된다.

또 어떤 학생은, 자기 과제물을 읽어보고 나서 자기가 잘 이해하지 못한 사항에 대해서 설명해달라는 요청을 내가 거절했다고 학과장에게 불만을 제출하기도 했다. 나는 그 학생을 도와주지 않으려 했던 것이 아니다. 나는 단지 내가 그때 너무나 정신없이 산만한 상태여서 그 당장은 과제를 읽을 수 없다고 말했을 뿐인데, 그녀는 그걸 이해하지 못하고 발끈해서 나가버렸던 것이다.

내가 가장 전전긍긍하는 것은 혹시라도 내가 우리 여학생들에게 성희롱이 암시되는 말을 하는 게 아닐까 하는 점이다. 내 강의를 듣는 학생들 거의 모두가 여학생인지라, 그들의 외모에 관해 사소한 논평이라도 잘못했다가는 내 인생이 끝장날 수도 있다. 직장에서의 성희롱이 한창 문제가 되고 있는 현실이라, 몇몇 학생은 선생들의 이런 상황을 약점으로 인식하고 있다. 몇 명은 자기가 받은 점수보다 더 높은 학점을 요구하기도 했고, 자기에게 A를 주지 않으면 사람들에게 내가 자기를 때리고 가슴을 만졌다고 말하겠다고 나를 협박한 학생도 있었다.

나는 늘 이런 불상사를 의식하고 있고, 또 이런 일에 관해서 내가 한 수 있는 건 아무것도 없다는 사실도 잘 알고 있다. 이럴 때 내 결백을 밝히기란, 불가능까지는 아니더라도 참으로 어려운 일이다. 내가 할 수 있는 것은 그런 일이 닥칠 때 닥치더라도 그저 맘 편히 먹고 미리 걱정하지 않고 있는 것뿐이다. 그러다가 만약 일이 생기면, 친한 친구들 두세 명의 심리적 지원에 의지하는 도리밖에 없을 것 같다.

그러나 뭐니뭐니해도 내 가장 든든한 지원사는 내 여자친구인데, 그녀는 자기를 그저 '데이지'라고만 밝히고 싶다고 한다. 그

너가 어떻게 나를 견뎌내는지, 나는 잘 모르겠다. 그녀가 없었다면 지금보다 절반도 행복하지 못하고 내 인생이 '성공적'이라고 느끼지도 못했을 것이다.

내 인생에서 어느 누구보다도, 그녀는 나와 나의 ADHD에 대한 모든 것을 이해하려고 무진 애를 쓰고 있다. 내가 쓴 책을 읽으면서 내가 겪고 보는 관점에서의 삶이 어떤 건지 끊임없이 물어본다. 내가 왜 그처럼 어처구니없는 일을 저지르는지 그녀가 이해는 못한다 해도, 진심으로 그녀는 내 이상한 행동이 사랑스럽다고까지 여긴다—적어도, 대부분의 경우에는 그렇다.

하지만 내 ADHD가 우리들의 관계에 방해가 되는 때가 부지기수임은 말해 무엇하랴. 예를 들어, 내가 정말 과잉활동적으로 들뜨는 때가 되면, 포옹 그 자체도 숨이 막힌다. 그녀가 내 어깨를 감싸든가 하면, 질식할 듯한 기분이 들고 갑갑해 견딜 수가 없다. 그래서 그녀를 밀치고 얼른 비켜서는데, 그녀가 이해한다고는 말은 하지만, 가끔은 상당히 자존심 상할 거라는 생각이 든다.

나는 또 가끔 그녀 말을 집중해서 들어주는 데에 문제가 생긴다. 이건 특히 우리가 말다툼을 하고 있을 때 더 심각하다. 내가 아무리 그녀가 하고 있는 말에 주의를 기울이려고 애써도, 뜻대로 되지 않는데다가, 듣는 척이라도 해야 하는데 그조차 어려우니 말이다. 내 눈동자가 이리저리 기웃거리며, 당장 지루한 태도를 낱낱이 드러내니, 그런 성의 없는 태도는 그녀의 화를 더욱 돋우기 십상이다.

이전에 여자들이랑 사귈 때 했던 여러 가지 얼빠진 행동들을 데이지에게도 예외 없이 한다. 지난주에는, 어떤 상점에 들렀다가

문도 잡아주지 않고 나 혼자 먼저 나오는 바람에 대판 싸움이 났었다. 뒤따라 나오는 그녀가 문에 부딪치고 말았던 것이다.

나는 또 내가 의도하지 않았던 이상한 말들을 하곤 한다. 말하자면, 어제 나는 그녀가 얼마나 소중한 존재인지 말하고 있었다. 나는 그녀가 정말 사려 깊고(thoughtful) 헌신적이라고 말하고 싶었다. 하지만 최종적으로 내 입에서 나온 말은, 그녀가 생각이 없다(thoughtless)는 것이었다. 바로 며칠 전에는, 그녀 곁에 있는 게 얼마나 좋은지, 내가 그녀와 함께 하는 걸 얼마나 만끽하는지 표현 해 보려 하고 있었다. 그런데 '당신하고 있는 걸 무서워하는(dread) 경우는 거의 없지'라는 말도 안 되는 소리를 해버렸다. 이런 말들은 우리들 사이에 '로비주의(Robism)'란 새로운 용어까지 탄생시켰는데, 그녀는 보통 웃어넘기고, 파티 같은 데 갈 경우에는 곧잘 농담거리로 삼는다.

천만다행으로 이런 실수빈도가 점차 줄어들고는 있다. 데이지는 나에게 아주 협조적이며 일종의 'ADHD 레이더' 같은 것을 발딜시켰다. 내가 파도하세 활동적인 양상을 보인나든시, 주의가 산만해지거나 무수의해지기 시작하는 즉시, 그녀는 즉각 알아채고 나를 제어해 준다. 만약 우리가 꼭 붙어 앉아서 분위기를 잡고 있을 때라노 내가 좀 널널거리기 시작한다면, 그녀는 당장 나를 일어나게 해서, 개를 데리고 밖에 나가 산책하도록 하거나 아니면 같이 운동을 하러 간다. 더 근사한 것은, 데이지는 내가 할 수 있는 일이 무엇이고, 할 수 없는 일이 무엇인지 아주 잘 감시해낸나. 영화를 보는 동안 처음부터 끝까지 죽치고 앉아 있으리라는 것도,

대화할 때 줄곧 눈을 마주 봐 주기도 기대하지 않는다. 내가 여러 번 말했듯이, 그녀는 정말 대단한 사람이다.

결론적으로, 현재는 이만하면 꽤 괜찮지 않나 싶다. 백만 달러가 생긴다거나 퓰리처상을 받는다 해도(솔직히 두 개 다 현실화된다면 굳이 거절하지는 않겠지만) 이보다 뭐가 더 나아질까 싶을 정도다. 내 현재는 지난날에 비해서 말할 수 없이 나아졌다. 하지만 그 쓰라린 과거 자체가 바로 현재에 이르는 길이었다는 것을 알고 있기 때문에, 나는 그 어려웠던 시절도 헛되었다고만은 생각하지 않는다. 그렇다, ADHD는 가끔은 골칫거리였다. 하지만, 결국 그것이 내가 지금 이 자리에 있도록 해 주었고, 전에 말했듯이, 나는 내 식으로 미래를 바라보는 것이 좋다. 영화 '멋진 인생(It's a wonderful life)' 에서 주인공 제임스 스튜어트가 발견했듯이, 정말 멋진 인생인 것이다.

그러면 여러분들은 질문할 것이다. '당신은 어떻게 그 모든 것을 이룰 수 있었나요?' 아주 좋은 질문이다. 우리는 바로 그 질문에 대한 답을 찾기 위해 이제껏 내 삶의 역정을 파헤쳐 나왔다.

ADHD로 진단받고 얼마 안 되었을 때, 나는 사람들을 더 활력 있고 능동적으로 만들어준다는 기적 같은 약에 대한 TV 정보 광고를 보고 있었다. 사회자는 정력적인 사람이 세상의 수많은 느림보들보다 더 나은 삶을 산다고 천명했다. 그 증거로, TV 스크린 한쪽 편에, 열심히 일하고 매력적인 남자가 막 승진도 되고, 화려한 파티 속에서 사람들에게 둘러싸여 행복한 미소를 짓는 것이 보이고 있었다. 화면 다른 쪽에는 덜 매력적인 남자가 옷매무

새도 단정치 못한 상태로, 엉망진창인 책상에 앉아 깨어 있으려고 안간힘을 쓰고 있었다. 승진은커녕, 즐거움이 없이, 죽지 못해 사는 듯한 모양새였다. 그런데 만약 이 기적의, 천연 제품인 이 약을 사기만 한다면, 그도 인생에서 원하는 모든 것들을 얻을 수 있다는 거였다.

이 프로그램을 보면서, 내 머리에 번쩍 떠오르는 게 있었다. 세상에는 사람들을 더 정력적이고, 창조적이고, '틀에 박힌 생각을 벗어나게' 하기 위한 이런 거대한 '자기 개발' 산업까지 존재하는 것이다. 그런데 이것들이야말로 ADHD의 천연 특성이 아닌가! 정의상, ADHD를 가진 사람들은 아주 활동적이고 창조적이다. 우리는 주의를 기울이는 데는 좀 문제가 있겠지만, 이런 문제는 교정하는 방법들이 여러 가지 있을 거라는 생각이 나를 흥분시켰다. 사실, ADHD를 가진 사람이 갖고 있는 이런 모든 에너지를 받아서 아주 생산적인 방향으로 물꼬를 터 줄 수 있는 방법이 있어야만 했다. 사람을 활기와 의욕이 넘치게 해 준다는 그 정보 광고를 본 뒤로, 나는 ADHD의 서릭을 일종의 득출 난 재능으로 전환할 수 있는 방법을 찾기 위해 상당히 노력했디. 이후로 그것이 내 직업적, 개인적인 화두가 되고 있다.

이후 내 손에 낳는 ADHD 관련된 것이라면 뭐든지 읽고 찾아보면서, 나에게는 어떤 방법이 효과적인지도 생각하기 시작했다. CHADD 같은 지지 집단에도 가입했고, 다른 사람들에게 도움이 되었던 방법들에도 귀 기울여 보았다. 그리고 아주 체계적으로 여러 전략들을 실험해 보았다.

늘 작은 수첩과 연필을 뒷주머니에 가지고 다니면서, 어떻게 하면 좀더 주의집중을 할 수 있고 더 생산적으로 될 수 있을지에 대한 생각이 떠오를 때마다, 잊어버리기 전에 얼른 적어두었다. 현실적으로 무엇이 도움이 되고 안 되는지에 대해서도 매일 기록을 했다. 그리고 또 왜 어떤 방법은 도움이 되는데 어떤 방법은 도움이 되지 않는지에 대해서도 놓치지 않고 관찰하였다. 나는 이렇게 함으로써 자료를 모았고, 매일매일 내 감정 기조의 변화 역시 추적하였다. 이런 노력을 통해서, 나는 ADHD를 개인의 자산으로 활용할 수 있는 여러 가지 효과적인 요령들을 찾아냈다.

이런 책략들은 크게 세 가지 영역으로 구분할 수 있겠다. 그 첫째는 ADHD 증상을 완화시킬 수 있는 방향으로 내 주변 환경을 정리하는 것이다. 이런 방법들은 다음 장에서 논의될 것이다. 다른 두 영역은 어떻게 하면 좀더 효율적으로 학습할 수 있는지를 배우는 것과 나 자신을 정서적으로 지지하는 방법들이다. 이 모든 요령들은 13장과 14장에서 각각 설명할 터인즉, 여러분 모두에게 정말 도움이 되었으면 한다.

환경을 변화시키는 전략들
STRATEGIES FOR CHANGING MY ENVIRONMENTS

환경적인 요인들이란 지금 내 주변에서 내가 행동하는 데 영향을 주는 것들을 말한다. 먼저, 나는 내가 집중하는 데 방해가 되는 것들이 뭔가를 알아낸 다음에, 반대로 나를 차분하게 해 주고 몰두할 수 있게 도와주는 요인들을 찾아내는 데 주력했다.

자기 성찰과 관찰을 거듭한 후에, 나는 내가 주위 여건에 너무나 많이 영향을 받는다는 것을 깨달았다. 예를 들어, 나는 소음이 너무 많거나 너무 적으면 집중을 하지 못한다. 그리고 주의를 산만하게 하는 특정한 소리나, 소리의 패턴이 있다는 걸 알았다. 어린 아이들의 높은 피치의 목소리는 특히 치명적이다. 그건 그 소리가 얼마나 큰지, 작은지의 문제가 아니다. 만약 어떤 소리가 아주 하이톤이면, 그 소리는 자동으로 내 주의를 낚아채서 내가 집중하려고 하는 대상으로부터 멀리로 던져 버린다.

속삭이는 소리는 특히 나를 미치게 한다. 사람들이 말하는 내용을 들을 수 없을지라도, 속삭이는 소리 자체가 아주 산만해지는 요소다. 이건 칠판 위를 손톱으로 긁는 것과 같다. 나는 내 귀가 마치 레이더처럼 그 소음 쪽으로 '방향 선회하는' 것을 느낄 정도이며, 아무리 노력해도 하고 있는 일로 되돌아가기는 더 이상 틀렸다는 것을 안다.

간헐적인 소리 역시 내가 하던 일을 멈추게 만든다. 나는 지속적으로 들려오는 떠들썩한 잡음들은 다룰 수 있지만, 조용하다가 다시 소음이 나고, 다시 조용해졌다가 소리가 들리고 하는 상황에서는 도저히 집중을 할 수 없다. 그래서 나는 도서관에서는 공부를 잘할 수가 없는 것이다. 그건 거기가 너무 조용해서가 아니라, 아주 미묘하게 가끔가다가 소음이 발생하기 때문이다. 누군가가 기침을 하고, 누군가가 의자를 끌고, 누군가가 한숨을 들이쉬거나 내뱉으며, 에어컨마저 가동과 정지를 반복하니, 나는 그 모든 소리를 번번이 다 듣게 되고, 들을 때마다 하던 일에서 멀어진다. 이 점을 염두에 두고, 내가 효과적으로 공부할 수 있는 곳을 찾기 시작했다. 그 장소들은 내가 모든 소리를 들을 수 있을 만큼 너무 조용한 곳이어서는 안 되며, 또 소리가 단속적이지도 않은 곳이어야 했다.

내가 말한 것처럼, 도서관은 보통 나에게 적합한 장소가 아니다. 나는 밖에서 공부할 수는 있지만, 그러려면 소음이 상당히 일관적으로 일어나는 곳이어야 한다. 말하자면, 나는 차가 오고가는 시끄러운 소리가 끊임없이 이어지는 고속도로 옆에서는 공부할 수 있을지언정, 5분이나 10분마다 어쩌다 한 대씩 차가 지나가는 동네 골목 옆에서는 공부할 수 없다.

이처럼 적당한 소음이 있는 환경을 찾는 것이 어려웠기 때문에, 나는 내가 집중할 수 있도록 돕는 다양한 배경 소리를 만들어 실험하기 시작했다. 예를 들어, 나는 내가 좋아하는 음악 테이프와 워크맨을 가지고 도서관에 다녔다. 그런데 이것은 그리 효과적이지 못했다. 이어폰을 착용하는 것이 싫었던 것이다. 귀에 느껴지는 압박감이 두통을 일으키지를 않나, 움직일 때마다 이어폰 패드의 '버스럭' 거리는 소리가 들리지를 않나, 그건 정말 나를 짜증나게 할 뿐이었다.

게다가 내가 좋아하는 비틀즈를 들으면서, 동시에 공부도 할 수는 없었다. 나는 그 노래 가사나 반주의 박자, 그리고 내 머릿속에 떠오르는 여러 가지 기억에 빠져 버렸다. 그래서 결국 내가 좋아하는 음악을 듣기보다는 내가 그리 좋아하지도 싫어하지도 않는 것들을 듣기 시작했다. 예를 들면, 이 글을 쓰는 지금, 나는 'Bach at Bedtime' 이라고 불리는 CD를 듣고 있다. 나는 별다른 클래식광은 아니지만, 오케스트리의 부드러운 흐름은 내 마음을 안정시켜줄 뿐만이 아니라, 지나가는 차나 복도를 지나가는 사람들의 소음을 흡수해 준다.

나는 마음을 가다듬어 주는 CD들을 아주 많이 가지고 있다. 어떤 것들은 클래식이나 시카고 블루스와 같은 음악들이고, 어떤 것들은 빗소리나 새소리 같은 자연음이다. 무엇이 가장 효과적인지는 주기가 있는 것 같다. 요즈음은, 클래식 시기인 것 같다. 바흐를 들어야만 집중을 할 수 있으니 말이다. 2주 전에는, 부드러운 재즈, 특히 존 콜트레인만 통했었다. 한 CD가 어떤 날은 아주 잘 먹히지만, 다른 날에는 아주 거슬리기도 한다. 따라서 나는 되도록 많은 종류를 구비해 두고 선택적으로 사용한다.

이 모든 CD들의 전반적인 특징은 모두 부드럽고, 느리고, 편안하게 이완시키는 특징이 있다는 것이다. 너무 높은 음이나 강렬함이 없는 것이 좋은 것 같다. 내 속에 살며시 흘러 들어와 내 머리에 젖어들 소리가 필요는 하지만, 그 소리가 다른 것을 생각할 수 없을 정도의 것은 아니어야만 한다. 어느 정도 시간이 지나면, CD를 틀어놓았어도 더 이상 '듣지' 않을 수 있는 것이다. 계속 연주가 흘러나오고 있어도, 나는 이것을 특별히 알아채지 못한다. 하지만 연주가 끝나버리면, 아무것도 안 들린다는 것을 인식하게 되므로, 나는 주로 반복 재생 모드로 해 둔다. 같은 CD를 또 틀고 또 틀고 해서, 어떤 날은 하루 종일 지속되기도 한다.

CD를 트는 것뿐만 아니라, 나는 내 사무실에 작은 어항을 두어서 소리를 유지시킨다. 에어 펌프에서 나는 낮은 웅웅 소리와 거품이 부드럽게 보글거리는 소리가 나를 차분하게 한다. 때로는, 나는 그 탱크 안에 물고기는 두지 않기도 했다. 단지 그 어항이 만드는 규칙적인 소리가 좋았기 때문이다.

집에서 일할 때는, 나는 주로 TV를 켜 둔다. 여기에도 같은 원칙들이 적용된다. 너무 재미있는 것을 틀어놓으면, 지나치게 거기에 빠져 버리기 때문에 안 된다. 그리고 너무 요란 벅적하거나 큰 소리가 나도 안 된다. 내가 일하면서 틀어놓기에는 야구 경기 정도가 딱 좋다. 주의분산이 될 때, 슬쩍 흘겨보면서 점수를 체크해 보고, 다시 글쓰기나 채점을 계속 할 수 있기 때문이다. 오래된 시트콤들, '호간의 영웅들' 이나 'MASH' 같은 것들 역시 유용하지만, 이미 내가 여러 번 본 일화들이어야 한다. 그런 경우 약간 지루할 수는 있지만, 거슬리지는 않는 것이다. 내가 한 번쯤 쳐다보고는 '아, 나 이거 봤어'라고 기억할 수 있는 정도면 된다. 다음 장면들을 다 알기 때문에 다시 일로 되돌아갈 수 있다.

귀마개를 시도해 본 적이 있다는 것도 짚고 넘어가야겠다. 그건 소음을 막는 데에는 아주 효과가 좋지만, 워크맨을 사용했을 때와 같은 문제가 있었다. 내 귀에 있는 그 마개의 이물감이 나를 산만하게 했던 것이다. 하지만 내가 그걸 계속 사용했더라면, 뭔가가 내 귀에 있는 것 같은 느낌도 훨씬 덜 해졌을지 모른다.

나는 소리뿐만 아니라, 시각적인 자극들도 주의를 매우 분산시킨다는 것을 곧 알게 되었다. 움직임이 있을 때 특히 그렇다. 이 때문에 나는 수업이나 컨퍼런스에 들어갈 때, 극장에 갈 때 항상 맨 뒤에 앉는다. 만약 사람들이 내 뒤에 있으면, 나는 그 사람들의 움직임을 느끼면서 동요가 된다. 몹시 놀아보고 싶어지고, 결국 더 집중하지 못하게 된다. 게다가, 내가 만일 계속 뒷사람을 돌아보면 그건 또 아주 무례하게 보이기까지 할 것이다. 이런 이유들로, 나는 교사들에게 ADHD 아동들을 교실의 맨 뒤쪽 구석에 앉혀서 자극이 되는 모든 요소가 학생들 앞에 있게 해 주도록 조언하고 있다. 그렇지 않으면, 그들은 뒤에서 무슨 일이 일어나고 있는지 자꾸 돌아보게 될 것이다.

독서실 칸막이 의자에 앉아서 공부하려고도 해 봤지만, 이 또

한 나에게 맞지 않았다. 도서관의 소규모 교실에서도 마찬가지였다. 방의 더러워진 흰 벽이 나를 미치게 만드는 것 같았다. 소리가 울리고, 말이 되는지 모르겠지만, 주변에 아무 경계가 느껴지지 않다보니 밀실공포증의 반대 현상을 경험하게 되는 것 같았다. 사실, 나는 지금 대학에서도 어떤 교실들에서는 강의를 할 수가 없다. 벽에 아무 장식 없이 천장과 바닥까지 다 똑같은 색으로 되어 있는 방에서는 집중을 할 수가 없다.

주변에 무언가가 너무 많이 돌아다니고 있을 때 집중할 수 없는 것과 같이, 자극이 너무 없을 때에도 효과적으로 몰두할 수가 없다. 아주 완전히 밝은 벽으로만 되어 있는 방에 있으면, 러시아워에 그랜드 센트럴 역에 있는 것보다 더 미칠 것 같다. 나는 편안한 중간 지점을 찾아야만 했다.

아주 광범위한 실험 끝에, 주변에 이런 저런 것들이 많이 놓여져 있기는 하지만 그 시각 자극들이 눈길을 끌 만큼 너무 새롭지는 않은 상황에서 내가 제일 잘 집중할 수 있다는 것을 발견했다. 예를 들면, 내가 처음에 ADHD 검사를 받았던 방은 흥미로운 대상들이 너무 많이 놓여져 있는 경우였다. 수많은 만화들이 벽에 붙어 있었고, 마루에는 장난감들이 뒹굴고 있었으며 책장에는 우아한 장식품들이 가득 차 있었다. 나는 검사를 받기 전에 한번 둘러보고 싶은 충동에 휩싸였다. 만약 그 방에 모든 것들이 나에게 낯익은 것들이었다면, 나는 주의분산되지 않았을 것이다. 하지만 반대로 만약 아무런 자극도 없는 곳이라면, 내 뇌는 자극을 찾으려 할 것이고, 그래서 나는 빈 방이나, 너무나 장식이 없는 스파

르타식 교실에서도 집중할 수가 없다.

내가 좀더 효과적으로 일할 수 있는 전략을 찾는 동안, 나는 내가 깨끗한 환경을 좋아하지 않는다는 것을 알게 되었다. 어렸을 때, 나는 내 책상이 깨끗한 걸 싫어한다고 늘 말해왔었다. 아마 그때는 단지 내가 정리정돈을 잘하지 않는 것에 대해 변명하느라 그랬을 것이다. 하지만 여러 가지 실험을 해나가면서, 나는 내 주변의 모든 것들이 '잘 정리되어 있는' 상황에서는 집중하지 못한다는 것을 알았다. 나에게는 좀 어질러져 있는 게 필요하다. 주변에 쓸데없는 것들이 쌓여 있어야 한다. 너저분한 게 필요하다는 것이다.

내가 이 글을 쓰는 동안 내 사무실을 둘러보니, 주위가 잡동사니 천지다. 농담이 아닌 게, 실제로 소방관이 내 사무실에 두 번이나 와서, 출입문까지의 통로를 치워야 한다고 경고하고 갔었다. 앞서 말했듯이, 내 동료나 학생들, 심지어는 나를 모르는 사람들까지 내 사무실에 고개를 들이밀고 '실례지만 사무실 좀 치우셔야겠어요'라고 말해야 할 의무감을 느끼는 것 같다. 내가 게으르다는 것은 물론 인정한다. 하지만 깨끗하게 해 보려고 노력을 안 해 본 것은 아닌데 몇 가지 이유로, 그게 나한테는 도움이 되지 않았었다.

첫째로, 깔끔하게 하기 위해서는 엄청난 시간을 들이고 아주 사소한 것에까지 신경을 써야 하는데, 며칠이면 다시 모든 것이 엉망진창이 될 걸 알기 때문에, 청소하는 데 귀중한 시간을 낭비하고 싶지 않다. 나에게는 그 모든 과정이 굉장히 골치 아플 따름이라, 될 수 있는 한 피하고 싶다. 게다가 청소를 하고 난 후면,

무얼 어디에 두었는지 도대체 기억해낼 수가 없으니, 청소하는 데 시간을 낭비할 뿐만 아니라, 내가 어디에 어떻게 정리해두었는지를 알아내기 위해 더 많은 시간을 허비하게 되는 것이다.

더 중요한 것은 내가 이 사무실에서 일을 할 때면, 나는 편안하게 해 주는 자극들 속에 파묻힌다는 것이다. 서류 파일들, 책 더미들, 이런저런 부스러기들은 나를 산만하게 하지 않으며, 오히려 이 잡동사니들은 추운 날 따듯한 담요에 쌓인 것처럼 아주 편안하게 해 준다. 그런데 내가 청소를 해서 모든 것이 다른 곳에 가 있게 되면, 마치 새 환경처럼 되는 것이다. 옛 물건들의 새로운 자리가 나한테 더 이상 익숙하지 않기 때문에 결국 또 주의 산만해지게 된다.

물론, 어떤 사람들한테는 이 말이 내 게으름에 대한 변명으로 들릴 수도 있다. 실제로 그럴지도 모른다. 하지만 내 답은 이렇다. 여러분은 생산성은 없지만, 깔끔한 사람이 되는 게 낫겠습니까, 혹은 사무실을 지저분하게 하더라도 더 생산적인 편이 낫겠습니까? 소방관을 제외하고는, 대부분 내 관점을 지지할 것이다.

ADHD 워크숍을 개최할 때면, 나는 거의 항상 부모나 교사들로부터 ADHD 아동이 너무 어질러두는 것에 대해 불평하는 것을 듣는다. 그들은 '그 아이의 책상에는 종이가 산더미 같이 쌓여 있어요' '그 애의 침대는 벗어놓은 옷들로 완전히 덮여 있어요'라고 말한다. 그리고 그 아이들이 좀더 정리정돈을 잘하게 할 어떤 마술적인 해결책을 내가 당장 제시해 주기를 바란다.

나를 포위하고 둘러선 이 사람들에게 내가 처음 묻는 것은 '아이 침대 모양이 원래 어떻게 생겼는지 정확히 보는 게 그렇게 중요합니까?' '책상에 종이들이 반듯하게 정리되어 있는 것이 왜 그렇게 중요합니까?' 하는 것들이다. 부모와 교사들은 일반적으로 어린이들은 단정해야 한다든지, 자녀가 반항하려고 청소를 하지 않는다든지, 뭐가 어디 있는지 찾지 못해서 학교 과제를 하는 데 지장이 있다든지 하는 이유들을 댄다.

아이가 정리를 할 수 있도록 도와야 하는 유일한 이유는 그중 마지막 것뿐이다. 그가 학업을 하는 것을 도와주기 위해서인 것이다. 침대가 더러운 속옷들로 덮여 있거나 책상이 지저분한 게 무슨 큰일인가? 다른 사람들이 나를 어떻게 생각하는가보다는 행복하고, 건강하고, 더 잘 배울 수 있는 것이 사실 더 중요한 것이 아닌가?

내가 이런 말을 하면, 부모나 교사들은 움찔하게 된다. 그들은 모든 것이 제 자리에 있어야 한다고 배우고 자라왔던 것이다. 게다가, 유대-크리스천 가치에는 '정결함은 독실함 다음이다'라는 원칙이 정신에 박혀 있다.

오해하지 말기 바란다. 단정하고 정돈되어 있는 것도 물론 아주 중요하다. 하지만 나는 부모나 교사들이, 자기가 왜 그렇게 자녀들을 꼭 자기식대로, 아이들의 기본적인 성향에 반하는 방향으로 끌고 가려고 애쓰고 있는지를 다시 한 번 곰곰이 생각해 보아야 한다고 믿는다. 단지 '모든 사람들은 단정해야 한다'는 명제 때문인기, 아니면 '학생들은 지지분한 환경에서는 집중을 할 수 없고 과제물을 어디다 두었는지 찾지 못하기도 한다'는 것 때문인가? 만약 어떤 학생이 어질러진 책상이나 침대에서 공부를 더 잘할 수 있다면, 나는 그를 그냥 내버려 두라고 한다. 내가 생각하는 유일한 예외는 그렇게 어질러진 것이 건강을 해치는 경우다. 만약 아이의 침대 밑으로 쥐가 기어 다니고 있다면, 철저하게 청소할 필요가 있다는 것은 말할 것도 없다. 하지만 지금까지는 ADHD를 가진 아이들을 ADHD가 아닌 아이들처럼 만드는 데 너무 많은 시간과 공을 들여왔다. 나는 그보다는 생산성과 정서적인 안녕을 우선시해야 한다고 생각한다.

앞에서 말했듯이, 나는 일정한 소음과 눈에 익숙한 시각적인 자극이 충분히 있는 환경이 필요하다. 그리고 생각을 좀 맑게 가다듬기 위해서는 조명도 구색을 맞춰야 된다. 나는 너무 밝거나 어두운 곳에 있지 못한다. 조명이 나쁘면 나는 차분히 앉아서 집중하는 데 어려움을 겪는다.

내가 일하는 곳에 여러 가지 다른 종류의 조명을 설치해 보면서, 나는 우연히 몇 가지 재미있는 사실을 발견하게 되었다. 예를 들면, 나는 밝은 방보다는 어두운 방을 좋아한다—어두울수록, 더 낫다. 내가 보아야 할 것만 충분히 밝으면, 그걸로 된다. 하지만, 더욱 중요한 것은 내가 일하는 데 필요한 조명의 종류다.

형광등은 나에게 최악이다. 그 빛 아래에서는 눈이 아파지고 두통이 생긴다. 게다가 형광등은 기분 나쁘게 울리는 소리가 난다. 다음에 형광등 가게 앞을 지나게 될 때, 잠시 서서 귀 기울여 소리를 들어본다면 그것들이 내는 '즈—' 하는 소리를 들을 수 있을 것이다. 그것은 아주 약한 소리이기는 하지만, 내게는 몹시 거슬린다. 게다가 나는 그 진동까지 느낄 수 있는데, 마치 그 빛의 파장이 내게 닿는 것 같은 느낌이다. 그래서 방에 형광등만으로 조명을 하면 집중하기가 굉장히 어렵다.

독자들은 아마 내게는 자연채광, 햇빛이 가장 맞을 거라고 생각하겠지만, 그렇지 않다. 그 빛 자체는 괜찮지만 그게 너무 밝고 화사하면, 나는 일을 그만두고 밖으로 나가고 싶어지는 것이다. 그래서 바깥 날씨가 좋을 때 할 일이 있으면 상당히 마음에 부담이 된다. 그렇기 때문에, 나중에도 말하겠지만 나에게는 **어디서** 일하는지 만큼이나, **언제** 일을 하는지도 중요하다.

나에게 가장 좋은 조명은 태양등[1]이다. 그것은 비싸기 때문에, 모든 곳에 설치할 수는 없고, 단지 학교에서나 집에서 일하는 곳에서만 사용한다. 내가 이해하는 한, 이 조명은 방사 없이 태양 광선을 모방하였다고 한다. 애완동물로 파충류를 키우는 사람들은 다양한 비타민을 제공하기 위해서 이 조명을 사용한다. 이것은 우울증을 치료하는 데에도 사용되는데, 이것이 내가 그걸 좋아하는 이유인지도 모르겠다.

물론, 일반 백열등도 거의 비슷한 효과가 있지만, 광선이 좀 흐릿해야만 한다. 내가 최근 사용하고 있는 것은 40W짜리로, 약간 불투명해야 하는데, 이것 말고 다른 전구들은 나한테 너무 밝고 강한 느낌이다.

내가 좋아하는 조명 방식은 촛불을 켜는 것인데, 이걸 알고 나

---

1) full-spectrum light bulb; 자연광을 모방한 등.

서 정말 많은 도움을 받았다. 촛불에는 내 주의를 거의 즉각적으로 집중시키는 무언가가 있다. 그 부드러운, 천천히 흔들리는 불꽃이 나를 안정시킨다. 초 몇 개를 둘러놓고 있으면, 나는 마음이 가라앉고 일하고 싶어진다.

또, 나는 향이 나는 초를 자주 구입한다. 지금 타고 있는 것은 바닐라 향이다. 그 냄새가 적당히 달콤하고 상쾌하고, 너무 자극적이지도 않다. 촛불이 내는 은은한 빛처럼, 그 향도 나를 차분하게 하는 효과가 아주 좋은 것 같아서, 나는 아예 박스로 구입한다.

그러나 초를 사용하는 데는 두 가지 문제가 있다. 첫째는, 그걸 놓고 독서를 할 수는 없다는 것이다. 그 정도로 밝지는 않다. 둘째는, 나는 종종 초를 컨 채로 놔둔다는 것이다. 여러 번, 나는 집에 돌아가고 나서야 사무실에 초를 켜 둔 채로 나왔다는 것을 알게 되었다. 내 책상 주위에 쌓여 있는 어마어마한 양의 종이들과 가연성 물질들을 생각해 볼 때, 그 조그마한 초가 건물 전체를 태울 수도 있었다. 따라서 이건 좀 위험하다는 생각이 든다.

이처럼 아주 방대하고도 체계적으로 연구한 뒤에, 나는 내가 일을 하기에 최적의 환경을 만들어낼 수 있게 되었다. 내가 항상 능률적으로 일할 수 있다고 말하는 것은 아니다. 단지 이런 환경에서는 다른 곳에서보다 더 오래, 그리고 잘, 조용히 앉아서 일할 수 있다는 것이다. 잠시 시간을 내서 내 사무실이 어떤지 독자들에게 보여 주겠다.

방은 폭이 2.4m 정도 되고 길이는 3.6m 정도 될 것이다. 바닥은 타일로 되어 있지만, 대부분 서류와, 책 더미 그리고 더러운 티슈나 도시락 통, 팝콘 봉지 등의 잡다한 것들로 덮여 빈 곳이 안 보인다. 앞서 여러 번 말했듯이, 내가 게으름뱅이라는 것을 알지만, 이대로 행복하니까, 내버려 두시길 바란다.

벽은 크림색인데, 그대로라면 그 색이 내 눈에 거슬렸겠지만, 내가 종이들로 다 덮어버렸다. 중요한 것들은 내 앞의 벽에 테이프로 붙여놓았다. 오른쪽에는 수업 시간표가 붙어 있고, 왼쪽에는 내 생각과 신념을 나 스스로 다스릴 수 있다는 걸 상기시키는 쪽지(내게는 일종의 고무적인 신호가 되는 것)가 있다. 뒤에는 내 친구들, 가족, 그리고 내가 속한 동물애호단체의 개들 사진이 붙어 있다. 그리고 비틀즈의 원 멤버 중 하나였던 스튜어트 수클리프의 큰 사진이 있다. 그 역시 내 영감의 원천 중 하나다.

내 오른쪽에는 책상이 있지만, 나는 그걸 한번도 쓰지 않았다. 거기에는 서류와 책들이 잔뜩 쌓여 있다. 사실, 서랍과 다리만 볼 수 있을 뿐, 책상 자체를 알아볼 수 없을 정도다. 서랍은 열려 있어서, 그 안의 잡다한 내용물들, 반쯤 먹다만 팝콘이라든지, 5파운드짜리 설탕 봉투(내가 차에 타 먹는 것), 더러운 플라스틱 포크와 스푼, 그리고 논문과 자료들 등이 다 드러나 보인다. 아마 우리 학생들의 숙제도 몇 개 그 안에 끼어 있어서, 내가 찾지 못하고 잃어버린 걸로 생각했는지도 모른다.

내 왼쪽에는 한 2~3m 높이의 금속 책장이 있어서, 네 칸에는 책들이 놓여 있고, 나머지에는 서류들과 종이봉투, CD, 컵들, 빈 박스들, 더러운 셔츠, 선물로 받은 인형들, 티백늘(아직 뜯지 않은 것, 이미 쓴 것들은 문 앞에 쌓여 있다. 나는 종종 그걸 쓰레기통에 넣는 걸 잊어버린다)이 얹혀져 있다.

내 바로 앞에는 컴퓨터가 있는데, 두 단짜리 컴퓨터 책상 위에 자리잡고 있다. 이 컴퓨터뿐만이 아니라, 그 테이블은 서류들, 우리 학생들의 사진들, 빈 요구르트 곽들, 식어빠진 차가 담겨 있는 컵, 여러 종류의 펜과 연필들, 아스피린 한 병, 비타민 한 병, 렌즈용 식염수 빈 통 하나, 나가버린 전구 하나, 전화기, 바닐라 향 양초, 그리고 요즘 내가 게임할 때 쓰는 노트북 컴퓨터 하나, 그리고 잡동사니들이 산더미처럼 쌓여 있다.

내 주변 바닥에는 콘플레이크 박스, 채점해야 할 시험지 뭉치, 오렌지 한 봉투, 책들(톨킨의 『반지의 제왕』을 포함해서), 동전 몇 개, 팝콘, 클립들, 물고기 밥 그리고 스카치테이프가 있다. 내가 만약 어떤 방향으로든지 15cm 이상 발을 움직인다면, 나는 뭔가 밟게 되어 있다.

지금은 오후 12시 6분이다. 위스콘신의 겨울해가 방안을 살짝 넘보고 있기는 하지만, 내 창에는 그림자가 저 있고, 머리 위의 형광등은 꺼져 있고, 방안의 다른 조명은 컴퓨터 스크린과 바닐라 향의 초와 플로어 램프에서 나오는 것뿐이다.

플로어 램프는 매우 중요하다. 그것은 바닥에 세워두는 스탠드인데, 자유자재로 구부릴 수 있는 긴 목을 가지고 있어서, 내 컴퓨터 자판에 직접 빛을 쏠 수 있고, 마치 내가 무얼 해야 하는지 가르쳐주는 화살표 같은 역할을 한다. 내 주의를 자판으로 돌릴 수 있게 하는 아주 자연스러운 지침이 되는 것이다. 내 자판 이외에 다른 것들은 상대적으로 어둡게 되어 있다.

내 책상 위에는 어항이 있다. 나는 그 필터의 웅웅 소리와 물이 보글거리는 소리를 들을 수 있다. 나는 인디언들이 분 플룻 CD를 듣고 있다. 바흐가 슬슬 거슬리기 시작해서 다른 CD로 바꿔놓은 것이다.

그리고 나는 등받이와 팔걸이가 있는 의자 위의 방석에 앉아 있다. 이러한 안락의자는 나에게 상당히 중요하다. 사실, 지금 이 직장의 자리를 수락했을 때, 나는 의자도 새 것으로 바꿔줘야 한다고 요청했다. 나는 자세가 편안하지 않으면 집중할 수가 없다. 교사들이 학생들―ADHD가 있건 없건 간에―에게 이런 딱딱한 의자에서 공부하기를 기대한다는 것은 정말 나에게는 이해하기 힘든 일이다.

나는 내 사무실 창을 종이로 가려서, 아무도 안을 들여다보지 못하게 해 두었다. 이건 다른 사람들이 지나다닐 때마다 내가 주의 분산되는 것을 막아주는 동시에, 내 사무실에 방문하는 사람을 최소화해 주는 효과가 있다. 그들이 안을 들여다볼 수 없고, 또 내가 평소에 방 형광등을 켜두지 않기 때문에 보통 사람들은 내가 사무실에 없는 줄 알게 되어 나는 혼자 있을 수 있게 된다!

자, 이제 독자 여러분은 내 사무실에 대해 감을 잡았을 것이다. 이건 마치 돼지우리처럼 들릴지도 모르겠지만, 여기가 나에게는 일하고 생각하기에 최상의 장소다. 지난 10개월 동안, 나는 이 사무실에서 책 세 권과 논문 두 편을 썼다. 다른 곳에서 더 이상 생산적으로 일할 수는 없었을 것이다.

시간을 좀더 내서, 내 집 분위기와, 그중에서도 특히 내 침실에 대해 말하는 것도 필요할 것 같다. 알다시피, 어렸을 때, 나는 에너지가 소진되면 장소를 막론하고 그 자리에 바로 쓰러져 잠들어 버리기 일쑤였다. 침대에 푹 고꾸라져서는 몇 초 만에 잠이 들곤 했었다.

그런데 사춘기에 들어서고, 나아가 성인기에 들어서는 더욱 정도가 심하게, 잠드는 데에 문제가 생겼다. 몇 년 전까지만 해도, 매일 밤 잠드는 데 몇 시간씩 걸리는 것은 보통이었다. 육체적으로는 탈진상태였어도, 내 정신이 '꺼지지' 않았던 것이다. 침대에 누워서, 수많은 생각들이 걷잡을 수 없이 떠올라 잠 못 이루고 이리저리 뒤척이곤 했었다. 나는 다른 모든 사람들도 다 그런 줄 알았다. 모든 사람들이 잠드는 데 몇 시간씩 걸리는 줄 알았던 것이다. 하지만 사실 대부분 사람들은 잠들기까지 7분 내지 12분밖에 걸리지 않는다는 것을 알게 되었다.

이러한 수면장애는 드문 것이 아니다. ADHD를 가진 성인의 반 정도가 만성 불면증과 같은 수면장애를 가지고 있다. 그 사람들이 복용하고 있는 약물 때문일 수도 있고, 단지 그들의 생각이 멈추지 않고 계속되기 때문일 수도 있다.

내가 ADHD에 대한 내 책을 처음으로 계획하기 시작했을 때, 나는 ADHD를 가진 사람들이 경험하기 쉬운 수면 문제에 대한 장을 포함시키려 했었다. 나는 그 주제에 관해 조사를 했고, 더 잘 잘 수 있는 방법이라고 의사들이 제안하는 많은 전략들을 찾아 내었다. 내가 그중 몇 가지를 시도해 봤는데, 상당한 효과가 있어서, 지금은 비교적 빨리 잠들 수 있다. 침대에 누워서 잠들 때까지 15~20분 정도나 걸릴까 싶다. 게다가, 이전보다 더 숙면을 취하여 아침이면 더 상쾌하게 일어난다.

이 자료들 중에서 가장 중요한 점은, 잠자기 위해 준비하는 것에 관한 것이다. 불행히도, 다른 많은 ADHD 사람들처럼, 나는 편안하게 쉬는 데 많은 시간을 보내지 않는다. 나는 끊임없이 무언가 하고 있다. 만약 글을 쓰거나 채점을 하고 있지 않다면, 바깥일을 하거나 동물 애호협회의 개들을 데리고 산책이라도 한다. 게다가, 항상 머릿속으로는 무슨 생각을 하거나 계획을 짜고 있으니, 내가 자러 가기로 마음을 먹어도, 내 머리는 쉴 준비가 전혀 되어 있지 않은 상태이고, 결과적으로 한동안 깬 채로 누워 있게 되는 것이다.

내가 읽은 바에 의하면, 단지 하던 일을 멈추기만 하고 자러 가서는 안 된다. 잠들기 위해서 먼저 심신 공히 그에 대한 준비를 할 필요가 있다. 예를 들면, 눕기 전에 적어도 30분 정도는 앉아서 긴장을 푸는 것이 필요하다고 한다. 그리고 편안한 상태를 만들어 주는 것이 아니라면, 정신적으로 흥분이 되게 하는 것을 읽거나 보아도 안 된다. 그게 바로 내가 자러가기 전에 뉴스를 보지 않는 이유다. 그건 내 정신 활동을 너무 왕성하게 만든다. 만약 뉴스를 보면 그날 나는 자리에 누워서, 그 시간 전 세계에서 일어나고 있는 모든 끔찍한 일들에 대해 생각하게 된다.

감정 상태를 고양시킬 만한 어떤 것도 읽거나 보지 않는 것과 더불어, 자러가기 바로 전에 어떠한 신체적으로 무리가 되는 활동이나 운동을 해서도 안 된다. 사람들이 잠들 준비를 하는 데 가장 해서는 안 될 것이 바로 심장 박동을 빠르게 하는 것이라 한다. 잠들기 위해서는 몸을 편안하게 이완시키고 동시에 마음도 편히 가져야만 한다.

이런 정보는 내게 무척 도움이 되었다. 나는 잠자기 바로 전에 팔굽혀펴기를 하거나 산책을 하곤 했었는데, 그래서 불면증이 더 심해졌는지도 모른다. 최근에는 아침에 운동을 하는데, 이것이 내가 잠이 깨고 기분 좋은 상태로 하루를 시작할 수 있게 해 주는 동시에 내 과잉행동을 최소화하는 효과도 준다.

또 되도록 매일 같은 시간에 잠자리에 들어야 한다는 걸 알게 되었다. 그 전에는, 요일마다 다른 시간에 잠자리에 들곤 했다. 다음날 오전 수업이 있는 날이면, 전날은 10시 정도에 잠자리에 들었지만, 주로 늦은 저녁 시간 수업이 있기 전날이면, 자정이 넘도록 글을 쓰곤 했다. 게다가 주말이면, 나는 기분 내키는 대로 잠자리에 들었다.

하지만 지금은 거의 같은 시간에 자고 일어나는데, 이게 엄청나게 도움이 된다. 일찍 잠들 수 있을 뿐 아니라, 알람시계 없이도 일어날 수 있으니 말이다.

몇 해 전, 나는 잠들 준비를 위해서 명상을 하는 것을 시도해 보았다. 나는 오랫동안 얌전히 앉아 있지 못하기 때문에, 명상을 잘할 수는 없었지만, 그래도 눈을 감고 생각이 의식 안팎을 마음대로 드나들도록 하는 행위 자체가 긴장을 푸는 효과가 있었다.

사무실에서와 마찬가지로, 내 취침 환경을 바꾼 것도 큰 도움이 되었다. 예를 들면, 시계의 빛도 나를 몹시 산만하게 했었다.

그 분침이 움직이는 것 자체가 내 불안을 가중시켜, 시간이 지날수록 내 불안도 커졌던 것이다. 내가 더 불안해질수록, 마음을 가라앉히기가 어려워진다. 따라서 나는 내 시계를 벽을 향하도록 해두었고, 이제 더 이상 그것이 나를 거슬리게 하지 않는다.

또 나는 잠들 때에 배경 음악을 듣는다. 나는 연속 반복되는 CD 플레이어를 가지고 있어서, 그 CD가 밤새도록 연주되게 한다. 딱 맞는 '무드'의 음악을 고르는 데는 좀 시간이 걸리는데, 파도소리나 가벼운 빗소리처럼, 음의 높이나 크기가 갑작스럽게 변하지 않는 부드러운 것이어야 한다. 파도가 밀려오는 소리나 빗방울이 잔잔히 떨어지는 소리는 나를 침착하게 해 주는 반면, 창밖을 지나가는 차 소리나 내 침실 밖 계단에서 고양이들이 노는 소리 같은 심야의 소음에는 영 잠들 수가 없다.

내가 집중할 수 없을 때 뭔가 읽으려고 애쓰지 않는 것처럼, 나는 억지로 잠들려고 하지 않는 법도 배웠다. 만약 반시간 정도 이내에도 잠이 안 오면, 나는 그냥 일어나서, 심야 TV 프로그램을 본다. 침대에 누워서, 긴장을 풀려고 억지로 애써봤자 헛고생이라는 것을 알게 되었다.

그리고 내 정신을 진정시키려고 너무 애쓰기보다는 그저 흘러가도록 두려고 노력한다. 바닷소리를 들으면서 긴장을 풀고, 어떤 의도도 없이 내 마음이 가는대로 그냥 있는다. 만약 내가 정신을 맑게 하려고 너무 애를 쓰면, 나는 내 생각들과 힘겨루기를 하게 되고, 그건 결국 내 정신을 더 산만하게 해서, 깊은 잠에 빠져드는 걸 막을 뿐이다.

내가 책에서 배운 것 중에서 가장 놀라운 효과를 본 것은 침대와 침실에 관한 것이라 하겠다. 만약 침실을 잠자는 목적 이외의 다른 용도로 사용한다면, 분명히 불면증의 확률이 높아질 것이다. 일리가 있는 말이다. 만약 당신이 침대에서는 잠만 잔다면, 당신의 몸은 눕자마자 '아, 자는 시간이구나!' 라고 생각할 것이다. 하지만, 때로 침대에 누워서 책도 읽고, TV도 보고 하면, 몸은 좀 헷갈리게 될 것이다. 달리 말하자면, 침실에 있을 때에 하는 일은 잠자는 것뿐이라고 분명히 해두면, 당신의 몸이 잠드는 것에 조건 형성될 것이라는 거다. 사실, 내가 침대에서 책이나 TV를 보지 않은 다음부터, 나는 훨씬 빨리 잠들 수 있었다.

여러분이 지금까지 보았다시피, 내 성공의 많은 부분은, 여러 조건들을 최적화 시켜서 아주 효율적인 환경을 조성한 결과다. 나는 이러한 전략들이 다 같이 적용되었을 때에 최상의 효과를 낸다는 것을 강조하고 싶다. 그리고 내가 계속 이런 전략을 사용하고 나니, 내 뇌도 이대로 조건 형성된 것 같다. 지금은, 내 사무실에서 김이 모락모락 나는 뜨거운 차 한잔을 들고, 키보드 앞에 플로어 램프 하나와 촛불만 켜두고, 부드러운 배경 음악을 틀어 놓으면, 정신이 진정되어 집중할 수가 있다.

이제 더 이상 나에게 집중할 수 없는 시간은 없다고 말하는 게 아니다. 지금도 여전히 그런 시간들이 있다. 아직도 때로는, 제대로 읽거나 쓸 수 있을 만큼 집중할 수 없지만, 단지 그런 시간이 자주 있지 않고, 또 이전만큼 오래 지속되지 않는다는 것뿐이다. 그리고 집중이 가능하게 되자, 나는 내 학습을 향상시킬 수 있는 아주 효과적인 전략들도 개발하게 되었는데, 이를 다음 장에서 소개하고자 한다.

배우는 법을 배우기 위한 전략들
STRATEGIES FOR LEARNING TO LEARN

　내가 조용히 앉아 집중할 수 있도록 환경을 어떻게 바꿀 것인지 계획을 짜는 것이 내 삶을 향상시키는 첫 단계였다면, 그 다음으로는 배우는 법도 새로이 배워야 했다. 나는 아직도 좀더 내게 적합하고 효과적인 방법들을 찾아보는 과정 중에 있지만, 그래도 일단 내가 어떻게 여기에까지 이를 수 있었는지 독자들에게 말해 주고자 한다.

　가장 중요한 것은 언제 일하고 언제 일하지 않을 것인지를 아는 것이다. 여기에는 실제로 많은 요령과 마음가짐이 따른다. 지금부터 설명해 보도록 하겠다.

　만약 여러분이 다른 사람들에게 신문을 주고 읽도록 한다면, 대부분의 사람들은 보통 그 자리에서 읽을 것이며, 또 자기들이 어떤 내용을 읽었는지도 설명할 수 있을 것이다(자료가 자기들의 독해 수준에 맞기만 한다면). 그러나 ADHD를 가진 사람들은 그게 항상 가능한 이야기가 아니다. 우리는 너무나 산만해서, 단순히 그 때문에, 명료하게 생각하거나 글을 쓰거나 책을 읽을 수 없을 때가 종종 있다. 그건 우리가 노력을 하지 않아서가 아니고, 때로 우리 정신이 우리가 원하는 대로 움직여 주지 않기 때문이다.

예를 들어, 많은 경우 학생들이 나에게 와서 자기들이 쓴 과제물을 미리 한번 읽어봐 줄 수 없겠냐고 부탁하기도 하는데, 내가 시간이 없거나 도와주고 싶지 않아서가 아니라, 내 능력 밖의 일이라 거절할 수밖에 없는 경우가 종종 있다. 때에 따라서는 내가 뭔가를 읽을 만큼 정신집중을 할 수 없어서, 글자를 크게 소리 내어 한 자 한 자 읽을 수는 있지만, 의미 있는 문장으로 엮어서 읽을 수는 없기 때문이다.

나는 규칙적으로 운동을 하거나 숙면을 취함으로써 내 '두뇌 작동이 정지된 듯' 한 날들의 빈도와 강도를 줄이고 있다. 아무래도 생각하거나 읽는 것에 집중할 수 없다 싶으면 실내 러닝머신 같은 데서 한 10분 동안 뛰는데, 그러면 훨씬 나아진다! 때로 학교에서 계단을 뛰어 오르내리기도 하는데, 그러면 당장 심장박동률이 증가하면서 혈액 순환이 활발한 느낌이 들고 정신은 아주 맑아진다.

내가 집중할 수 없을 때 하게 되는 일들 중 최악의 선택은 '억지로 하는 것'이다. 해 보려고 억지로 노력하면 할수록, 더욱 아무것도 되는 게 없고 힘만 든다. 힘들어질수록, 나는 더 좌절하게 되고 집중도 점점 불가능해진다. 이건 나 자신에게 덫을 씌우는 느낌 같은 것이다. 바로 이런 점을 이해하는 것이 아주 중요하다. 만약 내가 어떤 일을 하려는 데 되지 않으면, 나는 무리하게 시도하지 않고 그냥 그만둔다. 그리고 다른 일을 하면서 될 수 있을 때까지 기다린다.

내가 언제 가장 능률적으로 일할 수 있는지 그 타이밍을 알아내는 것도 효과적인 학습의 중요한 단계다. 나는 낮에 일하기가, 특히 정말 나가 놀기 좋은 날이라면, 아주 괴롭다. 물론 불가능한 것은 아니지만, 모든 것이 조용하고 고요한 아침이나 저녁 시간이 내게는 집중하기에 훨씬 좋다. 이때는 창 밖에서 나는 모든 소음들이나 사람들이 지나다니는 소리에 주의 분산되지 않고 내 책상에 앉아 있을 수 있다.

최근에, 나는 새벽 5시 30분경에 일어나고 있다. 나는 개를 데리고 산책을 하는데, 그건 내 몸과 마음을 훈련시키는 데 아주 좋은 방법이라고 생각한다. 그러고 나서 6시 30분부터 10시 30분 정도까지 일한다. 10시 30분이 지나면 주의를 유지하는 능력이 떨어지기 시작하기 때문에, YMCA에 가서 운동을 하고 점심을 먹고 다시 돌아오는데, 그리고 나면 다시 몇 시간 동안은 상태가 좋아진다.

한때는 저녁 7시부터 한밤중까지 일하곤 했었다. 한번은 내가 밤새도록 원고 작업을 했던 것이 기억난다. 컴퓨터 너머로 밖을 바라 봤을 때, 나는 해가 지고 있는 줄 알았다. 그래서 나는 '야, 참 짧은 시간 동안 많이도 했다'고 생각했었는데, 사실은 해가 뜨고 있는 것이었다. 나는 스스로 인식하지도 못한 채 밤새도록 일했던 것이다.

물론, 내가 점점 나이가 들어가면서, 밤새도록 일하는 것이 별로 통하지가 않는다. 나는 규칙적인 수면을 취해야만 하고, 만일 하루 6시간 이상 자지 못하면, 다음날은 거의 죽음이다. 그래서 지금은 거의 이른 아침 시간에 일하는 습관을 고수하고 있다.

나는 '시켜서 하는 일'은 하지 못하기 때문에, 할 일을 나중으로 미루지 말아야 한다는 것을 몸에 익혀야 했다. 내 천성이기도 하지만, 나는 오늘 할 수 있는 일을 내일까지 미룰 수가 없다. 만약 내가 할 수 있는 한 빨리, 생각나는 순간 후딱 일을 해치워 버리면, 해야 할 일을 잊어버리는 불상사도 훨씬 줄일 수 있었다. 게다가, 무언가에 집중할 수 없는 때에 일의 기한이 닥쳐 손쓸 수 없는 불행한 일도 막을 수 있고.

미루지 않는 습관을 들이는 것은 쉬운 일이 아니었다. 아직도 때때로 미루기는 하지만, 이전보다는 훨씬 나아졌다. 그 요령은 모든 해야 할 일과 그 기한에 대해 세세히 기록을 해두는 것이다. 나는 기억해야 할 **모든** 것(회의, 과제, 사교 모임 등)을 적어놓은 일일 계획표를 가지고 있다. 그리고 내 주변 사람들은, 내가 적어두지 않으면 잊는다는 것을 알기 때문에, 틈만 나면 나에게 상기시켜 주느라 바쁘다.

처음 다이어리를 쓰기 시작했을 때, 나는 두 가지 어려움을 겪었다. 첫째는 그것을 잃어버리지 않고 간수하는 것이었다. 아무 곳에나 던져두고 잃어버리지 않기 위해서, 나는 내가 살 수 있는 한 가장 큰 다이어리를 샀다. 작은 것들, 주머니에 들어갈 만한 것들은 내 사무실 서류더미 사이에 묻혀 버릴 게 뻔하니까 말이다. 또 될 수 있는 대로 밝은 색 표지를 골라서, 사무실에서 눈에 잘 뜨이게 한다. 그리고 또 다이어리가 필요할 만한 곳, 주로 내가 사용하는 컴퓨터 옆에 둔다. 다이어리를 찾을 수 없으면 얼른 거길 보는데, 보통 내 다이어리는 내가 의자에 앉으면 팔 닿는 거리 안에 있다.

내가 다이어리를 사용하는 데 또 하나 문제는 그걸 정기적으로 체크하는 걸 잊는 것이다. 다행히도 여기에는 ADHD가 도움이 되는 면이 있다. 이전에 언급했듯이, ADHD를 가진 사람들은 중독적인 성격 성향이 있다. 우리는 ADHD가 아닌 사람들보다 약물과 알코올을 남용하는 경우가 더 많다. 우리는 또 사랑에도 금방 빠졌다가 금방 빠져나온다. 중독에 대한 이러한 경향은 끊임없는 활동과 자극에 대한 욕구에서 비롯되는 것 같다. 다시 말하지만, 우리는 너무 활동적인 경향이 있다. 그렇다면 과잉활동성을 일상 활동에 긍정적으로 활용하는 것보다 더 좋은 방법이 무엇이 있겠는가? 그래서 나는 아침에 컴퓨터 앞에 앉거나, 저녁에 사무실을 나서기 전 내 다이어리를 체크하는 행동을 습관들였다. 이제 이게 일종의 강박 행동처럼 되었다. 만약 내가 여러 가지 일을 한꺼번에 꼭 해야 한다면, 다이어리를 체크하는 일도 빠뜨리지 않고 그 안에 끼워 넣을 것이다.

긍정적인 일상 반복 활동을 정해두고 몸에 익게 하는 것은 아무리 강조해도 지나치지 않을 정도로 중요하다. '중독'은 보통 나쁜 일에만 언급되지만, 나는 이걸 선용하는 법도 알았다. 예를 들면, 나는 다이어리를 체크하는 것뿐 아니라, 운동하는 것에도 중독되었다. 매일 아침, 나는 일어나서 러닝머신에서 15분 동안 뛴다. 지금은 일어난 직후 잠시라도 운동을 하지 않으면 찜찜할 정도다. 운동은 내 정신을 맑게 해 주고, 내 몸도 진정시킨다.

나는 성찰 일기를 쓰는 것에도 역시 중독되었다. 하루 중, 주로 잠자기 전에 나는 내 생각을 적어둔다. 이것은 내 머릿속에서 웅얼대는 생각들이 정리되어 나가게 해 준다. 이것이 없이는, 나는 이런저런 생각들이 맴도는 것을 통제할 수가 없고 따라서 잠드는 데 몇 시간이나 걸리게 된다.

나는 책을 쓰는 데에도 중독이 된 것 같다. 한 원고를 끝내고 나면, 다른 하나를 시작한다. 나는 내가 무엇인가에 관해 쓰고 있지 않으면 뭔가 한 것 같지 않은 기분을 느낀다. 결과적으로 그 글쓰기가 내 진로에 큰 도움이 되었음은 물론이다.

이처럼 내 에너지를 긍정적으로 반복되는 방식으로 활용함으로써, 나는 '백해무익한 과잉행동'을 쓸모 있는 도구로 변화시켰다. 무언가를 그렇게 정기적으로 해야만 하는 습관을 어떻게 길들여서 좋은 방향으로 활용되도록 만들었을까? 물론 이렇게 되기까지 약간의 시행착오와 친구들의 도움이 필요했지만, 결국 나는 해낸 것이다!

예를 들어, 한때 나는 습관적으로 차 열쇠를 잃어버렸다. 거의 매일 아침, 키를 찾는 데 30분 이상 걸리기 때문에 늦곤 했다. 사실, 어처구니없게도 키를 찾을 수 없어서 자전거를 타고 출근해야만 했던 때도 있었다. 그래서 내가 생각해낸 것이 다음과 같은 것들이다.

첫 번째 한 일은 우선 열쇠를 두기에 알맞은 일정한 장소를 정한 것이었다. 차에서 내려 집에 들어갈 때 나는 부엌을 통해서 간다. 부엌에 들어갔을 때 제일 먼저 보게 되는 것은 식기세척기다. 이 식기세척기 위가 바로 열쇠를 두기에 가장 좋은 장소인데, 이유는 그 장소가 아주 밝아 열쇠가 쉽게 눈에 뜨이기 때문이다.

매일 같은 장소에 열쇠를 두는 것을 습관들이기 위해, 나는 식기세척기 위에 큰 글씨로 '여기에 열쇠를 둘 것!' 이라고 쓴 포스트잇을 붙여두었다. 문제는, 얼마 지나면 그 쪽지조차도 무시하게 되는 것이다. 따라서 나는 여러 가지 다른 색깔의 포스트잇으로 늘 새로운 사인들을 만들어두어야 했다. 새로운 사인을 쓰고 붙이는 행위 자체가, 매일 새로운 메시지를 보는 것만큼이나 내가 어디에 열쇠를 두어야 하는지에 대해 적극적으로 생각하게 하는 효과가 있다.

이제 이것은 완전히 습관이 되어서, 더 이상 그것에 대해 생각할 필요조차 없다. 집에 들어서자마자 사연히 식기세척기 위에 키를 두니, 더 이상 그걸 상기시킬 포스트잇이 필요하지 않다.

아침에 다이어리를 체크하는 데에도 마찬가지 경로를 밟았다. 나는 내 컴퓨터가 켜지는 순간 '다이어리를 체크할 것' 이라는 글자가 떠오르도록 프로그램을 해 두었다. 따라서 매일 아침, 나는 내가 해야 할 일에 대한 시각적 자극을 받을 수 있게 되었다. 게다가, 내가 다이어리 체크란을 클릭하기 전까지는 컴퓨터가 다른 기능으로 전환되지 않도록 설정되어 있으니, 꼼짝없이 다이어리를 체크할 수밖에.

그러나 자주 일어나지 않는 일들은 일상화하기가 좀 어렵다. 예를 들어, 나는 종종 생일들을 잊게 되는데, 그것들은 1년에 한 번만 돌아오기 때문이다. 다행히도, 내 여자친구는 사람들에게 생일 카드를 보내야 한다고 나에게 일러주는 것을 상당히 즐기는 것 같다. 월초가 되면 그녀는 "이 달에 중요한 생일 없어?"라고 묻곤 한다. 나는 잠시 멈춰 생각해 보고, "음, 언제 언제가 누구 생일이네."라고 답하게 되고, 그녀는 "그럼 지금 당장 적어두지. 그리고 다이어리에 붙여둬."라고 거든다. 또 나는 새 다이어리를 사용할 때마다, 이전 것을 훑어보고, 지난해 동안의 모든 생일과 기념일들을 새것에 베껴둔다.

나는 회의나 모임 같은 간헐적인 사건들을 상기시키기 위해 컴퓨터 프로그램도 자주 사용한다. 나는 그것에 대한 메일이 일주일 전, 5일 전, 이틀 전에 나에게 오도록 설정해 둔다. 나는 언제나 내 사무실에서 메일을 체크해 보기 때문에, 절대 그 메시지들을 놓치지 않게 된다.

회의를 기억하는 것 역시 내게는 아주 문제가 되는 것이다. 나는 거의 매일, 다른 시간, 다른 장소에서의 회의에 참석해야 한다. 그래서 회의에 대한 이메일을 받으면 당장 그걸 프린트하고, 다이어리에도 적어둔다. 그리고 이메일 프린트 종이는 내 컴퓨터 바로 옆 벽에 테이프로 붙여 둔다.

그 모든 컴퓨터 프로그램과 시각적 자극에도 불구하고, 내가 가끔 무언가 잊을 때가 있다는 것을 안다. 내 기억력은 아주 끔찍하다. 따라서 나는 생각나는 즉시 적어두도록 해야만 한다.

내가 이 책을 쓰려고 준비하는 동안, 나는 내가 하고 싶은 이야기들과 사건들의 목록을 생각해 내어야 했다. 하지만 내가 모든 걸 기억할 수 없다는 걸 알기 때문에, 나는 작은 노트와 펜을 늘 뒷주머니에 넣어두고 다니면서 뭔가 새로운 이야기나 전략들이 떠오를 때면, 그 자리에서 당장 적어두었다.

다른 방법은 해야 할 일들을 아주 작은 단위로 나누는 것이다. 글을 쓸 때조차도, 나는 스스로 '나는 한 장을 오늘 꼭 다 써야겠다'라고 말하지 않는다. 대신, 나는 더 성취 가능한 작은 목표들을 세운다. 만약 내가 한 자리에서 몇 단락을 잘 써냈다면, 나는 그만하면 됐다고 생각한다. 만약 그 이상을 기대했다면 단지 실망하고 좌절감을 느낄 뿐이니까. 다시 강조하지만, 좌절감을 방지하는 것이 창의적이 되는 길에 있어 핵심이다! 스트레스를 받으면, 나는 기능을 제대로 하지 못하기 때문이다.

나는 동시다발적으로 일을 하는 편이다. 예를 들면, 사무실에 앉아 이 글을 쓰면서도 쪽시시험 채섬노 하고 있고, 지금 내 왼쪽에 있는 노트북 컴퓨터로 게임도 하고 있다. 몇 문장을 쓰고 나서 생각의 흐름이 끊기면, 채점을 좀 하다가, 30초 정도 게임도 하다가 하는 섯이다. 나는 계속 이것저것 왔다갔다한다. 야단스럽고 소모적으로 보일지 모르지만, 이건 내 정신이 지루해지는 것을 막아주는 방법이다.

이에 더해서, 나는 요즘 다른 책도 두 권 쓰고 있다. 이 책에서 막히면, 저 책으로 넘어간다. 만약 한 과제에만 주의집중하려고 억지로 애쓰면, 나는 보통 생각이 막히게 되고 우울해진다. 내가 무언가에 집중할 수 없을 때, 그걸 계속하려고 기를 쓰는 것은 아무 소용이 없다. 따라서 나는 다른 일로 주의를 돌렸다가, 머리를 좀 진정시킨 후에 처음 과제로 되돌아가는 것이다.

과잉행동은 언제나 나에게 문제였다. 우리 어머니의 '리틀 몬스터' 시절부터, 이야기 영역에 앉아 있지 않는다고 볼기를 맞던 시절을 지나, 회의 동안 계속 꼼지락거려서 직장인으로서의 자질에 문제를 느끼기까지, 지나치게 활동적인 것이 모든 문제의 공통된 원인이었다. 예를 들면, 한번은 내가 극장에서 영화를 보고 있었는데 내 자리부터 열 줄쯤 멀리 떨어져 앉은 사람이 오더니, 무릎 떠는 것을 제발 멈춰달라고 부탁하는 거였다. 무릎 떨기는 내 몸에 밴 버릇인데, 너무 심하게 흔들어 대서 그 줄 전체가 다 덜그럭댔던 게 틀림없었다. 그래서 나는 정중히 사과하고 얌전히 앉아 있었다. 하지만 몇 초는 아니더라도, 몇 분도 안 되어, 내 무릎은 다시 저절로 흔들거리고 있었으니, 어떤 사람들은 이제 정말 화가 치미는지 심지어는 팝콘을 던지기까지 했다.

이런 종류의 과도한 동작이 아주 전형적인 ADHD이다. 무릎을 떨거나 아니면 머리카락을 꼬아 비틀어 댄다든지, 손가락을 책상 같은 데 대고 두들긴다든지 하는 눈에 거슬리는 행동을 하는 것이다. 우리는 계속 움직여야만 한다. 이것이 바로 교사들이 자기 ADHD 학생들에 대해 가장 많이 불평하는 점이다.

유감스럽게도, 교사와 부모들은 ADHD 아동들에게 움직임을 멈추라고 강압적으로 명령한다. 그리고 나서 학생이 그대로 따르지 못하면, 어른들은 '일부러 규칙을 안 지킨다'고 보거나, '권위에 반항한다'고 본다. 하지만 대부분은 그게 아니다.

에너지 방출은 생리적으로 꼭 필요한 것이다. 모든 사람들이 다 그렇다. 오랜 여행 동안 꼼짝 않고 차 안에 갇혀 있어야 하는 일만 상상해 봐도 알 것이다. 조금만 지나면, '정상적인' 사람들이라 할지라도 움직이지 않고 있는 것이 참으로 고역이 될 것이다. ADHD를 가진 사람들도 똑같은 문제를 가지고 있는 것인데, 그것이 몇 배 더 가중된 강도라고 보면 된다. 우리는 단지 항상 오랫동안 움직이지 않고 앉아 있을 수 없는 것뿐이다.

내가 우리들의 과잉행동을 설명할 수 있는 가장 좋은 방법은, 아주 가려운 부스럼이 생긴 걸 상상해 보게 하는 것이다. 옻이 옮았거나 벌레에 물렸을 때 말이다. 긁고 싶은 충동이 엄청나게 밀려오는데도 손가락 하나 까딱 않고 참아야 하는 걸 상상해 보라. 집중하는 동안은 긁지 않을 수 있을 것이다. 하지만 잠깐 다른 걸 생각했다 하면, 자기도 모르게 손이 가려운 곳으로 갈 것이 뻔하다.

ADHD를 가진 사람들에게 과잉행동은 이런 긁는 행농과 같다. 그렇다, 우리는 그걸 통제할 수 있다. 하지만 어떤 시점에만 그런 것이다. 내가 내 모든 주의와 의지를 다해서 억제한다면, 나는 다리 떠는 것을 멈출 수 있다. 하지만 하던 일로 다시 돌아가면, 영화를 보거나, 선생님 말씀을 듣거나 하면, 다시 다리 떨기가 저절로 시작되는 것이다. 얌전히 있겠다고 해놓고 실제로는 그렇게 하지 않아서 사람들을 화나게 한 경우가 나에게는 이루 다 셀 수 없이 많다.

모든 사람들은 에너지를 방출할 생리적인 욕구가 있음을 기억해 주시길 바란다. ADHD를 가진 사람들은 단지 방출해야 할 에너지가 더 많은 것뿐이다. 따라서 정말 중요한 질문은 '내가 이 아이를 어떻게 얌전히 앉아 있게 할 수 있나?'가 아니다. 나는 내 인생 내내 그런 상황과 싸워왔고, 주로 졌다. 따라서 이제부터 질문은 다음의 두 가지로 나뉘어야 한다. '어떻게 하면 이 아동의 에너지를 좀더 적절한 방식으로 활용할 수 있도록 할까?'와 '이 아이의 에너지로 인해 야기되는 주변의 방해를 어떻게 하면 최소화할 수 있을까?'이다.

나는 이 두 질문에 대해 아주 많이 생각해 보았다. 이미 여러 번 말한 것처럼, 나는 억지로 얌전히 있으려고 시도해 봤지만, 아무리 노력해도 내 과잉행동을 오랫동안 완전히 억제할 수 없었다. 그래서 내 에너지를 생산적인 쪽으로 활용하려고 노력하고 있는 중이고, 현재까지 아주 많이 도움이 된 여러 가지 방법들을 찾아냈다.

첫째, 앞서 언급했듯이, 규칙적으로 운동을 하니까 내 과잉행동성은 극적으로 감소되었다. 단지 계단 몇 개만 오르락내리락 해도 한동안 얌전히 앉아 있을 수 있게 된다.

내가 생각해낸 또 다른 책략은 발가락을 꼼지락거리는 것이다. 발가락을 꼼지락거리면 다른 사람을 방해하지 않고서도 내 에너지를 방출할 수 있다. 여러분도 한번 해 보면 알리라. 신발을 신었는데, 누가 볼 수나 있는가? 설사 누군가가 당신의 발가락이 꼼지락대는 것을 봤대도, 무릎을 흔들거나 손가락을 두드리는 것만큼 정신 사납게 느끼진 않을 것이다.

때때로 나는 단지 앉아 있는 그것을 할 수가 없다. 엉덩이가 닿아 있는 것 자체가 신체적으로 고통스러운 것이다. 다시 가려운 현상에 비해서 설명해야겠다. 가려운 곳을 긁으면 기분이 좋아진다. 가려운 곳을 긁지 않는 것은 어느 정도의 고통을 유발한다. '고통'은 아주 정확한 표현이 아닐지 모른다. 아마도 '불편감'이 더 맞을 것 같다. 뭐라 하든 간에, 기분 좋은 느낌이 아닌 것만은 틀림없다.

이런 느낌이 ADHD를 가진 사람들에게 적용된다. 몸은 따라주지 않는데 자리에 얌전히 앉아 있으려 노력할 때가 바로 그런 것이다. 내가 과잉행동 주기에 있을 때에는 앉아 있는 것이 아주 불편하다. 장시간 부서 회의에 참석해야 할 때는 특히 더 부담이 된다. 때로 그들은 두 시간이나 세 시간 동안 회의를 지속하기도 하는데, 나는 그렇게 오랫동안 자리에 앉아 있을 수가 없다.

내가 쓰는 한 가지 방법은 앉아 있기보다는 무릎을 바닥에 대고 반만 서는 것이다. 이건 좀 이상하게 들릴지 모르겠지만, 컨퍼런스 테이블 의사에 앉는 대신에, 의자를 치우고 그 자리에 무릎을 대고 반만 서 있다. 그러면 엉덩이는 좀 쉬게 되고, 기분이 편안해진다. 게다가, 그렇게 하고 있으면 나는 앉아 있는 것과 키가 거의 비슷해져서, 대부분의 사람들은 내가 의자에 앉아 있지 않다는 걸 알아채지도 못한다.

물론, 휴식시간을 갖는 것도 배우 도움이 된다. 나는 종종 양해를 구하고, 물을 마시러 갔다 온 후에 좌석에 앉는다. 그건 쉬는 시간을 좀더 벌어주는 효과가 있고, 돌아왔을 때는 좀더 주의를 집중할 수 있게 된다.

그러나 때때로, 특히 아주 중요한 문제에 대해 토론하고 있는 경우에는, 회의장에서 빠져나갈 수가 없다. 이런 경우에는 나는 일어서서 모든 사람들 뒤에 서 있는다. 처음에는 내가 분위기를 좀 산만하게 하는 것처럼 느껴졌지만, 지금은 다들 나를 이해해 주는 편이다. 몇몇 사람은 나처럼 일어나서 서 있기까지 한다! ADHD를 가진 사람들만 오랫동안 앉아 있는 데 어려움을 겪는 게 아닌 모양이다.

ADHD를 가진 학생들이 학업상 겪는 가장 주된 문제는 무엇을 어떻게 공부해야 하는지를 모른다는 것이다. 예를 들면, 시각적 자극들이 많으면 주의가 흩어지는 것처럼, 우리는 선생님들이 제공하는 모든 학습 정보에 의해서도 주의 분산이 될 수 있다. 그중에 어떤 정보가 중요한지, 어떤 걸 걸러내야 하는지 감을 못 잡게 되는 경우가 종종 있다.

내가 대학에서 들었던 수업 중 가장 좋은 것이 학습기술에 관한 과목이었다. 그 과목을 선택해서 듣기를 정말 잘했다! 그 강좌에서는 어떻게 필기를 해야 몇 주 후에 다시 볼 때에도 잘 알아볼 수 있는지, 또 핵심 주제와 부속 자료들을 어떻게 구분하며, 교사의 말을 그대로 적지 않고 어떻게 주제를 요약할 것인지를 가르쳐 주었다. 나는 이런 과목을 수강할 것을 적극 권장한다.

교과서를 효과적으로 읽어내는 요령을 배우는 것도 결정적으로 중요하다. 내 학생들 중에도 교과서를 마치 소설 읽듯 하는 친구들이 너무 많다. 즉, 그들은 한 장의 시작에서부터 끝까지 한 자 한 자 읽어나가는 것이다. 이건 너무나 시간낭비다.

교과서를 읽을 때에는, 학생들은 처음에는 그 장을 대충 훑어보아야 한다. 먼저 제목, 관련 그림 그리고 소제목들을 살펴보고 나서, 그 장에서 무엇을 말하고 있는지를 추측하며 전반적인 주제와 단어들을 파악해야 한다. 단지 단어들을 읽기보다는, '이 저자가 말하고자 하는 것이 무엇인가' '여기서 중요한 것이 무엇인가'를 적극적으로 자문해야 한다. 그 장에서 말하고자 하는 바에 대해 개념이 잘 서면, 그 후 도입(introduction) 부분과 요약(summary) 부분을 읽는다. 만약 여기서 이해되지 않는 것이 있다면, 그 장에서 그 주제를 다룬 부분을 읽어 나간다. 그리고 그 장의 처음이나 끝에 제시된 어떤 연구 질문에 대해 답을 생각해 보아야 한다. 이렇게 하면 50페이지짜리 한 장도 10~15분이면 쉽게 파악할 수 있다.

나는 사람들이 하는 말에 주의를 기울이는 데에도 이런 방법을 쓴다. 말하자면, 적극적 경청으로, 우선 그들이 무슨 말을 하는지 나름대로 윤곽을 잡아보고, 그 다음 무슨 말이 이어질 것인지 예측해 보는 것이다. 그리고 머릿속에서 핵심 문장을 반복해 보고, 주요 요점을 요약해 본다.

주의를 기울이는 데의 어려움은 사람들의 이름을 기억하는 능력에도 장애가 된다. 나는 기억력이 정말 나빠서, 어떤 사람들은 내가 그들이 누군지 잊어버린 것 때문에 크게 상처를 받는다. 특히 내가 한 때 가깝게 지냈거나, 면접이나 데이트를 했던 경우라면 더욱 그렇다.

그래서 최근에,, 나는 사람을 기억해내는 전략을 개발하는 중에 있는데, 좀 효과가 있는 것 같다. 일단, 사람들이 자신의 이름을 말하면, 나는 속으로 그걸 세 번 반복하고, 한 번은 소리 내어 말해 본다. 예를 들면, 나는 '만나서 반갑습니다, 크리스.' 또는 '요즘 어때요, 크리스?' 라고 말하는 것이다. 또 그들의 이름을 얼굴 아래에 시각적으로 떠올려 본다. 마치 TV에 캡션이 나오듯이. 다시 말하지만, 나는 시각 자료로 학습하는 사람이다. 만약 내가 무얼 들으면, 그건 금세 사라져 버리지만 눈으로 무얼 본다면, 그건 머릿속에 오래 남길 수가 있다.

어떻게 하면 가장 잘 배울 수 있는지를 배운 것이 내가 박사과정을 성공적으로 마치는 데 결정적인 도구였다. ADHD로 진단받기 전에 이미 나는 청각적으로 제시된 정보를 학습하는 데 항상 문제가 있다는 것을 알았다. 하지만 내가 근본적으로 시각 학습자라는 것을 깨닫게 된 것은 석사과정 중에 공식적으로 평가를 받은 뒤였다. 그 후부터, 나는 사람들에게 설명해 주기보다는 보여 달라고 부탁하는 것이 습관이 되었다. 예를 들면, 만약 어떤 사람이 어떤 장소까지 가는 방향을 설명해 주면, 나는 약도를 그려달라고 한다. 사람들이 허공에 '그리기'만 해도, 그냥 듣는 것보다는 훨씬 잘 이해가 된다. 더욱이 공부를 할 때면, 나는 플래시 카드나 요점 정리를 한 자료 같은 것들을 활용했다.

물론, 끊임없이 내가 스스로를 성찰하지 않았다면 학습 능력도 향상되지 않았을 것이다. ADHD를 가진 사람들은 자신들에게 벌어지고 있는 일들에 대해 너무나 수동적인 경우가 많다. 만사를 어쩔 도리 없는 기정사실로 받아들이고, 자신들의 현재를 단지 미래에 대한 서막으로만 받아들인다. 하지만 그렇지가 않다. 우리에게는 변화하고, 적응하고, 배우고, 성장하며, 더 나아질 힘이 있다. 자신을 이해하는 것이야말로 이 인생 여정에서 가장 중요한 첫걸음인 것이다.

나는 ADHD를 가진 사람들에게 매일 꾸준히 하루를 돌이켜보며 일기 쓰기를 적극 권장한다. 무엇이 주의를 산만하게 하고 과제를 마치는 데 방해가 되는지뿐만 아니라, 어떤 것들이 배우고 집중하는 데 도움이 되는지에 대해서도 써야 한다. TV나 라디오를 켜두고 독서를 한다든지 하는 새로운 시도도 허용될 수 있어야 하고, 또 끊임없이 그렇게 해 보기를 권장하지만, 항상 그것이 도움이 되었는지, 혹은 왜 그렇지 않았는지 살펴보고 이해하면서 계속되어야 할 것이다.

14

정서적 지지를 구축하기 위한 전략들
STRATEGIES FOR BUILDING EMOTIONAL SUPPORT

'하베이'라는 영화를 보면, 제임스 스튜어트가 엘우드라고 불리는 매력 있는 주정꾼으로 나온다. 여기서 엘우드에게 특이할 만한 점은, 하베이라는, 보이지 않는 커다란 하얀 토끼가 그의 가장 친한 친구라는 것이다. 영화 내내 모든 사람들은, 그를 미쳤다고 생각해서, 그를 입원시키러 하고, 그의 '망상'을 없애는 약도 복용시키러 한다. 그중에 제임스 스튜어트가 모든 사람들에게 '나는 이 인생을 살아나가려면 아주 똑똑하거나, 아니면 아주 명랑하거나 해야 한다고 배웠다. 나로 말하자면 아주 똑똑한 편이었지만, 개인적으로 나는 아주 명랑해지는 쪽을 권하고 싶다'라고 말하는 장면이 있다. 이게 정확한 인용은 아닌지 모르겠지만, 여하튼 그가 말한 요지는 그렇다.

나는 그 장면을 아주 좋아하고, 내 책이나 발표에서 그 부분을 곧잘 인용한다. 그걸 생각할 때마다, 나는 전율하면서 웃게 된다. 하지만, 그 지혜가 나에게 완전히 와 닿은 것은 몇 년 전 여름 이후다.

2001년 여름이던가, 어느 늦은 밤 화장실에 갔을 때 무심코 아래를 보고 나는 소변에 피가 나오는 것을 알게 되었다. 그냥 약간 피가 섞여 나오는 것이 아니라, 아주 많은 양이어서 변기에 붉은 줄기가 떨어지며 피범벅을 이루고 있었다. 그걸 보고 너무 놀란 나머지, 말도 나오지 않을 지경이었다.

그 즉시, 나는 응급실에 전화를 걸어, 당직 간호사에게 내 사정을 설명했다. 나는 아무 이상도 느끼지 못했지만, 그녀는 당장 응급실로 오라고 말하였다.

몇 시간을 기다린 후, 나는 드디어 의사를 만날 수 있었다. 아주 젊은 의사였는데, 자정이 지난 시간임을 고려해 볼 때, 분명히 피곤할 터였다. 어쨌든 나는 내게 일어난 일을 설명했는데, 그 사람은 내가 소변이 단지 약간 붉은 빛이 도는 정도가 아니라 케첩처럼 아주 진했다고 말하니까 좀 심각하게 받아들이는 것처럼 보였다. 그는 내게 소변을 한 컵 받아오게 한 뒤, 몇 가지 검사를 했다.

그가 다시 와서 내 앞의 둥근 의자에 앉았을 때, 피곤했던 모습은 간 곳 없고 상당히 염려하는 표정이었다. 내 소변에 피가 아주 많이 섞여 있으니, 무언가 이상이 있다는 것이었다. 내 참, 나도 그건 알고 있었다. 의사가 아니라도 말이다.

그는 내가 얼마나 자주 소변을 보는지 물었다. 우습게도, 내 친구들은 내가 화장실 사용하는 걸 보고 이런 농담을 많이 해왔었다. 붓 대롱 같은 방광을 가지고 있다고. 나는 문자 그대로 하루에 열다섯 번 내지 스무 번 정도(평균은 6~7회) 소변을 본다. 너무나 소변을 자주 보기 때문에, 영화 한 편도 끝까지 못 보고, 중간에 한 번쯤은 화장실에 다녀와야만 한다. 내가 의사에게 그 말을 했을 때, 그는 별로 놀라거나 의아해하지 않는 눈치였다.

그러고 나서 그는 우리 가족의 병력을 물었다. 내가 우리 조부모님들 중 한두 분이 암으로 돌아가셨다고 이야기하자, 그는 진지하게 고개를 끄덕였고, 특히 우리 외할아버지가 비교적 젊은 연세에 전립선암인가 방광암인가로 돌아가셨다는 사실에 특히 신경을 쓰는 것 같았다.

내가 무엇이 잘못되었는지 자꾸 묻자, 그는 마지못해 내 방광에 종양이 있을지 모른다고 말하면서, 우리 가족력도 그리 좋지 않은 것 같다고 했다. 내가 더 다그치자 "예, 일종의 암이 있을 확률도 약간 있어요."라고 말하는 것이 아닌가. 내 나이에서 아주 드물기는 하지만, 가족력이 있고 빈뇨가 계속 있어왔으며, 내가 배설한 피의 양으로 볼 때, 그는 '감이 좋지 않다'고 했다.

서른두 살에 듣는 '암'이라는 단어는 살 떨리게 무서웠다. 사람들에게 이런 사실을 말할 때, 나는 아주 태연한 표정을 짓고, 농담을 하기도 했지만, 사실 나는 공포에 떨고 있었다. 이제 겨우 자리를 잡아 모든 것이 새로 시작되고 있었다. 나는 내가 좋아하는 직업을 가지고 있고, 사랑하는 여자친구가 있으며, 내 첫 책을 끝내 가는 중이었다. 내 일생 대부분의 시간 동안 죽음을 생각해왔음에도 불구하고, 나는 죽고 싶지 않았다 ― 지금은 아니었다.

왜 이 이야기가 나오는지 이상할지 모르지만, 여기에 아주 중요한 점이 있다. 알다시피, 나처럼 ADHD를 가진 사람들은, 우울증에 걸릴 위험이 높다. 우리는 일반 사람들보다 약물과 알코올을 남용하거나 자살을 하는 비율이 더 높다. 이미 설명했듯이, ADHD는 인생에 있어 단지 학업이나 사회생활에만 영향을 주는 것이 아니다. 그 장애는 아동의 자존심에 상처를 줄 수 있으며, 인생의 실패자나 사회의 낙오자라는 느낌을 끊임없이 준다. 이런 이유 때문에, ADHD를 가진 학생들을 단지 학업적인 영역만이 아니라 정서적으로 도와주는 것이 아주 중요하다. 특히 나는 ADHD 아동들의 정서 발달이 학업 발달보다 훨씬 중요하다고 늘 주장하는 사람이다. 읽기나 셈하기는 인생의 어느 시점에서든지 배울 수 있다. 하지만, 성인기에 이르러서 자기 개념을 변화시키기는 아주 어렵다.

의사로부터 '암'이라는 말을 들었을 때, 내 태도는 밤새 완전히 변해버렸다. 나는 내내 부정적인 정서에 젖어 인생을 허비하기 싫었다. 나는 시간은 너무나 짧다는 것을 깨달았고, 더 행복해지기 위해서 의식적으로 노력했다.

이 장에서 나는, ADHD가 나에게 끼친 정서적인 영향을 다루기 위해 과거 몇 년 내가 무엇을 해 왔는지 말하고자 한다. 내가 지금도 우울증과 관련된 문제들을 가지고 있음을 알아주기 바란다. 나는 아직도 우리 엄마가 나에게 망할 녀석이라고 말하는 것을 '듣는다.' 열심히 노력하고 분발해야 한다는 선생님들의 목소리도 머리에 메아리친다. 내 생각들은 아직도 부정적인 게 많고,

내 성공에 대해서 별로 만족하지 못하기도 한다.

이런 어려움에도 불구하고, 나는 이제 내 인생을 사랑하기 시작했고, 이전 언제보다도 지금이 더 행복하다. 나는 화장실에 숨어서 스스로를 비참하게 느끼는데 내 인생의 너무 많은 부분을 허비했다. 두 해 전 여름 응급실을 떠나면서, 나는 더 이상의 시간 낭비를 하지 않기로 결심했다.

분명히, 내 변화의 한 가지 중요한 요소는 의사로부터 '암'이라는 말을 들은 것이다. 그건 정말 새로운 눈을 뜨게 해 주었다. 하지만 즐겁게 살기 위해서는 열망 이상의 것이 필요했다. 나는 긍정적인 태도를 유지하기 위한 전략들도 개발하기 시작했다.

내가 처음 한 것은 차분히 앉아서 무엇이 나를 행복하게 하는지에 대해 생각해 보는 것이었다. 나는 실제로 하나하나 목록을 만들어 보았다. 기분이 처지기 시작할 때, 나는 그 목록에 써 있는 것 중 하나를 해 본다. 예를 들면, 나는 동물들을 좋아한다. 내 인생에 가장 큰 즐거움을 주는 것 중 하나가 아마도 동물 애호 협회에 가서 개들에게 산책을 시켜주는 것이다. 그린 집 없는 동물들을 보는 것이 더 기슴 아프지 않느냐고 물을 수 있겠지만, 나는 그렇지 않다. 그 개들은 자신에게 쏟아주는 관심을 너무나 반가워하기 때문에, 당장 그들 눈에도 그 기쁨이 드러난다. 그리고 내 인생에 얼마나 나쁜 일들이 벌어지고 있든 간에, 아무도 사랑해 주는 사람이 없고 집이라 부를 곳조차 없이 시멘트 바닥과 쇠 철망으로 된 우리에 사는 동물들을 보고 있으면, 거기에 비해 내 인생은 너무나 훌륭하다는 것을 깨닫게 된다.

우울에 맞서 싸우는 데 아주 강력한 또 하나의 무기는 운동이다. 나는 매일 운동을 하도록 노력한다. 그리 많은 시간을 들이는 게 아니라, 단지 15분이나 20분 정도 한다. 때때로 나는 역기를 들기도 하고, 운동기구에서 걷기도 한다. 이런 규칙적인 운동은 당장 육체적으로도 훨씬 상쾌하게 해 줄 뿐 아니라, 앉아서 집중하는 데에 내가 복용했던 어떤 약보다도 더 도움이 된다. 기분이 처지기 시작하면, 나는 헬스 사이클에 뛰어올라 몇 분 동안 바퀴를 돌리는데, 그러면 즉각 기분이 나아진다.

사실 운동이 너무나 나에게 효과가 있었기 때문에, 과연 이것이 다른 사람들에게도 도움이 되는지에 관해 연구를 하기 시작했는데, 지금까지 연구 결과로 보면 상당히 긍정적인 결과가 기대된다. 아마도 나의 다음번 학문적 과제는, ADHD를 효과적으로 다루기 위해서 약물대신 운동을 활용할 수도 있는지를 연구하는 것이 되지 않을까 싶다. 물론, 제약회사로부터 어떤 재정 지원도 받지 못하겠지만!

최근에 내 정신건강에 기여한 또 하나의 요소는 자기반성이다. 무엇이 나를 행복하게 하는지, 어떻게 공부해야 그 효과가 가장 극대화 될 것인지에 대해 적극적으로 생각한 것에 덧붙여서, 나는 무엇이 내 감정을 상하게 하고 있는지 잘 성찰해왔다. 이미 말했듯이, 내 뇌는 각기 다른 채널을 틀어놓은 TV 화면들로 가득 찬 벽 같다. 때로는 그중 한 화면이 아주 나쁜 '프로'에, 우리 엄마가 나를 망할 녀석이라고 한다든지, 옛날 여자친구가 낙오자라고 불렀다든지 하는 그런 화면에 고정되어 있는 것 같다. 때로 그

'프로'는 현실에 근거하지도 않은 것이다. 한 번도 일어난 적이 없는, 단지 내가 만든 생각들을 방영하고 있을 뿐이거나 혹 처음에는 실제 기억을 방영하기 시작했더라도, 내 머릿속에서 너무 오랫동안 뱅뱅 돌다가, 나중에는 실제로 일어난 일과 눈꼽만큼도 닮지 않는 지경에까지 이른 것일 수도 있다.

이것은 상당히 심각한 주제이기 때문에, 좀더 자세히 말할 필요가 있다. 내 생각은 너무나 진짜 같고, 생생하기 때문에, 때로 그것들은 나를 압도한다. 나는 종종 내 머릿속에 튀어 오른 이미지의 노예가 되고 만다. 한 순간은 괜찮았다가도, 슬프거나 화나는 생각이 머릿속에서 맴돌기 시작하면, 거의 즉각적으로 그 감정에 휩쓸리는 것을 느낀다.

예를 들어, 미친 사람처럼 들리겠지만, 나는 눈을 감고 비가 오는 것을 상상하면, 빗방울이 몸을 두드리는 것을 느낄 수 있다. 문자 그대로 상상의 물이 내 머리를 적시고 등을 따라 흘러내리는 것을 느낀다. 그 척척함과 한기까지도 느낄 수 있다. 마치 내가 빗속에 서 있는 것처럼, 그 느낌이 **그 정도로** 강력한 것이나.

따라서 부정적인 생각이 한 번 맴돌면, 그것은 실제든 아니든 간에, 나에게 엄청난 영향을 미칠 수 있다. 그것들은 나를 비관스럽게 하고 우울하게 하며, 심지어는—내가 어렸을 때에는—자살 유혹을 느끼게도 한다. 따라서 나는 '채널을 돌리는 법'을 배워야 했다. 하지만 그것은 말처럼 쉽지 않았다. ADHD를 가진 사람들은 한 가지에 강박적으로 사로잡히는 경향이 있다. 우리는 생각들이 너무나 많아서 그것들을 단순히 밖으로 내보낼 수가 없다.

생각들이 머릿속에서 돌고 돌면서, 점점 더 강력해지고, 떨쳐내려고 노력할수록, 머리 밖으로 밀어내기가 어려워진다. 사실, 내가 그 생각들을 몰아내려고 애쓸수록, 그것들은 오히려 더욱 막강해진다.

내가 만난 대부분의 상담자나 치료자들은 이것을 이해하지 못했다. 그들은 내가 단지 '생각을 멈출' 수 있다고 생각하는 것 같았다. 심지어 몇몇은 나에게 '너무 많이' 생각하면 안 된다고 했다. 그런데 무엇보다도 중요한 것은, 나는 생각하기를 멈출 수 없다는 것이고, 두 번째로 꼭 짚고 넘어가야 할 것은, 나는 생각을 멈추기를 원하는 것이 아니라, 더 행복하고 더 생산적인 생각들을 하기를 원한다는 것이다. 나는 채널을 바꾸기를 원하는 것이지, TV를 아예 없애버리고자 하는 것이 아니다.

이런 나쁜 채널을 돌리기 위한 첫 번째 단계는 그것들이 단지 생각일 뿐이라는 것을 깨닫는 것이다. 나는 자주 스스로, '롭, 이건 일어나고 있는 게 아니야. 너는 네 컴퓨터 앞에 앉아 있고, 네 머릿속에서 일어나고 있는 일은 단지 옛날 일(혹은, 전혀 일어난 적이 없는 일)일 뿐이야' 라고 말할 필요가 있다.

이것은 소위 '자기 진술(self-talk)'로, 내 경우에는 이것을 자주 사용한다. 때로는 큰 소리로 말하기도 한다. 바보같이 들리겠지만, 실제로 효과가 있다.

나쁜 채널을 돌려 버리기 위한 다른 방법은 좋은 생각으로 그것들을 덮어버리는 것이다. 말했듯이, 나는 나쁜 생각을 내 의지로 쉽게 멈출 수가 없다. 그것들을 내 머리 밖으로 쫓아낼 수가 없다는 것이다. 그것들은 한번 내 머리에 떠올랐다 하면, 막무가내로 버티기 때문에 제거하기 아주 어렵다. 하지만 나는 그것들을 다른 것으로 살짝 바꿀 수는 있다.

나쁜 채널을 좋은 것으로 바꾸는 가장 빠른 방법 중의 하나는 차를 타고, 카스테레오 볼륨을 최대한으로 해두고 내가 가장 좋아하는 노래들을 듣는 것이다. 노래는 그때그때의 내 기분에 달려 있다. 나는 내가 소리 지르며 따라 부를 수 있는 노래들을 좋아하지만, 때로는 '이매진'이나 '인 마이 라이프' 같이 좀더 부드럽고 느린, 서정적인 곡들을 듣기도 한다. 크리스마스 캐럴은 1년 내내 효과적인 것 같다. '화이트 크리스마스'를 부르다 보면 기분이 좋아진다.

차에서 노래 부르기뿐만 아니라, 나는 기분을 돋우는 영화를 보기도 좋아한다. 우울해져 있을 때면, 나는 '로키'의 마지막 15분을 즐겨 본다. 로키가 녹다운 되고 있고, 눈이 너무 부어서, 볼 수 있으려면 눈을 찢어야만 하는 상황인데도, 그는 항복하지 않고 여전히 서서, 더 싸우기를 요구하고 있다. 그 음악이 시작되면서 그는 다시 싸운다. 벨이 울리려는 순간, 그는 거의 이기고 있고, 싸움에서 승리하지 않고도 그는 자신이 진정한 승자인 것을 발견한다. 이 장면을 보면서 기분이 좋아지지 않을 사람이 누가 있겠는가?

'멋진 인생(It's a Wonderful Life)' 역시 내가 좋아하는 영화다. 조지 베일리가 크리스마스트리 옆에서 그의 가족과 친구들과 함께 서 있는 것을 보고도 기분이 나빠지는 사람이 과연 있을지. 내가 정기적으로 보는 영화들은, '홀랜드 오퍼스(Mr. Holland's Opus)', '백비트(Backbeat)', '피셔 킹(The Fisher King)', '모리와 함께 한 화요일(Tuesdays with Morrie)' 등이다.

내 친구들 역시 긍정적인 마음가짐을 유지하는 데 도움을 준다. 나는 친구가 많은 적이 없었다. 지금도 손꼽을 정도다. 한때는 이게 아주 서운하고 속상했었다. 나는 언제나 남들한테 인기가 있고, 남들이 나를 좋아해 주기를 갈망했었다. 하지만 어느 순간, 비록 내게 친구가 많지는 않지만 어려울 때는 그 친구들이 항상 내 편이 되어주었다는 것을 알게 되었고, 그 점을 진심으로 감사하고 그들을 소중하게 생각하게 되었다. 그리고 가능한 한 자주 그들에게 그런 사실을 말해 주려 노력한다.

내 친구들을 보면, 그들에게는 공통적인 몇 가지 특징이 있다. 가장 중요한 것은, 그들이 나에게 아주 잘 대해 준다는 것이다. 그들은 나의 괴짜 같은 행동에 대해서 놀리거나 흉보기도 하지만, 무례하지는 않다. 그들은 내 진짜 약점을 건드리지 않고, 언제 그만두어야 할지, 언제 받아쳐도 되는지를 항상 알고 있는 것 같다. 어릴 적 이웃이었던 슐츠네 자매들이 좋은 예다. 나는 평생 그들과 알고 지냈지만, 그들이 내 마음을 상하게 하는 나쁜 말을 한 적은 한 번도 기억나지 않는다.

그리고 내 친구들은 감정을 잘 자제하는 편이다. 그들은 극단적인 감정 표출을 삼간다. 그런 면에서 내 친구들은 내가 균형을 잃지 않도록 도와준다. 내가 아주 감상적이고 감정적일 때, 그들은 나를 보고 청승 좀 그만 떨라고 야멸치게 말해 주는데, 좀 야속하게 느껴질 수도 있겠지만, 진심으로 그들이 나를 생각해서 하는 것임을 너무나 잘 알고 있다.

아마도 여러분은 내 친구들이 나의 ADHD를 누구보다도 잘 이해하기 때문이라고 생각할지도 모르겠지만 꼭 그렇지는 않다. 내 친구들 중 아주 친한 한두 명만 내가 ADHD를 가졌다는 것을 알고 있을 뿐이다. 아마 내가 다른 친구들에게도 말했을지 모르겠지만, 그들은 그런 이야기에 별 관심이 없었다. 나는 내가 한 행동에 대해 설명하려고 해 봤지만, 그들은 별로 상관하지 않았다.

상당히 오랫동안, 나는 다른 사람들, 특히 내 친구나 가족들이 나를 이해하지 못한다는 사실에 큰 상처를 받아왔다. 무엇보다도, 나는 항상 진정으로 이해받고 싶었다. 하지만 이제는 자기 모습 그대로 수용되는 것이 훨씬 더 중요한 것이며, 내 친구들이 바로 나를 있는 그대로 수용하고 있다는 것을 깨닫게 되었다. 어쩌면, 내 친구들이 나를 이해하지 못하면서도 나를 수용해 준다는 그 사실이 그들을 더 특별하게 느껴지게 하는 것 아닐까? 내가 어리석은 행동이나 말을 할 때 그들이 '아, 시게 바로 ADHD다운 말이구나'라고 생각하지 않고 '바로 저게 롭의 모습이지'라고 생각하니 말이다. 내 '장애'에도 불구하고 나를 참아주는 것이 아니라, 나를 있는 그대로 좋아해 주는 사람들과 함께 있다는 것, 그건 참 행운이다.

내 친구들은 또한 인생에 대해서 상당히 긍정적인 편이다. 이 또한 나에게 매우 도움이 된다. 나는 부정적인 사람들과 함께 있는 것이 참 견디기 어렵다. 비록 나 역시 한동안 그런 사람이었지만 말이다. 나는 긍정적인 생각이 긍정적인 기분을 만든다는 것을 굳게 믿는다.

내가 몇 안 되는 내 가까운 친구들을 소중하게 여기려고 노력하는 만큼, 나는 부정적인 사람들과는 멀리 하려고 노력한다. 불행히도 이건 그리 쉽지가 않은데, 우리 가족이나 동료 중에도 끊임없이 걱정하고 부정적인 생각들만 하는 사람들이 섞여 있기 때문이다. 이런 사람들에 둘러싸여 있는 것은 아주 힘이 든다. 나는 마치 감정의 스펀지와 같아서, 내 주변의 부정적인 분위기를 그대로 빨아들인다. 따라서 누군가 자기 인생에 대해 불만을 느끼는 사람과 이야기하고 있으면, 나 역시 기분이 나빠져 버린다. 그렇기 때문에, 나는 이런 사람들과 오래 있지 않으려 노력한다.

일기를 쓰는 것도 많은 도움이 된다. 이것은 내 머릿속에 있는 것을 정리해 줄 뿐만 아니라, 어떤 전략들은 효과가 있고 어떤 것들이 효과가 없는지를 판별하는 데 큰 도움을 준다. 지난 15년간의 기록을 되돌아보면, 참으로 다양한 주제가 언급되고 있는데, 이를 통해서 어떤 것들이 나를 괴롭히고, 어떤 것이 나를 즐겁게 하는지 알 수 있다. 또한 내가 대인관계에서 같은 실수를 되풀이했다는 것을 알 수 있고, 앞으로는 어떤 사람들을 멀리해야 하는지도 깨달을 수 있다.

일기 쓰기의 가장 좋은 점은 그것들이 내 삶의 정서적인 스냅사진 역할을 한다는 것이다. 때로 나는 진실을 왜곡하고 일어난 일들을 실제보다 더 나쁘게 기억하는데, 그 당시 실제로 일어난 일에 대해 내가 적어둔 것을 읽어 보면 객관적으로 생각을 할 수 있게 된다. 또 이런 기록들은 때때로 내가 우울해졌을 때, 그 기분들이 지나가는 것임을 일깨워 주기도 한다. '이런 기분은 곧 없어질 것이다'는, 우울해졌을 때 내가 나에게 하는 자기 암시 같은 주문이다. 우울한 상태에 있을 때는, 마치 내가 한번도 행복한 적이 없었던 것처럼 느껴진다. 그러나 내가 이전에 써 놓은 것들을 읽어보면 그게 사실이 아님을 깨달을 수 있다.

일기를 계속 쓰는 것과 같은 맥락에서, 나는 사람들이 나에게 보낸 카드나 좋은 메일 내용은 보관해둔다. 내가 삶의 실패자처럼 느껴지기 시작하면, 나는 그것들을 서랍에서 꺼내서 읽어보곤 한다. 그건 정말 도움이 된다. 지금 바로 내 앞에도, 컴퓨터 위에 내 여자친구 데이지가 보내준 메모가 테이프로 붙어 있다. 거기에는 '당신은 정말 마음이 따뜻한 사람이고, 당신이 인생에서 원하는 것도 모두 이룰 수 있을 거예요'라는 말이 써 있다. 가끔씩 나는 그걸 읽고 음미한다. 단어만 읽는 것이 아니라, 그 뒤에 있는 그 진정한 마음도 느끼게끔 한다. 그 '선의'가 내 안에 스며들도록 하는 것이며, 그걸 명상한다고 할 수 있을 것이다. 이렇게 하면 자연히 미소도 지어시는 법이다.

나를 계발해 주는 것 중의 또 하나가 여행이다. 나는 언젠가는 모든 것을 '완벽하게' 할 수 있는 '비법'을 배울 수 있을 거라는 생각을 버려야 했다. 대신, 일상 속에서 끊임없이 삶의 철학을 발견하고 살아가는 데 도움이 되는 길을 찾으려는 생각을 갖는 데 익숙해졌다. 나는 다른 사람들이 세상을 어떻게 보는지, 그리고 그들의 문제를 어떻게 해결하는지 듣기를 좋아한다. 나는 자서전이나 자기 계발 책들도 많이 읽었는데, 내 삶에도 적용해 볼 만한 유용한 내용들을 꽤 얻을 수 있었다.

최근, 나는 '창조적 시각화(creative visualization)'라고 불리는 과정에 흥미를 느끼고 있다. 이건 여러 가지에 응용될 수 있지만, 기본적으로 긍정적인 결과를 상상하는 것을 의미한다. 예를 들면, 만약 내가 어떤 수업을 진행하는 데 불안을 느낀다면, 나는 모든 학생들이 미소 지으며 잘 따라오는 가운데 가르치고 있는 내 모습을 머릿속에 그려본다.

이런 창조적 시각화는 내가 아주 화가 났을 때나 감정이 격앙되었을 때 무척 도움이 된다. 만약 누군가가 나에게 소리를 질렀다든지 멍청하다고 말했다 해도, 나는 이전만큼 그 말들이 나에게 영향을 미치도록 놔두지 않는다. 이런 상황이 되면, 아름다운 열대 섬이나 눈 덮인 산처럼 아주 안전하고 편안한 장소에 내가 있는 것을 그려 본다. 그리고 나와 격론을 벌였던 사람에게 조용히 이야기하는 것을 그려본다. 내면화하는 데에 많은 연습이 필요하긴 하지만, 스트레스를 다루는 데 아주 도움이 된다.

나는 너무 지루해졌을 때에도 이런 방법을 활용한다. 예를 들어, 만약 긴 줄에 서 있거나 혼잡한 교통 상황에 갇혀 있으면, 나는 쉽게 성질이 난다. 참아보려 해도 몇 분 참지 못하고 다시 화가 나기 시작한다. 나는 기다리는 걸 혐오한다. 이건 마치 내가 곧 폭발할 시한폭탄처럼 느껴지게 한다. 따라서 기다려야 하는 상황이 되면, 나는 백일몽에 들어간다. 나는 환호하는 부모들 앞에서 강의하고 있는 모습을 그려보곤 한다. 아니면, 내가 비틀즈의 일원인 것으로 상상해 보기도 한다. 가장 잘하는 것은 내가 톨킨의 책에 나오는 인물인 것처럼 생각해 보는 것이다. 나는 내 마음속에 '중간 대륙'을 잘 그려낼 수 있고, 내가 거기 있는 것처럼 생각되면 더 이상 지루하지 않게 된다.

나는 긍정적인 마음가짐을 유지하고 우울증에서 벗어나기 위해서 이런 창조적 시각화를 사용한다. 비결은 부정적인 것에 초점을 두지 않는 데 있다. 물론 쉽지는 않은데, 특히 긍정적인 것들을 생각하기 보다는 과거의 모든 부끄러운 사건들을 지워버리고 새로 무엇을 시작하고 싶을 때 더 그렇다.

또 내가 최근에 시도하고 있는 것은 내 성공을 즐기는 것이다. 내 실패는 일생 동안 지속되는 것 같은데, 내가 잘한 것들은 단지 몇 초면 사라져 버리는 느낌이었다. 예를 들면, 나는 늘 책 쓰기를 소망해서, 초등학교 때부터 글을 써왔고, 중학교 1학년 때는 처음으로 출판사에 원고를 제출하기도 했다. 따라서 독자들은 내가 서가에 꽂혀 있는 내 첫 책을 보고 상당한 기쁨을 느꼈으리라고 생각하겠지만, 사실은 그렇지가 않았다. 나는 단지 '좀 더 잘했어야 했는데' 또는 '이게 누구한테 도움이나 되려나' 그런 생각들만 했던 것이다.

나는 이런 부정적인 생각의 틀을 던져버리려고 노력하는 중이다. 나는 매일 내가 이룬 좋은 일들을 집중적으로 생각하는 데 몇 분을 꼭 할애한다. 때로는 좀 구차하게 느껴지기도 하고, 때로는 내가 정말 혐오하는 사람들처럼 혼자 너무 잘난 체하는 것처럼 느껴지기도 하지만, 내 성공을 즐길 시간을 갖는 것은 꼭 필요하다고 생각한다. 내 일에는 나만이 그렇게 할 자격이 있기 때문이다. 그것들은 **나의** 성공이고, 삶은 즐겨야 하는 것이니까.

　나는 다시 한 번 ADHD 아동들의 자존감을 세우는 것이 무엇보다도 중요함을 강조함으로써 이 장을 마치려 한다. 사람들은 일생의 어떤 시점에서든지 지식에 관한 교육은 받을 수 있다. 아흔 살이 되더라도, 남북 전쟁에 대해서 알고 싶으면, 책을 보거나 교육 방송을 보거나 수업을 청강할 수 있다. 하지만, 자아 개념을 바꾸는 것은 무척 어렵다. 자신에 대한 우리의 개념은 우리가 초등학교를 떠날 무렵이면 이미 확고하게 된다. 만약 중학교 1학년 때 낙오자라고 느낀다면, 일흔이 되어서도 낙오자라고 느낄 가능성이 크다. 따라서 제발, 여러분이 ADHD를 가진 아동들과 생활한다면, 학업의 필요성에 대해서야 물론 강조하겠지만, 그들의 정서적 발달에 대해서도 절대 소홀히 하지 말아 줄 것을 거듭 부탁한다. 장기적으로 보자면, 그것이야말로 여러분들이 그들에게 해 줄 수 있는 가장 최선의 일인 것이다.

되돌아보며

A LOOK BEHIND

　내 인생의 우여곡절을 돌아보니 참 감개가 무량하다. 구비 구비 돌아 지금 이 자리까지 와서, 삶을 이렇게 두루 살펴본 것은 정말이지 뜻 깊은 일이다. 오랜 시간 동안, 나는 인생 패배자이고, 천천히 미쳐가고 있다고 생각했었지만, 내가 단지 ADHD를 가졌을 뿐이라는 사실을 알고 나시는 나의 ADHD를 받아들였고, 마침내 이걸 아주 유용한 내 고유의 능력으로 바꾸어 놓을 수 있었다. 하지만 그 변화는 빠르지도 쉽지도 않았다.

　처음부터 나는 내 형제들과 분명히 달랐다. 아주 갓난아기 때부터 과잉행동을 보였고, 일단 기기 시작하고 나서는, 손을 대지 않는 것이 없었다. 아마도 이것이 크게 달라지지 않은 점일 것이다. 나는 지금도 여전히 아주 활동적이다. 좀더 오래 앉아서 집중하기를 배우기는 했지만, 여전히 그저 가만히 앉아 있지는 못한다. 말하자면 쉴 새 없이 뭔가 생산적인 일을 해야만 한다. 이전에도 그랬고, 지금도, 지루함이 내게는 가장 지옥 같은 경험이다. 학교에서 내가 말썽을 피웠던 때는 대개 내가 지루하게 앉아 있다가, 무언가 할 거리를 찾는 경우였다.

내가 처음 학교에 다니기 시작했을 때, 나는 정말 신이 났었고, 배우는 것이 좋았다. 사실, 유아원에서 빨리 집에 돌아가서 엄마에게 자랑스럽게 '내가 우리 반에서 제일 똑똑하다!' 고 자랑하고 싶었던 것이 아직도 기억이 난다. 나는 닥치는 대로 많은 질문을 했었는데, 귀찮게 하려고 그런 것이 아니라 정말로 알고 싶었기 때문이었다. 하지만 이후 계속적으로 학업에서 실패를 경험하면서, 나는 금세 그 열정을 잃었다. 아니, 내 열정이 그 놈의 나쁜 성적에 KO 패를 당했다는 것이 맞는 표현인지도 모르겠다. 선생님들이 줄줄이 '잠재력에 미치지 못 한다' 고 말을 하거나 '좀더 노력해야 한다' 고 지적해 주는 것도 전혀 내게 용기를 북돋워 주는 말이 아니었다.

5학년 즈음에, 나는 공부를 완전 포기했다. 나는 더 이상 반에서, 혹은 다른 어떤 곳에서도 제일 똑똑한 아이가 아니었다. 나는 배우는 것에 더 이상 흥미를 느끼지 못했다. 나는 하늘 아래 있는 모든 것에 대해 끊임없이 이어지는 질문 다발을 가지고 있었지만, 더 이상 다른 사람들에게 물어보기를 그만두었다. 내가 바라는 것은 단지 혼자 남는 것이었다.

솔직히 말하면, 우리 선생님들이 내가 뭘 배우고 있는지 어떤지에 대해 제대로 관심을 가졌던 것 같지도 않다. 그들은 내 지적 잠재력을 발현시키는 것보다는 나의 문제 행동을 줄이는 것에 더 신경을 썼던 것 같다. 내가 중학교 2학년이 되었을 때는, 우리 부모님조차도 포기한 것처럼 보였다. 그저 낙제만 하지 않으면 하실 뿐, 더 이상은 아무 말씀도 안 하셨다. 나만큼이나 그분들도 악전고투에 지치셨던 것이다.

원래, 나는 학교에 가는 게 너무 신났을 뿐 아니라, 정말 행복하고 외향적인 아이였다. 나는 활기가 가득 차 있었고, 내 주변의 모든 것에 대해 탐구심이 불타는 아이였다. 하지만 또 한편 사람들의 신경을 긁는 놈이기도 했다. 사실, 나는 저녁 식탁에서 너무 낄낄거려서 아버지로부터 볼기짝을 얻어맞기도 했었다.

초등학교 첫 두 학년 동안, 우리 선생님들은 나를 사회적으로 미성숙하다고 지적했다. 나는 내 차례가 아닐 때에도 말했고, 그들이 보기에 주제에서 벗어난 쓸데없는 질문들을 했던 것이다. 나는 재미 비슷한 것조차 느껴지지 않을 때까지 같은 농담을 계속, 반복해서 해댔다. 하지만, 어쨌거나 나는 사교적**이었다**. 나는 사람들과 어울렸고, 웃었고, 농담도 했으며, 학급활동에도 참여했다.

4학년 즈음에, 나는 변하기 시작했다. 학업 성적이 계속 떨어지면서 내 지적 호기심이 없어져 버린 것처럼, 친구들이 계속 놀려대고 부모님과 선생님들이 내 행동에 대해서 자꾸 지적하면서 나는 음울하고 무뚝뚝한 아이로 변해갔다. 점점 우울해지고 고립되어 갔다.

중학교 2학년 때는 나에게 아주 중요한 시기였다. 나는 학교에서 사회적 관계와 학업 성적 면에서 모두 아주 많은 어려움을 겪었다.

나는 친구가 없었다. 여학생들과 있을 때는 극도로 수줍어서, 그 애들이 있으면 복도도 겨우 지나갈 정도였다. 게다가, 나는 교회에 다니는 것도 그만두었고, 그것 때문에 우리 가족과도 깊은 골이 생기게 되었다. 삶에 대한 끊임없는 불안과 고통은 무기력으로 이어졌다. 중학교가 끝나기 전에, 나는 두 번이나 자살을 기도했다.

내가 대학교 2학년이 되었을 무렵, 나는 더 외향적으로 되고, 자신감이 생겼었다. 여학생들에게 데이트를 신청하기도 했고, 친구들도 있었다. 성적도 올랐고, 내 머릿속에 끊임없이 소용돌이치는 많은 생각들을 정리해서 좀더 집중할 수 있었다.

하지만, 이것은 슈냅스 한 병이나 맥주 한 통이 들어가야만 나타나는 가짜 로버트였다. 나는 여전히 어둡고 감정기복이 있었지만, 몇 잔 걸친 동안만은, 다른 사람들이 어떻게 생각하는지 상관하지 않았다. 여학생에서 딱지를 맞아도, 술집에서 한번 웃으면 그만이었다.

알코올이 내 우울증을 가려주었지만, 그것 역시 잠재적으로 위험한 행동들의 불씨가 되곤 했다. 술을 마실 때면, 나는 내 모든 충동적인 생각들을 행동에 옮겼다. 나는 싸우러 돌아다녔고, 친구나 낯선 사람에게나 모두 위협적인 인물이 되기도 했다. 술을 마시는 것이 여러 면에서 도움이 되기도 했지만, 결국은 내가 치러야 할 대가가 너무 큰 지경에까지 이르리라는 것을 나도 알게 되었다. 계속 술을 마시다가는, 사람을 죽일 수 있을지도 몰랐다. 그리고 내 우울증은 단지 가려진 것일 뿐, 그것은 그 자리에서 계속 자라나고 있었다.

연구에서 우울과 ADHD가 관련이 있다는 것이 밝혀지고 있지만, 이것이 ADHD의 가장 심각한 면은 아니다. 우울은 밀려들어왔다 빠져나갔다 한다. 폭음이나 상쾌한 운동, 통곡을 하면 잠시 동안 나아지기도 한다. 나는 일생을 통해서 이런 경험을 하고 있다. 아직도 때로는 어두운 감정에 빠지기도 하지만, 지금은 이전 어느 때보다 훨씬 나은 편이다.

나에게 있어서, ADHD의 가장 나쁜 면은 우울증이 아니라, 그것이 내 자존감과 자아개념에 미쳤던 영향이었다. 나는 이제 30대 중반인데, 좋은 대학에서 박사학위를 받았고, 책을 다섯 권이나 썼고, 수많은 논문도 발표했으며, 전국을 다니면서 강연을 하고, 국회 위원회에서 보고서를 작성하기도 했다. 피레네 산맥을 걸어 넘기도 했고, 사랑에 빠졌으며 내 집까지 가졌으니, 이만하면 내 꿈의 대부분을 실현했다고도 볼 수 있지 않을까?

하지만 이러한 '성공'에도 불구하고, 여전히 패배자처럼 느껴지고, 그 때문에 아무것도 제대로 할 수 없을 것 같은 때가 있다. 내 머릿속에는 아직도 자기 비하적인 생각들이 맴돌면서 기회가 있으면 뛰쳐나와 나를 괴롭힌다. 일생동안의 많은 실패들을 잊지 못하기 때문에, 내가 이루어 놓은 일들에 대해 온전히 충족감을 얻지 못한다. 내 마음속에는 아직도 나에게 소리지고 나를 놀리던 많은 사람들의 목소리가 메아리치고 있다. '하느님 아버지 저 좀 살려주세요! 이런 망할 녀석 같으니라구' '네가 조금만 노력했더라면, 이런 말썽을 피우지 않았을 텐데' '넌 징말 좀 달라!' 등등. 내가 마음속에서 이런 소리를 듣지 않고 지나가는 날이 드물다.

나는 이제 삼십대 중반이 되었지만, 아직도 여전히 나 자신을 우리 부모님을 열 받게 하는 리틀 몬스터로, 혹은 쉬는 시간 동안에 화장실에 숨어버리던 소년으로 느끼는 경우가 종종 있다.

자존감이 낮은 것이야말로, ADHD를 가진 사람들에게 아주 전형적인 현상이다. 이것이 바로 우리 ADHD를 가진 사람들에게 자살이나 이혼뿐만 아니라 약물이나 알코올 남용의 비율이 왜 그렇게 높은지에 대한 이유다. 하지만, 나는 ADHD 만의 책임은 아니라고 본다.

ADHD는 우리가 무언가에 고착되게 한다. 항상 머릿속에 수많은 생각들이 질주하고 있어서, 종종 생각들이 머릿속에 들러붙어 뱅뱅 돌아서 우리를 미칠 것 같게 만든다. 우리는 또 엄청난 양의 에너지를 가지고 있어서 그것들을 꼭 방출해야만 하는데, 이것이 여의치 않으니 쉽게 중독에 빠지는 성격이 되는 것이다. 또 어떤 일상적인 절차와 예식에 목숨을 걸고 아주 강박적으로 수행하지 않고는 못 배기기도 한다.

하지만 우리 생각들을 부정적이게 하고, 우리 행동을 파괴적이게 하는 것은 ADHD 그 자체가 아니다. 대부분의 문제들은 우리와 우리의 ADHD를 대하는 사람들이 어떻게 반응했느냐에 따라 일어난다. 우리 부모님들, 선생님들, 또래 친구들이 나를 비웃고, 조롱했고, 그들의 비난이 그때부터 내 머릿속에서 반향을 일으켜 왔다. 만약 그들이 좀더 지지적인 태도로, '애, 넌 괜찮다. 넌 좋은 아이야' 라고 말해 주었더라면, 나는 내 인생에서 좀더 일찍 행복해지는 법을 배웠을 텐데 말이다.

한두 달에 한 번씩, 나는 ADHD에 대한 컨퍼런스나 워크숍을 개최한다. 나는 ADHD를 가지고 자라는 것이 어떤 것인지 사람들에게 알리는 데 힘을 쓴다. 내 실수담 같은 이야기들을 해 주면서, 내가 이 자리에 오기까지 도움이 되었던 여러 가지 방법들을 설명해 준다. 때로 사람들은 웃고, 때로는 울기도 한다. 발표가 끝나면 나는 사람들의 개인적인 질문에 답변하게 되는데, 이때 종종 '만약 선생님이 옛날로 되돌아가서 모든 것을 다시 시작할 수 있다면, 무언가 다르게 해 보시겠지요?' 라는 질문을 받는다.

이건 정말 핵심적인 질문이지만, 대답하기는 쉽지 않다. 무엇보다도, 나는 현재의 나에 만족하기 때문이다. 만사가 잘 돌아가고 있고, 나는 대부분의 시간에 진심으로 행복을 느끼고 있다. 내가 지금 어떤 사람인가는 이전에 내가 어떤 사람이었는지에 의한 것이고, 따라서 과거를 바꾸는 것은 현재를 바꾸는 것이 되는데, 난 그것을 원하지 않기 때문이다.

하지만 리틀 몬스터를 되돌아보면, 좀 슬퍼지고, 실망스러우며, 화도 난다. 이 책을 준비하면서 나는 지난 몇 년 동안 내가 기록해 두었던 일기와 선생님들이 내 부모님에게 보낸 메모들을 철저히 검토하고, 지난 몇 년 동안 생각하지도 않았던 것들을 다시 보게 되었다. 몇몇 의견들은 좋은 것이었고, 또 나를 웃게도 했지만, 많은 것들이 가슴을 아프게 했고 상처가 되었다.

선생님들의 기록이나 학교 성적표를 살펴보다 보면, 왜 그들이 날 더 도와주지 않았을까 생각하게 된다. 분명히 나는 문제를 가지고 있었다. 나는 지능이 떨어지지는 않았지만, 행동을 통제하거나 학습하는 데 있어서 명백히 어려움을 겪고 있었다. 물론, 1970년대 중반의 특수교육은 지금과 달랐다는 건 알고 있다. 그때는 다운증후군이나 뇌성마비처럼 눈에 보이는 장애를 가진 아이들만 특수 교육을 받을 수 있었다. 하지만 선생님들은 단지 나를 복도에 세워두거나 운동장에서 학교 둘레를 재는 것 이상의 무언가를 나에게 해 줄 수도 있었을 것이다.

물론, 그 다음 질문은 '그렇다면 ADHD를 가진 아이들은 특수교육을 받아야 합니까?' 일 것이다. 나의 솔직한 답은 '모르겠다' 이다. 특수교육학 교수의 답이라고 하기에는 좀 우스울지 모르겠다. 아마도 여러분은 내가 특수교육이 얼마나 훌륭한지 역설하기를 기대할지도 모르겠지만, 솔직히 말하면, 사실 나는 잘 모르겠다.

그렇다. 특수교육은 많은 학생들을 도울 수 있다. 교사가 대상 학생에 대해서 충분히 시간을 들여서 그가 어떤 어려움들을 겪고 있으며, 그 학생에게 어떤 도움을 줄 수 있는지 파악한 경우에는 그렇다. 그러나 불행히도, 내가 경험한 바에 의하면 대부분의 특수교육 프로그램은 일반 교육과정의 농도를 좀 조절한 것일 뿐이고, 치료에만 초점을 두고 있다. 그런 건 나에게 도움이 되지 않았을 것이다. 나는 머리 나쁜 아이는 아니었으니까. 나는 교과 진행 속도를 천천히 하는 것이 필요한 게 아니었다. 사실, 어찌 보면 나는 좀 빨리 진행되는 것이 필요했는지도 모른다. 학교는 나를 지루하게 했다. 나는 좀더 실제적인 활동과 응용된 지식을 원했다. 나는 내 많은 질문에 답해 주거나 내 스스로 해결을 찾을 수 있는 방법들을 제시해 주는 선생님을 바랐다. 그런데 전통적으로, 특수교육은 이런 일을 하지는 않는다.

더욱이, 특수교육 교사들은 아동이 순종하도록 훈련하는 것에 초점을 둔다. ADHD 학생들에게 그들의 에너지를 어떻게 하면 생산적인 방향으로 활용할 수 있을지를 가르치기보다는, 좀더 얌전히 앉아서 주의를 기울이게 하도록 애를 쓴다. 많은 특수교사들이 학부모들에게 자녀한테 약을 먹이도록 압력을 가하는 것이 바로 이런 이유에서다.

약물 복용은 또 다른 중요한 논쟁거리다. 내 입장이 어떤 거냐고 누군가가 굳이 묻지 않는 한 나는 보통 내 입장을 밝히지 않는다. 다시 말하지만, 그 답은 좀 복잡한 문제다.

나는 약 10년 동안 다양한 약물을 복용해 봤다. 불행히도, 그중 하나는 음성 틱[1] 증상을 일으켜서, 이후로 1년 동안이나 계속되었다. 뚜렛장애[2]가 있는 사람처럼, 나는 때로 단어나 소리를 내뱉곤 했다. 예를 들면, 어떤 때는 놀란 앵무새처럼 '안녕하세요'를 연발해댔고, 또 다른 때는 무슨 개처럼 킁킁대기도 했다. 이건, ADHD 약물에서 흔한 부작용인데, 많은 부모들이 잘 알아차리지 못하는 것 같다.

하지만, 약을 복용하니까 몇 가지 면에서는 나에게 도움이 되었다. 약은 내가 주의를 기울일 수 있는 능력을 증진시켰고, 또, 뭐 약간이기 하지만 과잉행동도 줄여주었다. 무엇보다도 가장 중요

---

1) tic; 갑자기 재빠르고 반복적이며 불규칙적이고 정형화된 움직임 또는 소리가 나타나는 것.
2) tourette; 여러 가지 운동 틱과 한 개 이상의 음성 틱을 동반한 장애.

한 것은, 약을 먹는 것이 내 우울 증상을 호전시키는 데 도움이 되었다는 것이다.

그럼에도 불구하고, 나는 현재 학교에서 실시되고 있는 방식에는 머리를 흔들 수밖에 없다. 어린이들이 리탈린을 배급받듯 양호실 앞에 줄을 서 있는 모양이라니. 그러면서 아무도 그들에게 어떻게 하면 행동을 고칠 수 있는지 가르쳐주지 않고, 아무도 자기감찰(self-monitoring) 같은 다른 비약물 치료를 활용하려고 하지 않는 것이다.

이 시점에서, 나는 의사가 아니라는 점을 짚고 넘어가야만 하겠다. 나는 특수교육학 박사다. 나도 ADHD의 약물치료에 대해 연구하기는 했지만, 결국 약물에 대해서는 나보다는 의사들이 훨씬 더 전반적으로 깊게 잘 알고 있을 것이다. 그런데 유감스럽게도, 의사들은 ADHD에 대해서 그리 잘 알고 있는 것 같지 않다. ADD가 더 이상 미국 심리학회에서 공식적으로 인정되는 진단이 아니라는 것도 모르는 신경과 의사나 소아과 의사를 아직도 만날 수 있으니 말이다.

게다가, 의사들은 단지 부모나 교사의 말을 듣고서 아동들을 ADHD로 진단 내린다. 그들은 다양한 환경에서 반복적으로 아이들을 관찰하지 않는다. 또 뇌 촬영도 해 보지 않는 경우가 많으며, 내가 1990년대에 받았던 전산화된 검사조차 실시하지 않기도 한다.

물론, 이해할 수는 있다. 의사들은 워낙 하는 일이 많을 뿐 아니라, 한 사람이 모든 장애와 질병에 대해 최신 지견을 갖기를 기대할 수는 없는 일이니까. 특수교사들에게도 그건 마찬가지다. 소수의 교사들만이 ADHD의 진단기준의 변화를 알고 있을 뿐이다.

결론적으로, 약물에 관한 문제는 의사들이 전문가이니 전적으로 그들에게 의뢰할 일이다. 바라건대, 그들이 책임 있게 최신 지식을 습득하고, 처방하기 전에 적어도 '이전에 어떤 행동수정 전략을 시도해 봤었는지?' 하는 기본적인 질문 정도는 해 주었으면 한다.

부모나 교사에게라면, 먼저 다른 방법들을 시도해 보고 난 뒤에야 약을 처방해 주는 의사들을 찾아보라고 권하고 싶다. 심지어 'ADD' 라고 말하는 의사가 있다면, 다른 의료진을 찾아보아야 할 것이다. 우리가 맨 처음 장에서 언급했듯이, ADD는 이미 10년 전부터 공식적인 진단으로 사용되지 않는 용어이기 때문이다. 따라서 만약 그런 말을 하는 사람이라면 그에 대한 지식 역시 시대에 뒤떨어지는 것일 게 분명하다.

나는 또한, 아주 어린 아이들이 약물을 복용하는 것은 권하지 않는다. 다시 말하지만, 나는 의사가 아니고 또 경우마다 다르긴 하지만 모든 약물이 다 그렇듯이, ADHD에 대한 약도 심각하고 돌이킬 수 없는 부작용을 유발할 수 있다는 연구 결과들이 나타나고 있기 때문에, 네다섯 살 정도의 아이들이 약을 먹는 것에 대해 그리 편안한 맘은 들지 않는다—하지만 이는 전적으로 내 개인적 소견이다. 경험이 많은 다른 전문가는 다른 견해를 가질 수도 있다.

사실, 투약 여부에 대해 왈가왈부하다 보면 문제가 시끄러워지고 나아가서 개인감정 문제로 비화할 수도 있다. 한번은 내가 어떤 기자와 인터뷰하면서, 약물은 마지막 방법으로 고려되어야 한다고 한 적이 있었다. 그 기사가 나가자마자, 한 의사가 전화를 걸어서는 '당신이 도대체 뭔데 그 따위 의학 소견을 내는 거요!?! 당신이 의사요?' 라고 소리치기 시작했다.

그 의사와 나는 거의 30분 가량 통화를 했다. 나는 내가 비록 의사는 아니지만, ADHD에 대한 다양한 약물들이 아주 심각한 부작용이 있다는 것을 밝힌 연구를 알고 있으며, 약 말고도 아동들이 집중하고 생산적으로 활동할 수 있도록 돕는 다른 방법들도 있다는 것을 설명하려고 했다. 그는 약물은 대부분의 경우에 안전하며, 약물치료를 늦추는 것은 아이를 점점 더 뒤처지게 할 뿐이라고 소리쳐 반대했다.

그의 주장도 물론 타당한 것이다. 약물에 대한 장기적인 부작용은 아주 드물다. 하지만, 만약 당신의 아이가 몇 백만 명 중에서 뇌 손상이나 간 질환이나 죽음에 이르는 그 한 명에 해당된다고 한다면, 그것은 더 이상 드문 것이 아니다. 그리고 나는, 약물은 행동수정과 같은 다른 방법들과 같이 연계해서만 사용되어야 한다고 생각한다. 더 나아가, 약물은 모든 다른 시도가 실패했을 때의 마지막 선택이어야 한다는 생각이다. 결국, 부모들은 잠재적인 이익과 더불어 위험도 감수해야 하는 것이다. 아동에게 약을 먹일지는 의사나, 다른 전문가들이나 교사나 미디어의 결정이 아니라, 부모 자신의 결정에 달려 있다.

지난 30여 년의 세월을 되돌아보면서, 나는 내 자신과 나의 사회적 생활에 대해 아주 많이 배웠다. 나는 서로 친밀감을 계속 유지하면서 오래 지속되는 우정을 맺는 것이 언제나 어려웠다. 그 원인의 일부는 내 불안정감 때문일 것이다. 그것이 나의 ADHD

때문인지, 아니면 나의 성격인지 잘 모르겠지만, 어쨌든 나는 모르는 사람들과 잘 어울리지 못한다. 나는 사람들을 만날 때 무슨 말을 해야 하는지 종잡을 수 없고, 다른 사람들이 말하는 것을 흥미 있게 듣는 척 하지 못한다. 나는 종종 그 순간 머리에 떠오른 것을 그냥 말해버리는데, 그건 우리 사회에서 바람직하지 못한 특성이 아닌가.

내가 친한 친구들이 많지 않은 가장 큰 이유는 아마도 어떤 사람들은 나에게 그리 좋은 영향을 미치지 못하기 때문일 것이다. 나는 감정의 전이가 쉽게 되는 경향이 있다. 만약 내 주위에 있는 사람들이 행복하고 긍정적이면, 나는 행복하고 긍정적이 된다. 하지만 내 주위 사람이 부정적이고 우울해 있으면, 나 역시 부정적이고 우울한 감정을 느낀다. 따라서 나는 어떤 '종류'의 사람들, 특히 걱정이나 불평이 많은 사람들로부터는 되도록 멀리 있으려고 적극적으로 노력할 수밖에 없다.

되돌아보면, 나는 사소한 것 때문에 논쟁을 벌이다가 일이 커져서 친구를 잃은 일이 많다. 나는 아주 예민한데다, 현명하게 싸우지 못하고 지켜야 할 선을 넘어버리는 경향이 있다. 아주 사소한 말다툼에 말려들어도, 나는 극히 상스럽고 상대방에게 상처가 되는 말들을 하게 된다. 나는 상대가 어떻게 느낄지, 그 말이 앞으로 관계에 어떤 영향을 미칠지 생각해 보지 않고 떠오르는 대로 쏘아대곤 하는 것이다.

지난 몇 년 동안, 나도 성질을 다스리려고 노력해왔기 때문에 최근에는 이런 문제가 거의 없었다. 하지만 얼마나 살얼음 위를 걷듯 조심하고, 매사에 냉정을 지키려고 애쓰는지 모른다.

내가 컨퍼런스에서 발표할 때, 사람들은 우리 가족에 대해서도 묻는데, 특히 내가 지금은 그들과 어떻게 지내고 있으며, 만약 옛날로 되돌아갈 수 있다면 내가 키워진 방식을 어떻게 변화시켜보고 싶은지 물어본다. 여기 쓰기가 주저되기도 하지만, 이건 중요하게 생각해 봐야 할 문제인 것 같다. 내가 만난 ADHD를 가진 사람들은, 자기 가족들과 좋은 관계를 갖기가 어렵다고 한다. 예상할 수 있는 바다.

가족들과 나와의 관계는 상당히 예민한 부분도 있어서 한마디로 말하기는 어렵다. 내가 비교적 대가족에서 자랐기 때문에, 그 관계는 가족 중 누구하고냐에 따라 다르다고 말할 수 있다. 지금 우리 형제들은 서로 다른 지역에서 살고 있고, 다섯 중 셋은 아내와 아이들이 있다. 기본적으로, 우리는 모두 각자의 생활을 가지고 있어서, 서로 왕래가 그다지 많지 않다. 우리는 결혼식이나 장례식 같은 중요한 행사가 있을 때는 모두 모이지만, 대체로 몇 년에 한 번 정도만 얼굴을 보게 될 뿐이고, 주로 집안 식구들에게 무슨 일이 일어났는지를 전하는 어머니를 통해서 소식을 듣는다고 할 수 있다.

나와 우리 부모님을 보자면, 어렸을 때보다는 지금 더 좋은 관계를 유지하고 있다고 생각한다. 그 분들은 이제 더 이상 나의 행동 때문에 속상해하시거나 화내시지는 않는 것 같다. 그분들은 나의 흥미가 다양하고 변화무쌍하다는 것과 1~2년에 한 번씩 충동적으로 이사를 다니는 것에 대해서도 익숙해지셨다. 내가 다른 전공으로 박사학위를 받을 생각이라고 말했을 때에도, 그분들은 그저 고개를 끄덕이며 온화하게 미소를 지으셨을 뿐이다.

나는 우리 부모님이나 형제들이 내 옛날 일에 대해서 많이 말하지 않는다는 점을 밝혀두고 싶다. 때때로 누군가가 '우린 정말 네 걱정 많이 했다'라거나 '넌 참 힘든 애였다'라고 하기도 하지만, 그것뿐이다. 나는 이런 점이 좋다. 어쨌든, 내가 이전에 얼마나 모자란 애였는지 생각하면 기분이 나빠지니까.

우리 어머니가 내가 ADHD를 가졌다는 것을 인정하지 않으신다는 것도 짚고 넘어가고 싶다. 어머니는 내가 단지 가만히 앉아 있거나, 주의를 기울이는 데 문제가 있고, 생각하지 않고 행동하고, 한번 시작한 일을 끝내지 못했을 뿐이라고 말씀하신다. 우리 형제들도 역시 나의 ADHD에 대해서 상당히 회의적이다. 형제 중 하나는 내가 '장애'가 있기 때문이 아니라, 그렇게 선택해서 그런 방식으로 행동했다고 말하기까지 했다.

만약 내가 어린 시절이나 우리 가족과의 관계를 내가 원하는 대로 변화시킬 수 있다면 그건 우리 식구들이 어떻게 나를 마음으로 지원하고 이해해 줄지에 관해서일 것이라고 상상해 본다. 우리 가족은 다른 보통 가족들과 똑같다. 우리는 우리만의 독특한 방식으로 서로 사랑한디. 그런데 불행히도, 우리는 서로 흠을 삽음으로써 사랑을 드러내는 경향이 있다. 제일 어리고 좀 별났었기 때문에 내가 맹공을 받는 경향이 있었는데, 이것이 내 자존감에 도움이 되지 않았다.

사실 나는 지금도 그들이 나에게 좀더 마음으로 지원해 주는 태도를 보여주었으면 하고 바란다. 예를 들자면, 최근에 두 형들에게 내가 우울증으로 고생하고 있고, 중학교 때는 자살을 기도하기도 했었다고 말했는데, 그들은 믿어주지 않았다. 한 형은 다른 사람들도 다 나와 같은 고통을 겪는다고 말했고, 다른 형은 내가 '단지 식구들에게 관심을 좀 끌려고 하는' 것이라고까지 했다. 그 결과, 나는 나에게 중요한 주제들, 이를테면 ADHD, 정치, 철학과 같은 것들을 말하지 않으려 애쓴다. 그들이 보기에, 나는 멜로드라마적인, 아주 예민한 별종 로비일 뿐이다. 그들은 평생 나를 성공한 박사, 저자, 교수로는 보지 않을 것 같다. 그들은 내 성공을 인정해 주기보다는 하찮게 여기는 경향이 있다. 예를 들면, 내가 내 첫 책에 대한 출판 계약을 했을 때, 우리 어머니는 "글쎄, 네가 그걸 끝내기나 하는지 봐야겠구나." 하고 말씀하셨던 것이다. 만약 내가 자라는 동안 그들이 나를 좀더 격려해 주었다면, 나는 지금보다 자존감이 높은 내가 되었을 거라고 생각한다.

내 조카 중 한 명이 ADHD로 진단을 받았는데, 거기에 대해서는 식구들 중 아무도 의문을 갖지 않는다는 것이 참 신기하다. 사실, 그는 ADD로 진단을 받았는데, 그게 나한테 상당히 신경이 쓰였다. 그렇다고 해서 그가 ADHD를 가졌는지도 확신할 수 없다. 왜냐하면 어떤 의견을 가질 만큼 그 조카를 가까이서 지켜보지도 않았기 때문이다. 게다가 그 아이의 부모인 우리 형네가 그 문제에 대해서 내 의견이나 조언을 원하는 것 같지도 않아 보여서, 나도 관여하지 않는다.

지나간 일에서 내가 다르게 하고 싶은 것 중 또 하나는 학교 때 좀더 열심히 노력할 걸 하는 거다. 나는 내가 자포자기 했었다는 걸 인정한다. 그건 다른 누구도 아닌 내 잘못이다. 만약 내가 주어진 상황에 나를 좀 맞춰나갔더라면, 나는 지금보다 훨씬 더 식견이 있는 사람이 되었을 텐데 말이다.

그러나 만약 그랬다면 내가 특수교육에 발을 들여놓았을지 확신할 수 없다. 오해하지 말기 바란다. 나는 내가 지금 하는 일을 아주 좋아한다. 나는 가르치는 것과 저술하는 것을 좋아하기 때문이다. 하지만 좀더 도전적인 직종에 종사하고 있었으면 하고 바라기도 한다. 뭔가 과학이나 수학에 관련된 것, 세상에 좀더 큰 영향을 줄 수 있는 것 말이다. 고등학교 때 좀더 열심히 공부했더라면 나는 좋은 기술자나 과학자가 될 수도 있었다고 생각한다. 어쩌면 암 치료법을 찾아내거나 공해 문제를 해결했을지도 모른다.

한편 직업을 선택하는 데 있어서도 좀더 심사숙고했어야 했다고 생각한다. 미주리 주립대학이나 발달장애 학교는 내 욕구나 흥미에 맞지 않았었다. 하지만, 나는 그곳에 있으면서 많은 것을 배웠고, 그 경험이 내가 이곳에서 잘 지내는 데 많은 도움이 되었다는 것을 부정할 수는 없겠다.

또한 내가 한때 가졌던 교우관계 중 몇몇을 그렇게 허무하게 끝내버리지 않았다면 좋았을 텐데 하는 생각이 든다. 내가 잃은 우정은 대부분 내 잘못 때문이었다. 나는 돌이켜 화해할 방법이 없는 일이나 말들을 해버렸던 것이다. 하지만, 이 사실을 뒤늦게나마 깨달음으로써, 내가 지금 유지하고 있는 교우관계에 얼마나 도움이 되는지. 이제는 항상 친구들에게 내가 얼마나 그들을 아끼고 사랑하는지 말해 주고자 한다.

또 내가 의사와 치료자들에게 찾아가는 것도 좀더 신중했어야 했다고 생각한다. 그중 몇몇은 끔찍했었다. 예를 들면, 어떤 치료자들은 내가 어렸을 때 학대를 당했었고, 내가 그 모든 기억들을 억압하고 있다고 믿게 하려고 노력했다. 그건 절대 사실이 아닌데도 말이다. 우리 부모님들과 형제들은 어떤 옳지 않은 방법으로 나에게 손을 댄 일이 한 번도 없다.

더욱이, 내가 새로운 의사를 찾아갔을 때마다 번번이, 그들은 조울증 같은, ADHD 이외의 다른 진단을 하고 싶어 했다. 그들은 심지어 내가 '학교에서 성공(예를 들면, 박사학위를 받은 일)' 한 것이 ADHD의 가능성을 배제하는 증거라고 말했다. 오호통재라!

하지만, 그중 제일 나쁜 의사는 그들이 처방해 준 약에 대해서 내가 아무리 질문해도 답을 주지 않는 사람들이었다. 어떤 사람들은 무슨 이유를 달아서든지 내 질문에 답하기를 거절했다. 어떤 사람들은 보통 사람들이 이해할 수 있도록 설명하는 재주가 없었다. 하는 수 없이 나는 내가 접할 수 있는 다른 방법들, 인터넷이나 의학 잡지 등을 통해서 스스로 그것을 배워야 했다.

핵심은 이렇다. 과거 내 삶의 많은 부분은 정말 고통스러웠다. 나는 정말 몸부림치며 이런 수많은 도전과 시행착오를 견뎌냈다. 하지만 내가 지금 이렇게 된 것도 상당 부분은 과거 내가 어땠는지, 그것을 어떻게 다루었는지와 인과관계가 있다고 믿는다. 그러니 현재가 아주 만족스러운 만큼, 미래는 더 나아지리라. 만약 내가 과거로부터 계속 배워나간다면 말이다.

16

앞날을 생각해 보며
A LOOK FORWARD

이제는 앞날을 생각하면, 그 어떤 때보다도 더 낙관적이게 된다. 나로서는, 그 사실 자체가 대단히 놀라운 경험이다. 이때까지는 삶의 너무나 많은 시간을 나 자신에 대해 걱정하고 한탄하며 보냈었다. 사회적으로나 학업에서나, 직업에서나 좌충우돌 전전긍긍하며 정말 많은 시간을 낭비했다.

물론 미래가 다 장밋빛만은 아니리라는 것도 알고 있다. 여전히 우울한 시기를 경험할 테고, 내 ADHD 증세로 인해 멍청한 말과 행동을 하게 될 것이라는 것을 안다. 컴퓨터 앞에 앉아 있어도 제대로 된 글 한 줄 못 쓸 때가 여전히 있을 것이고, 나를 이해하지 못하는 사람들이 늘 있을 것이며, 내 행동 때문에 나를 혐오하는 사람도 있으리라는 것을 잊지 않고 있다. 이 모든 것을, 나는 잘 알고 있다.

동시에 나는 내 삶의 많은 부분이, 다른 누구가 아닌 내 자신에게 달려 있다는 것을 알고 있다. 나는 ADHD를 좋은 것으로 만들 수 있는 방법들이 있음을 알고 있다. 나는 단지 그것들을 찾아내기만 하면 되는 것이다. 이제 나는 나와 비슷한 사람들을 만나리라는 것을 알고 있으며, 내가 혼자가 아니라는 것도 안다. 내가 최선을 다하기만 한다면, 모든 일이 잘 풀려 나간다는 것을 알고 있다. 가장 중요한 사실은, 내가 썩 괜찮은 사람이며, 노력하면 더 괜찮은 사람이 될 수도 있다는 것을 알고 있다는 데 있다.

지금 이 순간, 삶은 나에게 충분히 호의적이다. 그렇다. 지난날은 고통으로 가득 찼었다. 그 많은 실패들, 사회적 고립, 음주, 자살 기도 등등. 물론, 그것들은 현재의 일부이기도 하고, 미래에도 그러할 것이다. 그러나 전반적으로, 나는 만족한다. 이제 리틀 몬스터는 사라졌다―적어도 지금으로서는. 때때로 그가 내 마음을 방문하기도 하고, 가끔 우린 서로 부여잡고 울기도 한다. 하지만, 지금 이 순간, 삶은 더할 나위 없다.

여전히 내 미래에서 걱정되는 부분도 있다는 것을 고백해야만 하겠다. 대인관계 같은 것 말이다. 내가 요즘 데이지와 한창 사귀고 있지만, 나를 상대하는 것이 어떤 때는 그녀에게 엄청난 부담이 되고 있는 것이 사실이다. 우리 관계는 매 6, 8주 간격으로 한 번씩 깨지는데, 대부분은 내가 하지 말았어야 하는데 말했거나 행동한 것들 혹은 그 반대의 일들 때문이다. 한번은 데이지가 위탁모에 지원하려 한 적이 있었다. 그녀는 나한테 추천서를 써 줄 수 있는지 부탁했고, 나는 물론 흔쾌히 이를 해 주기로 했었다. 그녀는 나에게 추천서 양식을 건네주면서, '잃어버리지 말아요'라는 당부를 잊지 않았고, 나도 그게 얼마나 중요한 건지 잘 알고 있었다. 하지만 나의 노력에도 불구하고, 나는 이틀 만에 그 서류를 잃어버렸다. 데이지는 열받을 수밖에 없었는데, 내가 일부러 그랬거나, 아니면 자기에 대해서는 서류 조각 하나 챙겨 줄 정도의 관심도 기울이지 않는다고 생각한 것 같다.

데이지라면 내 ADHD에 대해서 잘 알고 있는 사람이다. 그녀는 내가 쓴 책도 읽었을 뿐만 아니라 굉장한 인내심을 가지고 나를 이해하려고 애쓰는 중이다. 하지만, 그 행동의 원인을 이해하는 것이 벌어진 일을 처리해 주지는 않는다. 그건 마치 누군가가 차에 치인 것과 같다. 왜 그런 일이 일어났는지 그 이유는 중요하지 않다. 그 사람은 이미 죽어 버렸으니까. 불행히도, 이와 비슷하게 나는 내가 깨닫지도 못하는 사이에 사람들의 감정에 상처를 주는 경향이 있다.

ADHD를 가진 다른 사람이 이런 경향을 아주 잘 표현하는 이야기를 해 준 적이 있다. 그가 아내하고 지역 축제 비슷한 곳에 간 때였던 것 같다. 그날은 아주 더웠고, 그는 아수 자상한 사람인지라, 아내에게 뭘 좀 마시겠냐고 물었다고 한다. 그녀가 레모네이드를 마시겠다고 해서, 그 남편은 아내에게 시원하고 새콤한 레모네이드를 사 줄 생각에 음료수 판매대 앞에 늘어선 긴 줄에서 즐거운 마음으로 차례를 기다렸다. 하지만 줄의 맨 앞에 도착했을 즈음에, 그는 아내의 음료수는 깜빡 잊고 자기 맥주만 샀다. 그가 아내가 앉아 있는 테이블로 돌아왔을 때, 아내는 남편이 또 전혀 자기 생각을 해 주지 않은 것에 화가 날 수밖에 없었다. 설상가상으로, 그 남편은 아내에게서 나타나는 미묘한 단서들(예를 들면, 팔짱을 꼭 낀다든가, 눈에 쌍심지를 킨다든가, 이를 간다든가 하는)에 둔감하여, 아무 문제도 없는 듯 계속 혼자만 맥주를 마시고 있었으니, 아내의 화가 폭발할 지경이 되었다는 것은 말할 필요도 없겠다.

그 남편은 아주 친절하고 아내를 아끼는 사람이었다. 누구보다도 아내가 그걸 잘 알고 있었다. 게다가 그녀는 학교 카운슬러로, ADHD 아동들과 많이 접하며 ADHD에 대해서라면 모든 것을 알고 있었다. 학교에서도 매일 이런 일을 보아 왔기에, 그녀는 왜 남편이 이렇게 행동했는지 십분 이해할 수 있었다. 남편의 행동 중 상당 부분이 본인도 어쩔 수 없는 일이라는 것을 충분히 이해했다. 그래도, 그래도 말이다. 그녀는 무시당했다는 느낌을 받을 수밖에 없었고 너무나 섭섭했다. 이런 일이 그들의 관계에서 매일 다반사가 되고 보니, 이유야 어떻든 그녀는 더 이상 견뎌낼 수 없었고, 지금 이혼을 고려 중이라 한다. 내가 말하고자 하는 바는, 이렇다. ADHD는 어떤 행동들을 유발할 수 있다. 그리고 사람들은 왜 그런 행동들이 일어나는지를 이해는 할 수 있다. 하지만 그 알고 이해한다는 것이, 그 행동이 다른 사람들을 힘들게 한다는 사실 자체를 없애지는 못한다. 나는 지금 이 모습대로의 나라는 걸 인정하고, 좋은 사람이 되려고 참 많이 애쓰고 있지만, 그래도 내가 다른 사람들, 특히 내가 교제하는 사람이나, 가까운 친구들, 가족들, 동료들에게 거슬리는 행동을 한다는 것을 인식해야만 하는 것이다. 아마도 이것이 내가 결혼을 생각하지 않는 이유인 것 같다. 이건 최근에 마음먹은 거다. 얼마 전까지, 그러니까 한 1~2년 전만 해도 나도 보통 사람들처럼, 마음에 드는 사람을 만나 사랑에 빠지고, 결혼해서 완벽한 삶을 살려고 생각했었다. 식구들과 어울리고 특별한 날이 아니더라도 꽃을 사들고 퇴근하고, 아내한테 늘 사랑한다고 말해 주면서. 하지만 최근에 나는 내가 다른 사람을 얼마나 미치게 하는지 깨닫게 되었다. 내가 누구를 사랑할수록, 또 내가 좋은 사람이 되려고 노력할수록, 남은 생 동안 매일 같은 사람과 함께 지내는 것을 상상할 수 없게 되었다. 이건 내가 내 인생을 누군가와 함께 하기를 원하지 않는다는 것이 아니다. 그건 바로, 내가 만약 정말 누군가를 사랑한다면, 그녀를 내 변덕스러운 행동과 유별난 특성의 희생자로 만들지 않겠다는 것을 의미한다. 한 독설가의 표현을 빌자면 '나 같은 녀석을 받아들이는 클럽의 멤버는 되지 않겠다' 는 것과 같다. 나는 데이지에게 좋은 남자 친구가 되기 위해 애쓰고 있지만, 그녀가 나로부터 떨어져 있을 시간이 많이 필요하다는 것도 잊지 않고 있다. 나는 그녀에게 좀 부담이 될 수 있기 때문이다.

이건 옳고 그름의 문제가 아니다. 그냥 사실이 그렇다는 것이다. ADHD를 가진 사람들은 평균보다 이혼율이 훨씬 높다. 나는 이혼을 당하기도, 사랑하는 이들에게 상처를 주기도 원하지 않는다. 하지만, 더 중요한 것은 행복하게 사는 데 결혼이 꼭 필요한 것은 아니라는 것을 깨달은 것이다.

자녀에 대한 생각 역시 최근 들어 바뀌었다. 나는 늘 아이들을 갖고 싶어 했다. 심지어는, 결혼을 하지 않을 테니 입양은 어떨까 고려하기도 했었다. 나는 좋은 아버지가 될 수 있을 거라고 생각했다. 어쨌든 나는 에너지가 풍부하고 정서적인 사람이기 때문이다. 옛날의 나를 생각해서라도, 나는 아주 자녀를 따듯하게 대해 주고 자상한 아빠가 될 거라고 생각했다. 물론 이 모든 것이 사실이다. 하지만 결정적으로, 나는 좋은 부모가 되는 데 제일 필요한 참을성이나 주의지속력이 없다.

나는 아이들 하고 같이 지내는 데 문제가 있다. 물론, 아이들과 잠시 동안은 아주 즐겁다―말하자면, 그들이 소리를 지르거나 이유 없이 소란스럽게 하지 않는 한에서 말이다! 하지만 아이들은, 특히 아직 어리고 조그마한 때라면, 한시도 한눈 팔지 않고 신경 쓰고 있어야 한다. 그런데 나라는 사람에게는 30분 동안 같은 TV 프로그램에 주의를 기울이는 것조차 무리가 된다. 게다가 또 내 감정도 감추지 못한다. 정서적이고 배려하는 것이 내 강점 중 하나이기는 하지만, 나는 좌절 인내 수준이 낮아 뭘 잘 참아내지 못한다. 나는 내가 화가 나서 주먹을 불끈 쥐고 천장을 보며, '하느님 아버지, 저 좀 살려주세요! 이런 망할 녀석 같으니라구' 할 것이 눈에 뻔히 보인다. 나는 누구에게도 절대 그러고 싶지가 않다.

앞으로 나의 진로가 어떻게 될지도 여전히 미지수다. 나는 교수직이 참 좋다. 학생들과 상대하면서 글도 쓰고, 가르치기도 하는 이 일이 참 마음에 든다. 거액의 복권이 당첨된다 해도 나는 지금 하는 일을 계속할 것이다. 아마 은퇴도 하지 않을 것 같다. 여든 몇 살에도 자기는 여전히 이십대라고 여기고 있는 노교수 중의 하나가 될 작정이다. 그러다가 강의 중에 학생들 바로 앞에서 죽는다면 더 없는 영광이겠다. 그러면 아마 학생들도 감복하겠지?

하지만 나는 쉽게 싫증을 내기 때문에, 이 특수교육 분야도 오랫동안 내 흥미를 끌지 못할 거라 생각된다. 말하자면, 이건 우주과학 같은 것은 아니니까. 특수교육에는 지난 몇 십 년 동안 어떤 획기적인 새로운 이론이 나타나지 않았다. 우리는 늘 같은 주제에 대해 고민하고 있다. 지능이란 무엇인가? 지능은 측정될 수 있는 것인가? 장애아동들을 비장애아동들과 함께 가르쳐야 할 것인가? 교육의 목적은 무엇인가? 등등. 늘 진부한 주제를 가지고 언제나 같은 토론만 하는 것 같아 나는 지루해지기 시작했다.

그래서 나는 다시 학교에 가서 다른 분야의 박사학위를 하나 더 받을까 끊임없이 생각하고 있다. 한때는 상담을 공부하거나 정신과 의사가 되는 것도 생각해 보았는데, 나는 사람 다루는 데 서툴고, 오랫동안 남의 말을 경청하지 못한다는 데 생각이 미쳤고, 따라서 나한테 어울리지 않는 분야라는 것을 알아차렸다. 실제로 시카고에 살 때 두 번째 학위를 얻으려고 경제학을 시작하기도 했었지만, 그 프로그램에 깊이 들어가기 전에 내가 이사를 해버려서 중도에 그만두게 된 적도 있다.

그 또한 나의 문제점이다. 나는 주위 환경에 쉽게 싫증을 낸다. 지금 이 자리에 있기 이전에는, 1년 이상 한 직장에 머무른 적이 없었다. 어디 새로운 데가 없나 하고 늘 안절부절못하게 된다. 내가 이 대학에 진득하게 있는 유일한 이유는 내가 여기에 집을 사 버려서 이전처럼 쉽게 보따리 하나만 들고 떠날 수 없기 때

文이다.

ADHD를 가진 대부분의 성인들이 같은 문제를 가지고 있다. 우리는 새로운 것을 찾고, 거기에 진심으로 몰두해서 흥분하지만, 그 다음 갑자기 다른 데 홀려서는 이전 것에 대해서 완전히 잊고 만다. 내가 아는 몇몇 ADHD 성인들은 충동적으로 직장을 그만 두곤 한다. 머리에 한번 어떤 생각이 떠오르면, 거기에서 헤어 나오지 못하고 당장 이렇게 저렇게 추진하고 싶어져서, 직장 상사가 복도를 걸어가는 것을 보고는 다가가서 '저 그만두겠습니다' 하고 말해버리는 것이다. 자기가 무슨 말을 하고 있는지 자기 행동의 파급효과가 어떨지 헤아릴 여유가 없다.

나는 그렇게까지는 아니지만, 그래도 매일 구인 광고를 들여다본다. 매년, 나는 한두 곳에서 새로운 자리에 대한 면접을 보았었다. 다행히도, 나는 면접 태도가 아주 나쁘기 때문에 오라는 데가 거의 없었다. 그래서 선택의 여지없이 이곳에 눌러앉아 있는 것이다.

내가 곧 좀이 쑤셔서 다른 곳으로 움직이고 싶어 할 거라는 사실을 안다는 것이 내 행동을 조절하는 데 많은 도움이 되었다. 지금 이런 기분도, 뭔가 다른 게 나타나 내 관심을 끄는 즉시 지나갈 것이라는 걸 알고 있으며, 그러다가도 또, 미래 언젠가는 순간의 기분에 따라 짐을 싸들고 어디론가 가고 싶어지리라는 것 역시 알고 있다. 변덕이 날 때마다 충동적으로 행동하는 것에 제동을 걸기 위해서라도, 나는 한번 쓴 이력서 복사본을 절대 만들어 두지 않는다. 새로운 자리를 보고 '거기 가고 싶다!' 고 생각할 때마다, 나는 이력서를 다시 써야만 한다. 이건 며칠이나 걸리는 일이기 때문에, 한번 지원해 보고 싶은 마음이 든 그 순간 바로 지원서를 보내버리는 불상사를 막아준다. 또 나는 이력서를 쓰고 서류를 구성하는 걸 끔찍이도 싫어하기 때문에, 지원해 보고 싶은 충동이 덜해지는 것도 사실이다.

ADHD가 좋은 것이라는 확신을 키워나가면서부터, 나는 매우 목적―그리고 과정 역시―지향적이 되었다. 나는 끊임없이 목표를 설정하고 그것을 성취하기 위한 방법을 계획한다. 해야 할 과제가 끊임없이 있지 않으면, 신경이 곤두서게 된다. 나는 지루해지고, 지루한 것은 내게는 지옥이다. 내가 어렸을 때 일으켰던 말썽의 대부분은 내가 지루하고, 할 일이 없었을 때 일어난 것이다. 또한 단순히 결과만이 아니라 일하는 과정에도 신경을 쓰면, 내가 자주 놓치고 빠뜨리기 쉬운 사소한 부분에도 주의를 기울이게 된다.

나의 목표 중의 하나는 ADHD가 개인의 자산이며, 따라서 무조건 억압되기보다는 잘 활용되어야 한다는 내 확신을 널리 퍼뜨리는 것이다. 이것이 지난 수년간 내가 몰두하고 있던 일 중의 하나이다. 책을 쓰는 일에 대해서, 나는 여러 학회에서 발표를 하고 부모들과 교사들을 위한 워크숍을 주관해왔다. 나는 내가 단지 몇 사람에게라도 영감을 줄 수 있기를, 몇 명의 ADHD 아동들이라도 나와 같은 시행착오의 길을 걷지 않도록 하는 데 도움이 되기를 간절히 바라고 있다.

비록 내가 요즘은 ADHD가 좋은 자질이 될 수 있다고 홍보하는 것이 아주 중요한 일이라고 느끼고 있지만, 이 역시도 내 관심을 오래 끌지 못하리라는 것을 나는 알고 있다. 이 책을 끝낸 후에는, ADHD에 대해서는 다시는 글을 쓰지 않을지도 모른다. 알 수 없는 일이다. 내 관심은 바람과 같이 변한다. 어떤 사람들은 내가 한 가지에 진득하지 못하다고 비난하지만, 그들에게 대답하겠다. 나는 세상을 샅샅이 탐구하기를 원한다!

나의 최종적인 목표는 어디까지나 행복해지는 것이기 때문에, 과거는 과거로 남아 있게 두어야지, 현재가 되게 해서는 안 된다고 생각한다. 어떤 날들에는 이게 말처럼 쉽지 않아, 때로 자기 연민에 빠지기도 하고, 사람들이 나를 대하는, 혹은 아주 먼 과거에 나를 대했던 태도에 대해 불평을 하기도 한다. 내가 하고 싶은 때에 내가 원하는 일을 모두 할 수 없어서 좌절하기도 한다. ADHD가 아닌 세상에서 ADHD를 가지고 있는 것은 허리까지 차는 물속에서 걸어 나가는 것과 같다. 그러니, 참을성이 있어야만 하는데 나는 참을성이 있는 사람이 아니다. 그래서 물속에 있는 걸 즐기는 데 총력을 기울이기로 했다. 만약 물속에 있는 게 즐거워진다면, 물을 헤치고 앞으로 걸어 나가는 것도 조금은 쉬워질 수 있다는 걸 알았기 때문이다.

이 책과 내가 겪어온 이야기들이 어떤 방식으로든 도움이 되었기를 바란다. 내가 무언가 여러분에게 생각해 볼 만한 것을 남겨 줄 수 있다면, 그런 바로 ADHD도 가져볼 만한 근사한 특징이라는 것이다. 그렇다. 물론 약간의 문제점이 있긴 하지만, 전반적으로 보자면, ADHD는 대단한 재능이다―잘 활용되기만 한다면!

17

ADHD를 가진 사람들과 부모,
그리고 교사들을 위한 제안 몇 가지
SOME SUGGESTIONS FOR PARENTS,
TEACHERS, AND PEOPLE WITH ADHD

앞선 16개 장을 다 쓰고 나서도, 뭔가 미진한 느낌이 있어서, 나는 초고를 내 친구들과 학생들 몇몇에게 보여주었다. 내 문체와 내용에 대한 그들의 진심어린 반응을 얻기 원했기 때문이다.

데이지는 몇 페이지를 읽고 나서는 더 이상 읽지 않겠다고 했다. 내 어린 시절 이야기를 읽는 것이 '너무나 가슴 아프고', 자기 기분을 '정말 슬프게' 한다는 이유였다. 반면, 내 학생들은 아주 열광적으로 검토해 주었다. 몇몇은 진심으로 해 준 것 같지만, 내가 그들의 교수라는 것을 의식한 의견도 꽤 있는 것 같다. 아마도 무언가 부정적인 말을 하면, 성적에 불이익이 있을 거라고 생각했는지도 모르겠다.

어쩌다가 내 초고가 부모들의 손에도 들려지게 되었는지, 어느 날, 어떤 어머니가 울먹이는 목소리로 전화를 해서는 자신의 상황을 설명했다. 자기 아들이 5학년인데, 내 책이 그 아들을 어쩌면 그렇게 똑같이 묘사하고 있는지 놀랐다는 것이다. 그녀의 아들이 '아주 착하고 똑똑함에도 불구하고' 어떻게 ADHD 진단을 받게 되었는지에 대한 긴 사연을 나는 최대한 참을성을 발휘해서 들어주었다. 그 아이는 학교생활에서도 문제를 보이고 있어서, 더 이상 친구도 없다고 했다. 제일 그녀를 힘들게 하는 것은 아들이 점점 '변하고 있다'고 느껴진다는 것이었다. 애가 점차 위축되고, 자기 방 밖으로 잘 나오려고도 하지 않는 것 같다는 것이다. 그녀는 아들의 학교 선생님들에게도 이런 이야기를 했지만, 선생님들은 단지 사춘기가 시작되는 것뿐이라고 말했다는데, 내 글을 읽고 나니 그게 아닌 것 같다고 했다. 그녀는 자기 아들이 그 나이 때의 나처럼 우울해지고 자살을 기도하게 될까 봐 걱정하고 있었고, 어떻게 하면 좋을지 내가 가르쳐 주기를 간절히 바라고 있었다.

내가 그 어머니에게 몇 가지 제안을 해 줄 수도 있었지만, 말하기가 좀 머뭇거려졌다. 나는 어떤 충고를 해 줄 때 항상 좀 주저하게 된다. 따지고 보면, 내가 무슨 자격으로 부모들에게 무엇을 말한단 말인가? 비록 그들이 지금 도움을 간절히 원하기는 하지만, 그들을 잘 모르는 상황에서 이러니 저러니 충고하는 것은 때로 위험할 수도 있기 때문이다. 만약 내가 상황에 맞지 않는 말을 해서, 결과가 나쁘게라도 된다면 어떻게 할 것인가. 만약 그런 일이 생기면 내가 책임질 수도 없는 일이라, 나는 단지 아주 일반적인 정보를 주는 데 그치고 말았다.

말하자면, 먼저 그녀에게 CHADD와 같은 다양한 지지 그룹

(support group)과 조직들을 소개해 주었고, 전문가를 찾아가서 우울증에 대한 평가를 받아 보는 게 좋겠다고 말해 주었다. 하지만 그녀는 자기 아들을 도울 수 있는 좀더 구체적인 방법을 알고 싶어 계속 매달렸다.

내가 몇 가지 방법들을 제시할 수도 있지만, 이렇게 저렇게 하라고 직접적으로 조언할 만한 입장이 못 된다는 점을 그녀에게 정중하게 설명하는 동안, 내 머릿속에서 조그만 소리가 들렸다. 그것은 '나도 누군가가 도와주었다면 좋았을 텐데' 라고 말하고 있었다. 이것은 내 자신의 목소리였고, 보다 정확히 말하면 내 안의 '리틀 몬스터' 의 목소리였다.

그 어머니와 대화를 가졌던 경험 덕분에, 나는 이 책에 이 장을 추가하기로 결심하게 되었다. 부모와 교사들이 ADHD 아동들을 도울 수 있는 방법에 대해 이야기하고자 하며, 나아가서 ADHD 아동들이 어떻게 스스로 도울 수 있는지에 대해서도 말해 보고 싶다.

물론 내 제안이 모든 사람들에게 다 적용되리라는 생각은 절대 하시 않는다. 사실, 이 방법들은 나 혼자에게만 적용되는 방법일지도 모른다. 모든 상황이 각자 다르기 때문이다. 약을 복용한다고 해서 ADHD의 모는 문제가 치료되는 것이 아니듯이, 내가 제시하는 그 어떤 것도 모든 사람의 모든 문제를 해결해 줄 수는 없을 것이다. 하지만 아주 넓게 본다면 나의 예가 어느 정도의 도움은 될 수 있으리라 생각한다.

ADHD는 다양한 접근 방법을 활용해서 치료해야 한다. 여러 번 강조했듯이, 약물만으로 ADHD를 가진 사람들을 돕는 것은 크게 효과적이지 않다는 사실이 연구 결과 밝혀졌다. 다른 전략들이 동시에 수반되어야 한다. 결국, 약물이 가르쳐주지는 못하기 때문이다. 약물은 사람들이 집중하거나 조용히 있는 것을 도울 수는 있지만, 아동에게 책을 읽는 방법이나 다른 사람들은 존중하며 대하는 태도까지를 알려줄 수는 없다.

내 경우, 나는 나에게 맞는 약을 찾기까지 몇 가지 종류의 약을 시도했었고, 이와 함께 좀더 효율적으로 일할 수 있도록 환경을 바꾸는 방법도 개발했으며, 더 나아가, ADHD를 가짐으로써 겪게 되는 심리적인 영향들, 무가치감이나 우울감과 같은 문제들을 다루는 데 도움이 되는 사회적인 지지망도 구축했다. 마지막으로, 나는 배우는 데 도움이 되는 것이라면 무엇이든지 적극적으로 찾고, 활용해 나갔다. 이것들은 이 책에서 이미 자세히 다루었기 때문에, 다시 말하지는 않겠다. 하지만 바깥세상에서 나와 같은 길을 걷고 있는 또 다른 리틀 몬스터들을 위해서, 몇 가지 중요한 사항은 꼭 짚고 넘어가야겠다.

첫째, 무엇보다도 가장 중요한 것은, 아동들의 자존감을 키워 주는 것이 학습 능력을 향상시키는 것보다 훨씬 중요하다는 점이다. 이것은 단지 내 의견으로, 이 주장을 입증하거나 뒷받침할 만한 경험적 자료를 가지고 있는 것은 아니다. 아니, 소위 '많이 배웠다' 하는 사람들은 내 의견에 격렬히 반대할지도 모른다. 그러나 나는 아동의 자존감을 키워 주는 것이 부모와 교사들의 가장 중요한 책임이라는 생각에 한 치의 양보도 할 수 없다. 특히, 우울이나 자살의 위험이 있는 아이들을 대할 때에는 더욱 그러하다.

내가 계속 되풀이 하지만, 읽기와 셈하기는 인생의 어느 시점에서나 배울 수 있다. 나는 대수를 가르쳐주는 컴퓨터 프로그램도 이제 막 샀고, 요즈음은 고대 로마에 관한 책을 테이프로 듣고 있다. 원한다면 노르웨이 말을 배우거나 기타 강습을 받을 수도 있다. 배움은 학창 시절이나 아동기에 제한된 것이 아니라, 전 생애에 걸친 과정이다. 뿐만 아니라, 철자나 나눗셈은 잊어버리고 지낼 수도 있는 것이지만, 내 자존심은 매일 매일의 모든 일에, 내 전부에 걸쳐 영향을 미치는 것이다.

사람은 자신의 전 생애 동안 무엇을 배우는 일을 할 수 있지만, 성인이 되고 나면 자아 개념을 바꾸기는 아주 어렵다. 중학교나 고등학교를 졸업하고 나면, 그 사람의 성격은 돌처럼 아주 단단하게 굳어져 버리는 것 같다. 그 돌은 갈고 닦이면서 약간은 변형될 수 있겠지만, 우리 힘으로 바꾸는 데에는 한계가 있기 마련이다.

나도 나의 자아개념을 바꾸려고 무던히도 노력해왔고, 그래서 어느 정도까지는, 상당히 성과가 있었다. 하지만 아직도 내가 쓸모없는 인간처럼 느껴져 존재 가치에 대한 의문에 시달릴 때가 있다. 물론 나는 더 이상 자살을 심각하게 고려하지 않는다. 하지만 나 자신을 '성공작(成功作)'이라고 보지도 않으며 내가 이루어 놓은 것에 대해서 크게 만족을 느끼지도 않는다. 실패할까 두려워서, 하고 싶은 일에 손도 뻗어보지 많은 적도 많다. 사실 나는 내 실제 행동이나 능력보다는 내가 스스로를 어떻게 보느냐에 따라서 제약을 받는다고 생각한다.

만약 이 책을 읽는 독자 중에서 부모나 교사가 있다면, 당신이 맡은 아이들의 자존감을 제일 먼저 생각해야 한다고 꼭 강조하고 싶다. 학업을 완전히 무시하라는 말이 아니라, 지식은 행복에 비해 단지 이차적인 것이라는 것을 강조하고 싶을 뿐이다. 적어도, 내 생각에는 그렇다. 이렇게 생각해 보자. 똑똑하지만 자살 위험이 있는 불행한 아이와, 학업 능력은 좀 떨어져도 잘 적응하고 행복한 아이 중 어떤 쪽을 택할 것인가?

이 질문은 '어떻게 하면 부모와 교사들이 아동의 자존감을 키워줄 수 있는가?'로 이어진다. 이 주제에 관해서라면 이미 몇 톤이 넘는 책들이 있고, 나는 이 분야의 전문가가 아니지만, 내 생각에는 무엇보다 지지적인 태도로 대하는 것이 가장 중요한 것 같다. 부디 인내심을 가지고 대해 주시길. 그리고 부정적인 것보다는 긍정적인 것에 훨씬 더 많이 관심을 가져 주시길 바라는 바다.

나는 ADHD를 가진 사람들이 '정상'인들을 성가시게 하고 정말 귀찮게 한다는 걸 익히 알지만, 그래도 ADHD를 가진 아동들 대부분은 자신들도 좋은 아이가 되려고 애쓰고 있다고 생각한다. 우리도 다른 사람들처럼, 사랑받고 받아들여지길 원한다. 우리도 놀림을 받거나 벌 받지 않으려고 무지 노력하지만, 단지 다른 아이들보다 더 자주 실패할 뿐이다. 그러니까 여러분이 좀더 긍정적인 측면, 우리가 정말 열심히 노력하고 있다는 것에 초점을 두고 본다면, 우리 행동은 훨씬 더 참을 만하게 생각될 것이다.

또, 여러분이 무심코 내뱉은 모든 부정적인 말들이 아주 오랫동안 우리 머리에서 메아리칠 것이라는 사실도 잊어서는 안 된다.

우리는 숙제를 잊고, 다른 사람의 이름을 잊고, 쓰레기통을 비우는 것은 잊지만 다른 사람들이 우리에게 던진 상처가 되는 말은 잊지 않는다. 결국, 그 말은 우리 머릿속에 남겨져 영원히 우리 의식을 지배하게 된다. 그러므로 만약 여러분이 우리보고 바보 같다거나 재수 없다고 했다면, 우리는 결국 바보 같거나 재수 없어질 것이다.

이제 매일 여러분의 자녀들이 한 좋은 일들에 대해 이야기해 주는 시간을 갖도록 해 보자. 우리 자녀들의 좋은 면을 적어 리스트를 만들고, 냉장고 문에 붙여두고 자주 그것을 머리에 떠올리고 되짚어보자. 아이들이 해낼 수 있는 모든 일에 대해 이야기를 나누고, 그들의 미래에 대한 희망을 함께 그려보면 어떨까.

또, ADHD를 가진 아동들과 함께 하는 사람들은 이들에게 좀 더 편의를 봐 줄 필요가 있다. ADHD를 가진 아동들이 한 시간이 넘도록 얌전히 앉아 있으리라고 기대하지 말아야 한다. 또한 정신적인 노력이 너무 많이 필요한 지루한 과제도 주지 않는 것이 좋겠다. 여러 가지 교수 방법들을 활용해 보는 것도 필요하다. 지시를 써 주고, 그 아이들이 볼 수 있는 곳에 자기의 할 일을 붙여두는 것도 좋다. 자기의 에너지를 생산적인 방식으로 쓸 수 있도록 지도해 주고, 자주 쉴 수 있도록 해 주자. 위험하지 않은 말이나 행동은 너그럽게 넘어가 주도록 하자. 사실 크게 보면 아무것도 아닌 일들이 대부분이다.

ADHD 아동들을 이해하고 어느 정도 편의를 봐주는 것이 필요하기는 하지만, 그렇다고 해서 무조건 ADHD를 자신들의 부적절한 행동에 대한 변명거리로 삼게 해서는 안 될 것이다! 그들도 다른 아이들과 마찬가지로 학교생활에서 노력을 해야 하고, 숙제를 해야 하며, 다른 사람들을 존중할 줄 알아야 한다. 물론, ADHD가 없는 아이들에게도 좋은 태도를 가르치는 것이 쉽지 않은 줄 안다. 그렇다면 부모와 교사들은 바르면서도 행복한 아이를 어떻게 만들 수 있을까?

누구나 그렇듯이, ADHD를 가진 아이들도 사람들이 자신에게 무엇을 기대하는지, 어떻게 행동해야 하는지를 배워야 한다. 그러기 위해서는 해야 할 일을 자주 일깨워주고 일관적일 필요가 있다. 나는 『자녀의 행동을 향상시키는 법: 부모와 교사를 위한 단계적 행동수정 지침』과 같은 행동수정 책을 읽어보기를 권한다. 이런 책은 여러분이 바라는 행동을 증가시키고 바라지 않는 행동은 줄이는 방법을 체계적으로 보여주어 도움이 될 것이다.

일관적이어야 할 것과 더불어, 부모와 교사는 아이들에게 일정 수준의 수행을 기대하고 요구해야 한다. 이것은 ADHD 아동들이 다른 아이들과 똑같이 해야 한다는 것을 의미하지는 않는다. 물론 집중하거나 조용히 앉아 있을 수 없는 그들의 특징은 고려되어야 하지만, 3학년인 ADHD 아동은 3학년 수준의 수행 혹은 그 이상을 할 수 있어야 한다는 것이다. ADHD가 '멍청함'을 의미하지는 않는다는 것을 다시 한 번 기억할 필요가 있다. 대체로 ADHD를 가진 아이들은 학교 수행에서는 드러나지 않을지라도, 나름대로 특별한 재능이 있는 경향이 있다.

일반적으로 부모와 교사들은 아이들이 배워야 할 것을 배웠는

가보다는, 하기로 되어 있는 과제의 양에 지나치게 관심을 둔다. 예를 들면, ADHD를 가진 아동이 주말에 50개의 수학 문제를 풀기로 되어 있다고 하자. 만약 그 아동이 이 숙제를 잊지 않고 다 한다 하더라도, 아마 부주의해서 틀리는 문제가 많을 텐데, 특히 뒤쪽으로 갈수록 그런 경향은 더욱 두드러질 것이다. 그 결과 그 아동은 숙제를 제대로 못한 걸로 보이게 되고, 그러면 교사와 부모는 아이가 수학을 못한다고 여기게 될 것이며, 결국, 그는 자기 수준에 요구되는 교과 과정을 따라가지 못한 것이 되고 만다.

교사와 부모는, 숙제를 마쳤는지에 초점을 두기보다는 지식을 습득했는지에 관심을 두어야 한다. 예를 들어, 학생에게 50문항 수학 문제를 내기보다는 10개만 내 보고, 만약 그가 그 10개를 틀리지 않고 해낸다면, 그걸로 되었다고 하면 어떨까? 그 아동은 어떻게 셈을 하는지 안다고 할 수 있으니 말이다. 하지만 만약 그 아이가 좀 틀렸다면, 모두 맞힐 수 있을 때까지 10문제씩 더 내 줄 수 있을 것이다. 다시 말하지만, 학습을 평가하는 데 초점을 두어야지, 과제를 양적으로 끝내는 데 초점을 두어서는 안 된다. 내 경험으로 보더라도, 이런 방법을 사용할 때 학생들은 훨씬 더 동기가 부여되는 것 같다.

나는 또, 자기가 과제를 충분히 소화했는지 보여줄 방법을 학생 스스로 선택하게 하면 어떨까 한다. 만일 그들이 지필식 시험에서는 잘할 수 없다면, 구두로 발표하는 편을 택할 수 있게 하는 것과 같은 것이나. 자기가 원하는 방식을 선택한다 하더라도, 그 내용과 방법을 완전히 익혔다는 것을 교사나 부모에게 스스로 분명히 증명해야만 한다.

적절한 행동과 학업 수행을 요구하고 기대해야 한다는 것과 더불어, 나는 아이들 스스로도 ADHD가 어떤 것인지 정확히 알아야 한다고 생각한다. 학교에 가서 보면, 아이들이 ADHD를 무슨 '정신지체' 같은 것으로 잘못 이해하고 있는 경우가 꽤 많아 보인다. 게다가 많은 아이들이 '난 못해요. 난 주의력결핍 과잉행동장애거든요' 라든가 '나는 주의력결핍 과잉행동장애가 있어서 그렇게 했어요' 라고 말하기도 하는 것 같다.

ADHD가 무엇인가를 설명해 줄 때는, ADHD가 갖고 있는 긍정적인 측면에 대해 초점을 두는 게 아주 중요하다고 생각한다. 그래서 나는 '장애' 라는 단어를 언급하지 않고, '차이' 를 강조한다. 그리고 ADHD가 얼마나 좋은 것인지도 많이 이야기한다.

예를 들면, ADHD 아동들과 수업을 할 때, 나는 만화에 나오는 영웅들이나 포켓몬에 관한 이야기부터 시작해서 그들이 가진 초능력들에 대해 수다를 떤다. 슈퍼맨은 날 수 있고 정말 강하다는 둥, 배트맨은 멋진 장치를 가졌다는 둥, 스파이더맨은 거미줄을 쏘고 벽에 붙어 다닐 수 있다는 둥.

그리고 나서 사람들은 바로 이런 영웅들 같다는 걸 짚어준다. 즉, 우리는 모두 나름의 강점과 약점을 가져서, 어떤 아이들은 받아쓰기를 아주 잘하고, 다른 애들은 축구를 잘하며, 또 어떤 애들은 웃기거나, 예체능에 재능이 있다고.

ADHD를 가진 사람들도 바로 이 영웅들 같다. 대체로 그들은 머리가 잘 돌아간다. 그리고 에너지가 풍부하고 창의적이다. 중요한 것은 그들에게 이 초능력을 긍정적이고 생산적인 방향으로 사용하도록 가르치는 것이다. 슈퍼맨이 루이스 레인을 구하기 위해 나는 법을 배워야 했던 것처럼. 만약 ADHD를 가진 아동들이 자신의 타고난 능력을 사용하는 법을 배우지 못한다면, 그들은 훈련받지 못한 클라크 켄트처럼 벽에 부딪쳐 다치는 것으로 끝날 것이다.

만약 당신이 정말 운 좋게도 ADHD를 가진 사람이라면, 나는 이렇게 말해 주고 싶다. 다른 사람들이 당신을 이해해 주기를 기대하지 말라고. 그것은 불가능한 일이니까. 우리는 ADHD가 아닌 사람들에게는 지극히 낯선 존재이며, 그 사실은 영원히 변하지 않을 것이다.

그러므로 이해 대신, 존경과 사랑을 기대하자고 하고 싶다. 우리들이 가지고 있는 장애에도 불구하고가 아니라, 그저 있는 그대로의 우리 자신이기 때문에 염려해 주는 사람들과 가까이 하도록 하자. 이런 사람들은 흔치 않을 테니, 그들을 놓치지 말고 우정을 유지하기 위해 노력하라고 다시 한 번 상소하고 싶다.

또한, 다른 사람들이 우리의 삶을 더 나아지게 해 주리라고 기대하지 않는 것이 좋겠다. 우리는 우리 스스로 삶을 성공적으로 만들 수 있는 방법을 찾아야만 한다. 다시 말하면, ADHD가 아닌 사람들의 세상에서 배우고 생활해 나가는 데 도움이 될 수 있는 방법들을 우리 스스로가 찾아내고 개발해야 한다. ADHD가 아닌 사람들이, 그들이 교사이건 부모이건 상남자건 간에, 우리를 대신해서 그 일을 해 줄 수 없다.

한걸음 나아가, 개개인에게 가장 적당한 약물을 찾아보기 바란다. 부작용을 주의하고, 의사들에게 자세히 물어볼 필요가 있다. 만약 의사의 답변을 이해하지 못하겠으면, 더 많은 질문을 하고, 다른 의사에게도 찾아가 보고, 인터넷으로 검색도 해 보는 것이 좋겠다. 약물은 아주 도움이 되지만, 가볍게 생각하고 복용해서도 안 될 일이다. 그것들은 우리의 몸에 영구적인 영향을 줄 수도 있기 때문이다.

또한 CHADD(www.chadd.org)나 ADDA(www.adda.org) 같은 지지 그룹(support group)에도 참여할 것을 권한다. 각 지역마다 분회가 있는 것으로 아는데, 여기서는 매년 유용한 정보를 주는 컨퍼런스도 개최한다.

지지 그룹과 전문가 협회는, ADHD를 가진 다른 사람들과 경험을 나누며 정보를 얻을 기회를 제공하기 때문에 아주 유익할 것으로 본다. 이들을 통해서, 다른 사람들에게는 어떤 것이 도움이 되었는지를 알 수 있을 것이며, 또한 내가 혼자가 아니라는 것을 알게 될 것이다.

마지막으로, 나는 여러분의 환경과 학습전략을 실험해 보기를 권한다. 무엇이 도움이 되었고, 도움이 되지 않았는지를 각자 알아볼 필요가 있다. 매일 일기를 적고 일상을 돌아보면서 생활이 어떻게 바뀌었고, 왜 그렇게 되었는지 생각해 본다면, 답은 그 안에 들어 있어, 여러분은 찾아내기만 하면 될 것이다.

자, 이제 ADHD를 겪고 있는 사람이면 누구나 이해했으면 하는, 마지막 중요한 결론이 있다. 다시 강조하거니와 ADHD는 그 자체로서 나쁜 것이 아니다. 그렇다. 이 장애에는 불리한 면이 있다. 우리는 자존감이 낮아지기 쉽고, 약물을 남용하기 쉽고, 자살할 위험도 있기는 하다. 하지만 총체적으로 보자면, 개인적으로 나는 이것을 하나의 재능이라고 믿는다. 이것은 엄청난 에너지와 창의성의 원천이다. 이 덕택에 인생이 흥미진진하고 즐길 만하게 될 수 있다.

여러분이 부모이거나 교사이거나 상담자이거나 사회사업가이거나 의사이거나 ADHD를 가진 사람이거나 간에, ADHD가 갖고 있는 단점을 줄이는 데에만 심혈을 기울이지 말고 ADHD의 잠재적인 자원을 최대화하는 것에도 꼭 주의를 기울여 주기 바란다. ADHD 자체를 완전히 제거하려고 하기보다는, 버려야 할 측면과 장려하여야 할 측면을 잘 고려하여 선별적으로 접근하기를 바라는 것이다. 약물에 의해서건, 체벌에 의해서건, 학생을 강제로 얌전히 앉아 있게 하는 것이 실제로 그 아이에게 큰 도움이 되지는 않는다. 무엇보다도, '정상적'이 되려고 애쓰기보다는 행복해지는 것에 초점을 맞추고, 이 책을 빌려 말하고 싶었다.

다소나마 도움이 되었기를 바라며, 읽어주신 모든 분들께 진심으로 감사드린다.

부록: ADHD에 대한 간단한 개요

A BRIEF OVERVIEW OF ADHD
−UNDERSTANDING THE POWER

ADHD(Attention-Deficit/Hyperactivity Disorder; 주의력결핍 및 과잉행동장애)란 행동, 충동, 주의를 조절하는 데 어려움이 있는 것을 특징으로 하는 신경학적 상태를 말한다. 이것은 뇌에 문제가 있기 때문인 것으로 알려져 있다. 연구에서 밝혀진 바에 의하면, ADHD를 가진 사람들은 행동을 조절하는 전두엽과 주의력을 관장하는 뇌간이 '비정상적'이라고 한다.

최근 몇 십 년 동안, ADHD는 신문이나 TV에서도 자주 언급될 정도로 아주 흔해졌다. 최근의 연구에 따르면, 미국 아동 중 약 5~7%가 어떤 유형의 ADHD를 가지고 있다고 한다. 미국에만도 약 850만 명인 셈이다. 성인들까지 더할 경우, 그 숫자는 아마도 두 배 이상이 될 것이다.

하지만 내가 태어났던 1960년대 말만 해도, ADHD는 존재하지도 않았다. 그러한 용어가 아직 사용되지 않았었다는 뜻이다(〈표 1〉). 지금으로부터 30년 전에 주의력결핍 및 과잉행동 증상을 보였던 아이들은 아마도 '미소뇌기능장애(Minimal Brain Dysfunction; MBD)'로 진단을 받았을 것이다. 이 아이들은 출산 시 겸자분만(forceps delivery)을 하는 과정에서 뇌가 다소 손상되었을 것이라고 생각한 것이다. 뇌의 미세한 손상으로 인해서 통제 불가능한 정도로 돌아다니고, 충동적으로 행동하고, 주의 집중을 하는 데 어려움을 겪는다고, 적어도 이론상으로는, 그렇게 보았다.

〈표 1〉 간단히 본 ADHD의 역사

1900	George Still 박사가 충동과 운동 통제가 어려운 아이들에 대해서 설명함.
1950년대	주의를 유지하는 데 어려움이 있는 아동들에 대해 미소뇌기능장애(MBD)라는 용어가 진단적으로 사용됨.
1970년대	활동 수준을 조절하는 데 어려움이 있는 아이들에 대해 과잉운동 반응장애(Hyperkinetic reaction disorder; HRD)라는 진단이 주어짐
1980년대	'주의력결핍 및 과잉행동장애(ADHD)', '주의력결핍장애(ADD)'라는 용어들이 처음 공식화됨
1990년대	미 정신의학회에서 ADD라는 진단을 사용하지 않기로 하고, ADHD를 네 가지 하위 유형으로 나눔: 주의력-결핍 우세형(ADHD-I), 과잉행동-충동 우세형(ADHD-HI), 복합형(ADHD-C), 달리 분류되지 않는 형(ADHD-NOS)

미소뇌기능장애가 공식적인 의학적 상태이기는 했지만, 그 당시 이로 진단받는 경우는 드물었다. 실제 출현율이 낮았기 때문은 아니었을 것이다. 그보다는 의사나 교사들 중에 이러한 진단을 들

어보거나, 예상하는 경우가 별로 없었기 때문이었을 가능성이 더 많다. 따라서 1975년 이전의 특수교육의 대상은 주로 중등도의 중복장애아들, 또는 다운증후군이나 시각장애와 같이 '명백한' 장애를 가진 아이들로 국한되었으며, 미소뇌기능장애를 가진 학생들은 제대로 확인조차 되지 않는 경우가 흔했다.

1970년 초, 미소뇌기능장애아동들은, 요즈음 ADHD 아동들처럼 '장애가 있는' 것으로 간주되지 않아, 특별한 프로그램이나 약물치료의 대상이 되지도 않았다. 그들은 단지, 자주 교실을 뛰쳐나가고 교장실에 불려가는 '문제' 학생이었을 뿐이었다. 그리고 미소뇌기능장애가 있는 아동들에게 주어진 유일한 행동수정 기법은 당시 모두가 당연하다고 여기던 구시대적인 체벌의 형태를 띠고 있었다.

1975년, P.L. 94-142로도 알려진 전 장애아동교육법(Education for All Handicapped Children Act; EAHCA)'이 제정되었다. 이 법은 6세에서 21세 사이의 모든 장애아동들은 가능한 한 가장 덜 제한받는 환경에서 무상의 적절한 공공교육을 받아야 한다고 규정하고 있다. 또한 P.L. 94-142는 학습능력에 부정적인 영향을 미치는 장애를 가진 학생들을 학교에서 적극적으로 판별할 것을 지시하고 있다. 이러한 대대적인 탐색의 결과, 장애를 가진 것으로 판명된 아동의 수가 급상승했다.

1980년대 중반쯤이 되면서, 일반인들도 난독증[1]이나 태아알코

---

1) dyslexia, 문자를 판독하는 데 어려움이 있는 읽기장애.

올증후군, 행동장애와 같은 다양한 장애에 대해 더 많이 인식하게 되었다. 장애인과 이들 부모들의 권익 모임이 거의 모든 지역에서 결성되었다. '삶은 계속된다(Life goes on)'나 '인생의 실체(The Facts of Life)' 같은 TV 프로그램처럼 대중 매체에서 장애인들을 묘사하기 시작했고, 이전에는 알지도 못했을 장애 상태에 대해 교사가 진단감별을 할 수 있는 기술이 늘어났다. 그 결과, 장애를 가진 학생들의 존재가 부각되기 시작하였고, 그 이전보다 더 많이 특수교육에 배치되었다.

1980년대 중반 무렵에, '미소뇌기능장애'라는 용어는 더 이상 의학적 진단으로서 사용되지 않았다. 미소뇌기능장애와 관련된 증상을 보이는 사람들은 이제 '주의력결핍장애(attention deficit disorder; ADD)'나 '주의력결핍 및 과잉행동장애(attention deficit hyperactivity disorder; ADHD)'로 간주되었다.

ADD는 주의를 기울이는 데의 어려움이 그 특징이다. ADD를 가진 학생들은 창밖을 내다보거나, 부주의한 실수를 하고, 중요한 세부사항을 놓치기 쉬우며, 대화를 따라가고 논리적인 사고의 흐름을 따라 일관된 주장을 하는 데 어려움이 있다.

ADHD는 운동 활동의 조절이 어려운 것이 그 특징이다. ADHD 학생들은 자리에서 계속 꼼지락거리고, 과도하게 돌아다니며, 말을 빨리 하고, 차례를 기다리기 어려워하고, 숙제를 대충 해치운다. 그들은 생각 없이 말하거나 행동하는 등 충동적인 문제들도 보인다.

1990년대 초반부터, 과잉행동과 주의력 문제를 동시에 가지고 있는 아이들이 많다는 연구 결과가 밝혀지기 시작했다. 그러나 진단적 절차에 따르면, 이러한 아동들은 ADHD나 ADD 두 가지를 모두 가지고 있다고는 진단될 수 없었다. 그중 어느 한쪽에만 해당되어야 했던 것이다. 그러므로 이 두 상태 모두에 해당되는 학생들을 어떻게 볼 것인가에 대한 의문들이 일기 시작했다.

이러한 혼란 때문에, 미정신의학회(American Psychiatric Association; APA)는 ADD와 ADHD 아동들에게 사용되는 진단을 다시 규정하여, '주의력결핍장애(ADD)'라는 용어는 사용하지 않기로 하였다. 따라서 대중매체에서 뭐라고 하든, 주의력결핍장애는 이제 더 이상 인정되는 진단이 아니다. 주의력결핍 및 과잉행동장애라는 새 진단은 네 가지 특정 상태를 포함하는 포괄적 용어로 만들어졌다.

첫 번째 상태는 주의력결핍 및 과잉행동장애, 주의력결핍 우세형(ADHD, predominantly inattentive type; ADHD-I)이다. APA의 정신장애의 진단 및 통계 편람(Diagnostic and Statistical Manual of Mental Disorders; DSM) 최신판에 의하면, ADHD-I은 6개월 이상 동안 다음과 같은 증상들 중에서 여섯 가지 이상을 보여야 한다.

- 흔히 세부적인 면에 대해 면밀한 주의를 기울이지 못하거나, 학업, 작업 또는 다른 활동에서 부주의한 실수를 저지른다.
- 흔히 일을 하거나 놀이를 할 때 지속적으로 주의를 집중할 수 없다.
- 흔히 다른 사람이 직접 말을 할 때 경청하지 않는 것으로 보

인다.

- 흔히 지시를 완수하지 못하고, 학업, 잡일, 작업장에서의 임무를 수행하지 못한다(반항적 행동이나 지시를 이해하지 못해서가 아님).
- 흔히 과업과 활동을 체계화하지 못한다.
- 흔히 지속적인 정신적 노력을 요구하는 과업(학업 또는 숙제 같은)에 참여하기를 피하고, 싫어하고 저항한다.
- 흔히 활동하거나 숙제하는 데 필요한 물건들(예: 장난감, 학습 과제, 연필, 책 또는 도구)을 잃어버린다.
- 흔히 외부의 자극에 의해 쉽게 산만해진다.
- 흔히 일상적인 활동을 잊어버린다.

ADHD-I은 1980년대의 주의력결핍장애(ADD)와 매우 비슷하다. 하지만, 최소 6개의 증상들이 있으면 ADHD-I로 진단되는 데에 비해, ADD로 진단되는 데에는 8개의 증상들이 필요했었다. 다른 말로 하자면, 20년 전 ADD로 진단받는 것보다, 요즈음 ADHD-I으로 진단받는 것이 더 쉽다. 바로 이 점이 ADHD가 왜 점점 증가하고 있는지를 설명해 주는 요인일 수도 있겠다.

1990년대 APA에 의해 인정된 두 번째 상태는 주의력결핍 및 과잉행동장애, 과잉행동-충동 우세형(ADHD, predominantly hyperactive-impulsive type; ADHD-HI)이다. ADHD-HI는 1980년대의 ADHD와 매우 유사하다. 하지만, ADD와 ADHD-I의 관계처럼, ADHD로 진단받는 것보다 ADHD-HI로 진단받는 데 필요한 증상의 항목 수가 더 적다. DSM-IV에 의하면, 아동들은 최소 6개월 이상 다음 증상들 중에서 여섯 개 이상을 나타내야 한다.

- 흔히 손발을 가만히 두지 못하거나 의자에 앉아서도 몸을 움지럭거린다.
- 흔히 앉아 있도록 요구되는 교실이나 다른 상황에서 자리를 떠난다.
- 흔히 부적절한 상황에서 지나치게 뛰어다니거나 기어오른다 (청소년 또는 성인에서는 주관적인 좌불안석으로 제한될 수 있다).
- 흔히 조용히 여가 활동에 참여하거나 놀지 못한다.
- 흔히 '끊임없이 활동하거나' 마치 '자동차(무엇인가)에 쫓기는 것' 처럼 행동한다.
- 흔히 지나치게 수다스럽게 말을 한다.
- 흔히 질문이 채 끝나기 전에 성급하게 대답한다.
- 흔히 차례를 기다리지 못한다.
- 흔히 다른 사람의 활동을 방해해고 간섭한다(예: 대화나 게임에 참견한다).

위에 나열된 진단 준거들에 더하여, ADHD-I나 ADHD-HI 유형의 사람들은 아래 세 가지 준거를 만족시켜야 한다.

첫째, 그들은 이러한 증상들을 7세 이전에 보여야만 한다. 따라서 어느 날 갑자기 주의 집중이 어렵고 가만히 앉아 있지 못하게 된 청소년이 있다면, 그는 어떤 유형의 ADHD에도 해당되지 않는다. 그는 아마도 성인기로 가는 과정에서 정상적으로 겪는 변화를 보이고 있거나, 아니면 약물 중독에 빠지고 있는 것일 것이다.

ADHD로 진단할 때, 증상 양상은 개인의 발달적 연령에 따라 다르게 고려되어야 한다. 즉, 아동의 행동이 그들 또래와 비교되어야 한다는 것이다. 명백히, 모든 세 살배기들은 생각 없이 말하고, 지루한 것을 못 참고 안절부절못한다. 하지만 그들을 ADHD라 할 수는 없다. 그들 연령대에서는 당연한 행동이기 때문이다.

둘째, ADHD를 가진 사람들의 행동은 또래들과 다를 뿐만 아니라, 그 행동이 다양한 환경에서 개인의 기능을 발휘하는 데 명백한 손상을 일으켜야 한다. 다른 말로 하자면, ADHD로 진단되려면, 개인의 부주의함이나 과잉행동이 학습이나 대인관계, 직업을 수행하는 데 문제를 일으킬 정도여야 한다는 것이다. 뿐만 아니라, 그 문제점이 한 장소 이상에서 나타나야 한다. 따라서 어떤 아동이 위에 언급된 모든 문제를 보이지만, 단지 과학 시간에만 그렇다면, 그 아이는 ADHD가 아니다. 그 아이는 아마도 단지 지루하거나 피곤하거나 옆자리 학생과 사랑에 빠졌거나 하는 그런 다른 무수한 가능성들 중 하나라고 생각해 보아야 할 것이다.

마지막으로, APA의 진단적 절차에 따르면, ADHD의 증상들은 다른 상태나 상황에 의해 유발된 것이 아니어야 한다. 예를 들어, 암페타민[2]을 먹었기 때문에 과잉행동을 보이거나 충동적인 행동을 보였다면 ADHD의 어떤 유형에도 해당되지 않는다. 만약 청각장애가 있어서, 혹은 가족의 죽음으로 인해 우울한 상태라서 주

---

2) 중추신경 흥분제.

의집중을 할 수 없는 경우라면, 이 역시 마찬가지로 ADHD라 할 수 없다.

ADHD를 가진 사람들이 다른 장애를 중복해서 갖지 않는다는 말이 아니다. 여러 장애를 가질 수 있다. 사실, ADHD 아동의 70% 정도가, 강박장애(obsessive-compulsive disorder; OCD), 뚜렛장애, 난독증(dyslexia), 불안장애(Anxiety disorder) 등의 다른 진단도 받고 있다. 하지만, ADHD 증상들은 이러한 다른 장애로 인해 유발되는 것은 아니다.

만약 어떤 사람이 ADHD-I와 ADHD-HI 두 조건 모두에 해당되는 경우에는 어떻게 진단할 것인가에 답하기 위해, APA는 ADHD-C, 주의력결핍 및 과잉행동장애 복합형(ADHD, combined type)을 제안하였다. 이러한 사람들은 단지 부주의할 뿐 아니라, 과잉행동적이고, 충동적이다. 책을 읽어보신 분들은 알겠지만, 이게 바로 내가 속한 유형이다.

마지막 유형은 ADHD-NOS, 또는 '달리 분류되지 않는 형(not otherwise specified)'으로 불린다. 이는 종종 '가성 ADHD(pseudo-ADHD)'로 불린다. ADHD-I나 ADHD-HI 유형에는 적어도 여섯 개의 증상이 요구되는 반면, ADHD-NOS 유형으로 진단되는 데는 그렇게 많은 증상이 요구되지 않는다. 즉, ADHD-NOS는 생활에 부정적인 영향을 받을 정도로 과잉행동이나 충동성, 부주의로 인한 문제가 뚜렷하기는 하지만, 다른 ADHD로 분류될 정도로 증상이 충분하지는 않은 사람들이다. 편의상, ADHD의 '경한' 형태라 생각해도 될 것이다.

ADHD의 세 가지 주요한 유형 중(ADHD-I, HI, C) 중에 대략 55% 정도가 ADHD-C이고, 27%가 ADHD-I이며, 나머지 18% 정도가 ADHD-HI이다. 특히 남자들이 여자들에 비해 일곱 배가량 많이 ADHD 진단을 받는다. 여자아이가 ADHD를 가졌을 경우, 그 아이는 다른 유형보다는 ADHD-I로 진단되기 쉽다.

1990년대 중반 이래, 주의력장애로 밝혀진 아동들의 숫자는 300% 가량 폭발적으로 증가했다. 이러한 엄청난 증가의 이유는 뜨거운 논란의 주제가 되고 있다. 앞서 언급했듯이, 이러한 장애를 진단하는 준거가 지난 몇 십 년 동안 뚜렷이 변해 와서, ADHD 유형에 해당되기가 좀더 쉬워졌다. 그리고 사람들이 ADHD에 대해 그 어느 때보다도 더 많이 인식하게 되어, 이전보다 훨씬 많은 사람들이 평가·의뢰되고 있는 것도 사실이다. 하지만, 이러한 이유들은 증가 원인의 단지 일부분만 설명할 뿐이다. 좀더 그럴듯한 이유는 제약회사에서 찾을 수 있을 것이다.

1990년대 중반 이전에는, ADHD를 가진 아이들의 6% 정도만이 약물치료를 받았다. 1990년대 말에 이르러서는 그 숫자가 80% 이상으로 증가하였다. 사실, 2002년에는 미국 내 200만 명 이상의 어린이들이 리탈린을 복용한 것으로 나타났다. 다른 약물까지 포함한다면, 미국 각 교실에서 두세 명쯤은 ADHD에 관련된 약을 먹고 있다고 할 수 있을 것이다.

ADHD가 이렇게 폭발적으로 증가하고, 그 치료를 위해서 약물이 사용되고 있는 주요한 이유는, 현실적인 관점에서, 의료적이기보다는 경제적인 면으로 설명할 수 있겠다. 이윤을 창출하기 위해서, 회사들은 제품에 대한 수요도 창출해낸다. 할 수만 있다면, 그들은 모든 부모들을 찾아가 '댁의 자녀가 ADHD를 가지고 있으니 우리 회사의 제품을 써야 한다'고 설득하려 할 것이다.

오해하지 말기 바란다. 제약회사에 대해 비방을 하려는 것이 아니라, 비즈니스의 원리가 그렇다는 것을 짚었을 뿐이다. 사업가들은 돈을 벌기로 되어 있는 사람들이지, 아이들을 가르치는 사람들이 아니기 때문에, 기업에게 당연히 예상되는 행동이다.

ADHD의 증가에 대한 책임은 절대적으로 교사와 부모들에 있다. ADHD가 매우 매력적으로 보이기 시작한 것이다. 자신들의 자녀가 '행동장애'가 있다고 하는 것보다는, ADHD가 있다고 주장하는 것이 부모와 교사에게 훨씬 더 편하다. 특히 ADHD 진단은 행동장애에 비해 두 가지 면에서 이점이 있다.

첫째, 대중매체에 의하면, ADHD는 약을 통해서 빨리 그리고 쉽게 '나을' 수 있다는 것이다. 이런 처방이 있는 장애는 그리 많지 않다. 예를 들어, 어떤 아동이 반항성장애(oppositional defiant disorder; ODD)라면, 그는 주로 적절한 행동을 강화하는 체계적인 행동수정 프로그램으로 '다루어지게' 된다. 이러한 프로그램은 약을 복용하는 것보다 시간과 노력이 더 많이 든다.

둘째, ADHD 진단은, 말 안 듣는 애들 때문에 겪게 되는 부모와 교사들의 자책감을 훨씬 덜어준다. ADHD 진단을 받고 나면, 교사와 부모들은 '이건 내 잘못이 아니야, 애들은 뇌에 문제가 있어'라고 말할 수 있는 것이다.

이 때문에, 많은 사람들이 ADHD가 과잉 진단되고 있다고 주

장한다. 상당히 설득력 있는 이야기다. 애꿎은 사람들이 ADHD
로 오인되는 경우도 분명히 있다. 그러나 더 많은 경우는, ADHD
를 가지고도 아직도 그걸 모르고 있는 사람들 쪽이다. 따라서 주
의력장애를 가진 사람들이 실제로 더 많은지 적은지의 문제보다
는 ADHD에 대한 대중의 오해를 불식시키는 것이 급선무라 할
수 있겠다.

TV를 보거나 사람들이 말하는 것을 들어보면, 일반적으로
ADHD는 지구상에서 뿌리 뽑혀져야 할 모종의 끔찍한, 치명적인
장애라는 듯 이야기되고 있다. 이건 아주 불행한 현상이다.
ADHD에는 많은 긍정적인 측면들도 있기 때문이다. 예를 들자
면, ADHD를 가진 사람들이 아주 머리가 좋은 경향도 보이고, 더
나아가, 영재인 경우도 있다. 영화배우 로빈 윌리엄스나 짐 캐리
처럼(그 둘 모두 ADHD를 가졌다) 얼마든지 창조적이고 재미있을
수 있다. 이 책 내내 언급되었지만, ADHD를 가진 사람들은 아주
생산적이고 성공적일 수 있다. 하지만, ADHD의 참 본질을 이해
하지 못한다면, 이들은 자기가 갖고 있는 이러한 천부적인 재능을
충분히 발휘할 수 없다.

관점을 바꿔 이렇게 생각해 보자. 에너지를 더 많이 갖고 싶지
않은 사람이 누가 있겠는가? 남과 다르게 생각하고 창의적으로
되기를 바라지 않는 사람이 어디 있겠는가? 그런데 이런 것들은
ADHD를 가진 사람들의 본질적인 특성이다. 따라서 ADHD는 장
애가 아니라, 천부적 재능인 것이다! 아마도, 미래에는, 모든 부
모들이 자기 자녀가 ADHD를 갖기를 바라게 될지도 모르겠다.

아마도, 미래에는, 모든 사람들이 자기가 ADHD를 가졌다는 것을 감사하게 될 것이다. 나는 안다. 바로 내가 그렇기 때문에.

❖ 저자 소개

Robert Jergen은 Oshkosh에 있는 Wisconsin 대학의 특수교육과 교수로서, 그 자신이 ADHD를 가지고 있으며, ADHD를 연구하고 있다. Robert Cimera라는 필명으로, 『ADHD를 재능으로 활용하기: 슈퍼맨에게 나는 법을 가르치다』 등 다수의 책을 썼다.

❖ 역자 소개

조아라는 임상심리전문가로, 인제대학교 의과대학 상계백병원 정신과 조교수다. 연세대학교 심리학과 및 동 대학원을 졸업하고 박사과정을 수료하였으며, 삼육재활병원을 거쳐 현재는 상계백병원 정신과 임상심리학실에서 심리평가와 상담을 하고 있다.

이순은 미 의회 도서관 cataloging specialist다. 이화여자대학교 법학과를 졸업하고, 교직을 거쳐 중소기업진흥공단 정보조사부와 연수원에서 10여 년간 일했다. 도미 후 George Mason 대학에서 경영학을 전공하였으며 내셔널지오 그래픽 TV 프리랜스 한국어 역자/감수자로도 일하고 있다.

리틀 몬스터
-대학교수가 된 ADHD 소년-

2005년 6월 30일 1판 1쇄 발행
2024년 1월 25일 1판 23쇄 발행

지은이 • Robert Jergen
옮긴이 • 조아라 · 이순
펴낸이 • 김진환
펴낸곳 • (주) 학지사
  04031 서울특별시 마포구 양화로 15길 20 마인드월드빌딩 5층
대표전화 • 02) 330-5114   팩스 • 02) 324-2345
등록번호 • 제313-2006-000265호
홈페이지 • http://www.hakjisa.co.kr
인스타그램 • https://www.instagram.com/hakjisabook

ISBN 978-89-5891-137-1 03180

정가 14,000원